我国现代能源产业体系的理论构建与实现路径研究

周江　王波　邹洋◎著

中国财经出版传媒集团

经济科学出版社

Economic Science Press

·北京·

图书在版编目（CIP）数据

我国现代能源产业体系的理论构建与实现路径研究/
周江，王波，邹洋著 . -- 北京：经济科学出版社，
2023.10

ISBN 978 - 7 - 5218 - 5276 - 9

Ⅰ.①我…　Ⅱ.①周…②王…③邹…　Ⅲ.①能源工
业 - 产业发展 - 研究 - 中国　Ⅳ.①F426.2

中国国家版本馆 CIP 数据核字（2023）第 200239 号

责任编辑：纪小小
责任校对：齐　杰
责任印制：范　艳

我国现代能源产业体系的理论构建与实现路径研究
周江　王波　邹洋　著
经济科学出版社出版、发行　新华书店经销
社址：北京市海淀区阜成路甲 28 号　邮编：100142
总编部电话：010 - 88191217　发行部电话：010 - 88191522
网址：www. esp. com. cn
电子邮箱：esp@ esp. com. cn
天猫网店：经济科学出版社旗舰店
网址：http://jjkxcbs. tmall. com
北京季蜂印刷有限公司印装
710×1000　16 开　19.75 印张　310000 字
2023 年 10 月第 1 版　2023 年 10 月第 1 次印刷
ISBN 978 - 7 - 5218 - 5276 - 9　定价：78.00 元
（图书出现印装问题，本社负责调换。电话：010 - 88191545）
（版权所有　侵权必究　打击盗版　举报热线：010 - 88191661
QQ：2242791300　营销中心电话：010 - 88191537
电子邮箱：dbts@ esp. com. cn）

目　录

第 1 章
绪 论

1.1 研究背景与研究意义

1.1.1 研究背景

我国在改革开放前就已经建立了较为完整的、以煤炭为主体的能源产业体系，该体系有力支撑了我国改革开放后经济的高速增长。然而，在"以粗放的供给满足增长过快的需求"模式下，能源资源有限性和环境容量有限性的双重约束制约着我国依赖高强度能源投入而实现的经济发展，传统的发展方式下产生了与之相适应的传统能源产业体系，随着我国经济社会发展的转型，传统能源产业体系已经难以适应我国当前和未来的经济发展。

能源发展问题的严峻性和重要性在我国已经形成了共识。我国从 20 世纪 90 年代开始，出台了一系列扩大能源供给、控制能源需求过快增长的法律法规、政策措施，投入大量的人、财、物来促进能源产业发展，使能源供给基本满足了我国经济发展的需求。然而令人担忧的是，大量促进能源发展的投入并没有从根本上扭转我国能源供需平衡趋紧、环境约束增强的总体趋势。其原因当然是多方面的，但最根本的原因在于我们无法在传统的能源产业体系框架下，寻求能源产业的现代化发展之路。长期以来，我们简单地把能源产业体系发展等同于扩大能源供给，试图以单一的规模扩大手段去解决错综复杂、涉及多方利益关系的能源产业体系现代化问题，忽视了能源利用效率这一核心问题。因而，我们陷入了"以粗放的供给满足增长过快的需求"的泥淖。传统的能源产业体系不可能适应现代发展方式，我国转变经济发展方式迫切需要构建现代能源产业体系。

我国高度重视能源现代化发展问题。2007 年，党的十七大报告明确提出了"加快发展现代能源产业"的要求，将其作为加快转变经济发展方式，推动产业结构优化升级的重要内容。党的十七届五中全会首次明确了现代能源产业体系的发展方向："推动能源生产和利用方式变革，构建安全、稳定、经济、清洁的现代能源产业体系"[1]，把能源产业发展上升为能源产业体系建设，从目标和行动两个方面阐述了我国现代能源产业体系的基本要求和构成。经过十年的发展，在《中华人民共和国国民经济和社会发展第十三个五年规划纲要》（以下简称"'十三五'规划纲要"）中，再次提出"深入推进能源革命，着力推动能源生产利用方式变革，优化能源供给结构，提高能源利用效率，建设清洁低碳、安全高效的现代能源体系"[2]。《中华人民共和国国民经济和社会发展第十四个五年规划和 2035 年远景目标纲要》（以下简称"'十四五'规划纲要"）中进一步强调"推进能源革命，建设清洁低碳、安全高效的能源体系，提高能源供给保障能力"[3]。建设现代能源产业体系，是落实发展新理念、推动供给侧结构性改革的重要举措，也是我国积极履行应对气候变化和可持续发展义务的具体体现。

当前，在全球经济结构调整和治理体系重构的国际背景下，全球能源发展呈现出"能源结构低碳化、能源生产利用智能化、能源格局多极化"的趋势；我国经济新常态对能源发展提出了新要求，能源发展呈现出消费增幅回落、结构双重更替加快、发展动力转换的新特征，怎样在新形势下

---

① 中华人民共和国中央人民政府. 中国共产党第十七届中央委员会第五次全体会议公报 [DB/OL]. https：//www. gov. cn/govweb/ldhd/2010 - 10/18/content_1723271. htm，2010 - 10 - 18.

② 中华人民共和国中央人民政府. 中华人民共和国国民经济和社会发展第十三个五年规划纲要 [DB/OL]. https：//www. gov. cn/xinwen/2016 - 03/17/content_5054992. htm？url_type = 39&object_type = webpage&pos = 1，2016 - 03 - 17.

③ 中华人民共和国中央人民政府. 中华人民共和国国民经济和社会发展第十四个五年规划纲要 [DB/OL]. https：//www. gov. cn/xinwen/2021 - 03/13/content_5592681. htm，2021 - 03 - 13.

科学构建我国现代能源产业理论体系，并选择何种实现路径，已经成为摆在理论研究和实际工作者面前亟待解决的重大课题。

1.1.2 研究意义

"构建我国现代能源产业体系"是一个以理论研究为内核、应用研究为目的的综合性课题，首先要构建现代能源产业的理论体系，为我国现代能源产业体系发展提供理论依据和指导，并结合我国国情，探索现代能源产业体系的现代化实现路径。

现代能源产业体系是能源产业未来发展的方向，根本目的在于实现我国能源结构优化、应对全球能源发展新趋势。从能源产业发展历程来看，化石能源利用支撑了传统能源产业体系的发展，人类正在试图摆脱对化石能源的过度依赖，寻求以清洁能源替代传统化石能源。现代能源产业体系脱胎于传统能源产业体系，未来一段时间内还必须保持一定比例的化石能源利用才能满足人类对能源的需求。因此，在现有技术条件下，现代能源产业体系是以化石能源的高效、清洁利用为基础，新能源和可再生能源为发展方向，现代能源服务业为重要支撑，具有高效、安全、集约、清洁、经济等特征的能源供应体系。

本书在现有研究的基础上，进一步明确现代能源产业体系的界定与特征，在调查研究的基础上，充分运用数理研究方法，对我国现代能源产业体系的主体产业群、空间布局及支撑体系展开研究；借鉴国际构建现代能源产业体系的经验，结合本书研究的成果，最终明确我国现代能源产业体系的实现路径。本书研究的学术价值和应用价值主要体现在以下几个方面。

第一，在科学发展观指导下，通过系统整合现有能源经济学、产业经济学、发展经济学相关理论和现代能源产业体系的相关研究成果，探讨处于经济发展方式转变过程中能源消费大国现代能源产业体系的科学内涵和理论基础。在经济学理论内核上，立足基本国情，把握发展的阶段性、时代性和历史规律性，努力构建符合我国现实和未来发展趋势的、系统的、科学的现代能源产业的理论体系，作为我国构建现代能源产业体系的理论支撑。

第二，将现代能源产业体系从发展构想拓展到行动实践，基于现有政策文件中确定的现代能源产业体系发展方向，从理论层面建立现代能源产业体系框架，在实践层面探索实现路径，丰富和完善我国能源发展战略。

第三，本书运用经济学理论，分析现代能源产业体系中的资源配置、效率改进、成本—收益等问题。在能源资源和生态环境双重约束条件下，如何实现经济发展是一个既传统又现代的课题，将对无约束条件下发展形成的传统经济学理论提出挑战，有可能推动经济学理念和理论的创新。

第四，研究我国现代能源产业体系发展的基础条件、问题障碍，并明确现代能源产业体系的实现路径，将为完善我国能源发展战略、制定现代能源产业体系相关政策提供依据。

第五，以效率理论为基础，构建评价能源产业体系现代化水平的框架和方法，可以用作我国现代能源产业体系相关政策的管理工具，为优化能源产业体系、提高能源利用效率提供方法和依据。

第六，我国在"十四五"规划纲要中明确提出加快发展现代产业体系，现代能源产业体系是我国现代产业体系的有机组成部分，实现能源产业体系现代化是我国构建现代产业体系的重要目标之一，本书研究成果将为我国制定和实施产业发展战略提供重要参考。

第七，中国是一个负责任的发展中大国，构建现代能源产业体系具有重要的国际意义。它将为全球应对气候变化和可持续发展做出重要贡献，并将为世界其他发展中国家提供借鉴和示范，可以证明用较少的资源消耗和较小的生态环境代价完成工业化过程是可行的。

1.2 研究思路和方法

1.2.1 研究思路

本书采用系统分析的思路，从现代能源产业体系的科学内涵出发，构建现代能源产业体系理论框架，探索能源产业体系现代化水平评价框架和方法，作为问题"诊断"和路径探索的工具，一方面研究构建现代能源产业体系的问题和障碍，明确构建现代能源产业体系的总体路径；另一方面从能源产业体系的系统构成角度，分别研究从传统主体产业向现代主体产业群转变、由传统布局向基于主体功能区的产业布局转变、从传统支撑体系向现代支撑体系转变的具体实现路径。本书的总体研究思路如图 1-1 所示。

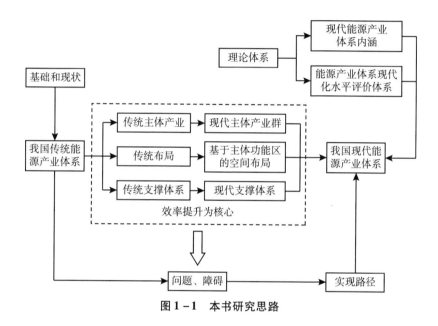

图 1-1　本书研究思路

1.2.2　研究方法

本书综合运用多学科的理论与研究方法，针对不同研究内容科学选取相应的研究方法。

1.2.2.1　规范研究与实证分析相结合

本书对现代能源产业体系的科学内涵和理论框架以规范研究为主，而对我国能源产业发展的问题分析、现代化路径探索、对策建议等内容的研究则主要采用实证分析。

1.2.2.2　定性分析与定量研究相结合

运用对比、概括、推理等定性分析方法，由表及里、由此及彼，准确把握能源产业体系发展的内在规律；同时采用多种定量研究方法，更加精确地认识能源产业体系与经济发展的相互关系以及自身发展水平。

1.2.2.3　理论研究与调查研究相结合

系统梳理本书研究相关的理论、数据、案例等资料，形成文献综述，作为研究构建我国现代能源产业体系问题的起点；同时采用问卷调查、访谈等实地调查研究方法，选取重点行业、企业以及重点区域获取第一手资料，深入剖析我国能源产业体系的现状和不足，作为路径探索的基础和依据。

1.2.2.4　整体研究与重点分析相结合

构建现代能源产业体系既要分析产业体系的整体问题，探索总体路径，又必须重视各能源产业的差异化和总体路径的落实及具体化，因此，整体研究与重点分析相结合贯穿于全书的设计和研究，是本书研究采用的主要方法之一。

1.2.2.5　归纳与演绎相结合

纵向分析我国能源产业体系发展历程，横向比较经济合作与发展组织（OECD）国家能源产业体系发展经验，采用科学的归纳方法总结我国能源产业体系的问题和不足、发达国家的模式和经验；结合我国实际情况，采用演绎法得出我国构建现代能源产业体系的实现路径。

整体来看，本书研究在综合运用多学科传统研究方法的基础上，借鉴、融合新型分析工具和方法，共同为理论分析、现状研究和路径探索提供技术平台，以实现预期研究目标。

第 2 章
国内外的研究现状

能源是人类社会生存发展的重要物质基础，攸关国计民生和国家战略竞争力。[①] 正如著名经济学家 E. P. 舒尔茨（1964）指出的："能源是无可替代的，现代生活完全是架构于能源之上。"[②] 能源产业历来是学术界关注的重点领域，相关研究成果数量极其丰富。根据本书研究的需要，从能源发展总体趋势与发展战略、我国能源主体产业与能源产业体系、能源效率、新能源发展等几个方面对现有文献进行总结和评述。

2.1 能源发展的总体趋势与能源发展战略

能源资源的有限性与不断增长的能源需求之间的矛盾，一直是世界各国能源发展中的基本矛盾。我国能源生产逐步由弱到强，生产能力和水平大幅提升，一跃成为世界能源生产第一大国，基本形成了煤、油、气、可再生能源多轮驱动的能源生产体系。按照党中央的战略部署：展望 2035 年，人均国内生产总值达到中等发达国家水平，中等收入群体显著扩大，城乡区域发展差距和居民生活水平差距显著缩小。若按照传统的发展方式推算，我国能源资源将难以支撑我国战略目标的实现；同时，环境问题已经成为我国能源发展的重要挑战，国内生态环境制约日益突出，国际碳排

---

① 能源发展"十三五"规划 [DB/OL]. http：//www. sdpc. gov. cn/zcfb/zcfbtz/201701/W0 20170117335278192779. pdf, 2016 - 12 - 26.

② 韩文科，张有生. 国家发展战略研究丛书：能源安全 [M]. 海南：海南出版社，2014.

放约束已经成为共识。对于我国能源发展趋势和能源发展战略的总体判断成为能源发展研究的基础。学术界围绕能源如何保障我国经济社会发展战略目标的实现，对我国能源发展中长期战略问题展开了广泛的研究。

2.1.1 我国能源发展趋势的总体判断

对我国未来能源需求总量的预测是该类研究的核心内容，由于研究方法、研究重点的差异，在具体数值预测上具有较大的差异。如《中国中长期能源发展报告》分析认为，到 2050 年我国能源需求总量为 30 亿～37.5 亿吨标煤，届时约占世界能源消费总量的 16%～22%，其中煤炭占 30%～35%、油气占 40%～50%、一次电力占 15%～20%。

从供应路线判断来看，一类主张以国内能源资源为基础，强调能源资源的可及性和安全性，应加强煤炭清洁利用，保持以煤炭为主导的能源结构；另一类主张以提高能源效率为重点，调整能源结构，充分利用"两种资源、两个市场"，转向以油气为主的能源供应路线。比较来看，以煤为主的能源供应路线以能源安全为首要任务，但是受煤炭生产能力、环境约束，难以支撑我国达到中等发达国家水平的能源消费；以油气为主的供应线路符合能源结构调整的要求，但是能源安全方面存在隐患。

从目前对我国能源发展趋势的判断来看，能源需求总量将大幅度提高，发达国家经历这一阶段的能源需求模式和我国现有的能源需求模式都难以支撑我国未来发展目标的实现，实现能源体系转型是我国的必然选择。

2.1.2 我国能源发展存在的矛盾和问题

我国能源需求的快速增长是各类研究关注的核心焦点问题，尤其是随着我国人均收入水平的提高，能源消费将不可避免地快速增长，"开源"与"节流"两大能源方针难以从根本上解决我国能源发展的矛盾，迫切需要对新形势下我国能源战略问题开展研究（周宏春、吴平，2012）。

丁钊（2011）在《低碳经济下中国能源发展战略研究》一文中提出基

于当前我国能源消耗大、能源利用效率低的现状，我国的能源发展战略应在温室气体减排、低碳和清洁能源的开发、节能、因地制宜开发水电和可再生能源、优化科技组织和推动创新上下功夫。朱维涛（2011）认为，当前我国能源发展表现出能源规划滞后，发展无序；能源安全保障体系不健全；优化能源结构面临诸多"瓶颈"；能源效率提高缓慢并大大低于国际先进水平；新能源科技自主创新能力不足；缺乏真正强大的现代能源企业；能源管理体制机制不适应能源改革发展的需要；能源法律体系尚未形成等。张世坤、许晓光（2004）指出，能源短缺、能源安全、农村和偏远地区的能源供应、以煤为主的不合理能源结构、能源消费对环境的影响以及能源利用效率是我国能源领域面临的问题。祝佳（2012）提出，改革开放以来中国经济保持了较快增长，但随之而来的能源强度较高、能源对外依存度增加、环境污染日益严重等问题也逐渐凸显，中国应在借鉴欧盟能源政策经验的基础上通过制定能源综合发展战略、建立战略储备、发展国际能源合作、加强能源市场建设、实现立足国内的能源多元化发展等措施构建新的能源发展战略。林伯强等（2022）认为，现阶段我国能源供需结构仍面临较大的不确定性，经济增长需要和社会电气化进程的持续推进将继续抬高全社会的用能和用电需求；另外，近年来煤炭等传统能源压降导致煤电产能收缩，加之风、光等新能源存在较长的规划和建设周期，全国能源供应整体偏紧。

综上所述，目前我国的能源问题集中在化石能源比重大、效率低、环境污染严重、技术落后，而解决的途径集中在发展低碳经济、节能减排、优化能源结构、加强技术创新等方面。这些研究虽然对我国能源发展问题进行了深入研究，也提出了一些解决途径，但其只是针对能源的某一方面问题进行的研究，缺乏系统性和完整性，解决途径也往往仅偏重于对某一方面问题的关注，具有一定的片面性和局限性。

2.1.3 我国能源发展战略

战略是长远的、重大的发展谋略和方向，我国对能源战略的认识随着经济社会的发展而不断深化。能源发展战略的制定，要具备长远的眼光构建能源可持续发展体系（孙雷，2010），应包括能源发展的战略思想、战略原则、战略目标、战略方针、战略步骤和战略重点。[①]

自 20 世纪 90 年代开始，我国一些研究机构持续开展了能源中长期战略研究，这些研究从多个视角，对我国不同发展阶段的能源中长期战略进行了系统研究，促进能源产业体系现代化是这些研究的共识。

多位学者也关注和研究了我国能源战略问题，近年来的代表性观点有：徐寿波（2008）认为，我国应采取"经济适度增长战略"同时匹配"综合能源效率战略"，其中综合能源效率战略主要包括能源节约、能源多元化、价格合理化、结构合理化等内容，这一战略虽然涉及了能源发展的多个方面，但是缺乏对能源消耗引起的环境问题的考量。周大地（2010）在《能源变革的关键 40 年》中提出了以"现代化能源体系"为核心的能源战略，认为在 2010 ~ 2050 间我国必须从"粗放、低效、高排放"的能源产业体系，转变成为"节约、高效、洁净、多元、安全"的现代化能源体系。崔民选（2010）认为，体制不合理、市场机制不完善是造成我国能源效率低、污染严重的关键原因，提出我国能源战略定位应立足于能源结构的低碳化和有序化。中国能源研究会时任理事长柴松岳（2010）提出，我国能源发展应坚持"节能优先、总量控制"的总体战略，具体包括煤炭洁净高效利用、提高油气比重、加快可再生能源发展、积极发展核电和智能电力系统。施晓娟（2011）提出我国应转变能源战略理念，主要包括能源生产和消费总量控制、绿色多元化、国内外并重、生态环境保护优先、科技创新驱动、多种能源融合等。陶广峰（2011）认为民间资本是实现能源战略的关键，打破能源行政垄断，消除民间资本进入能源领域的制度障碍，细化和强化鼓励民间资本投资能源领域的政策支持，有助于能源市场化的实现。苏健等（2021）在《碳中和目标下我国能源发展战略探讨》一文中提出我国应当促进碳中和目标的实现，在电力、工业、建筑、农业等领域不断努力，减少碳排放量，谋划最优的能源战略路径，进而推进我国能源革命。

[①] 沈镭，薛静静. 中国能源安全的路径选择与战略框架 [J]. 中国人口·资源与环境，2011（10）：49 –54.

部分学者针对我国"十二五"时期能源发展情况对我国能源战略开展了专门研究。林伯强（2011）提出我国"十二五"时期的能源战略调整应包括能源供给侧与需求侧管理并重、能源资源约束与碳排放约束并重、传统化石能源与新能源并重、能源行业与能源体系并重。戴家权、刘倩如等研究认为，未来世界地缘政治格局和经济格局不确定性更强，国际能源市场更为复杂，我国能源战略应该力求能源结构和来源多元化、提高能源自给能力、大力发展新能源和可再生能源、突出节能和提高能效、注重加强国际能源合作、重视能源技术创新。① 部分学者则针对我国"十四五"时期能源发展情况对我国能源战略开展了专门研究。章建华（2022）提出在能源战略制定中，应当考虑地理距离带来的问题，并且充分考虑我国国情，他建议核电规划重新制定时，实行总量控制乃至逐步减少的方针，同时着力推广分布式光伏发电。

对于我国能源发展战略的研究，在以下几个方面已经达成共识：一是能源发展战略转型是大势所趋，各项研究都表明我国能源发展已经进入转型期，能源战略也进入调整期；二是能源利用高效化、清洁化是必然要求，无论采取哪种战略模式，我国都需要实现能源利用的高效化、清洁化。但是，由于世界地缘政治和全球经济形势的快速变化，世界能源格局也随之改变，相关研究的滞后性缺陷就更加显现。

2.1.4 世界各国能源发展战略

以欧洲、美国为代表的发达国家能源发展战略的调整和演进，为我国能源战略调整提供了参考和借鉴。

欧盟能源战略经历了从单纯保障供应安全到能源安全、经济安全和生态安全三重目标互动并最终走向低碳经济的演变历程。2011 年欧盟发布《能源 2050 战略路线图》，提出通过提高能源利用效率、发展可再生能源、扩大核能的使用以及采用碳捕捉与储存技术（CCS）四条路径实

---

① 戴家权，刘倩如，王海博，李春霞 . 主要国家能源发展战略及政策调整动向 [J]. 国际石油经济，2012（Z1）：89 – 91 + 182.

现欧盟到 2050 年碳排放量比 1990 年下降 80% ~95% 的目标，该战略强调能源新技术、可再生能源的重要性，同时明确了核能在未来能源中的重要地位。

"石油危机"后，美国开始重视能源战略的制定和实施，其能源战略的基本宗旨是确保能源安全、减少石油进口、保护环境、维护经济繁荣与国家安全。近年来，美国频频出台能源战略，以确保国家能源安全。2005年，美国通过《2005 年能源政策法》，内容主要集中在节约能源，提高能源利用效率；扩大可再生能源的生产和使用，保障能源供应；增加财政拨款，促进能源科学研究；改进汽车燃油利用状况。[①] 2007 年，又通过了《能源独立和安全法案》，其主要内容包括规定了汽车工业的能耗标准；推广可再生能源，减少对石油进口的依赖；提高能源使用效率，制定更为严格的能效标准。2009 年，美国众议院通过《2009 年美国清洁能源与安全法案》，其主要内容为首次对企业的二氧化碳等温室气体排放做出限制；要求逐步提高来自风能、太阳能等清洁能源的电力供应量；对排放指标、分配额度做出了规定，并引入排放配额交易制度。[②]

另外，俄乌冲突催化全球能源格局加速演变。在气候政治和地缘政治的双重冲击下，俄罗斯能源战略重心围绕细化脱碳目标、推动能源价值变现和过渡性转型展开。美欧国家因俄乌冲突对俄罗斯实施能源禁运、限价等制裁。另外欧盟对俄罗斯能源战略出现明显的安全化互动困境，俄乌冲突则加剧了这种困境，欧盟为此采取了前所未有的对俄能源替代甚至脱钩战略。[③]

总体来看，现有能源战略研究文献较为准确地判断了世界和我国能源发展趋势，并做出了具有前瞻性的战略选择，但现有研究偏重能源发展战略转型中的技术路线，而从经济、制度角度的分析和论述略显不足。

---

① 董勤. 美国 2005 年《能源政策法》"气候变化"篇评析——兼论对我国制定《能源法》的启示 [J]. 前沿, 2011 (06): 76 – 79.
② 郭基伟, 李琼慧, 周原冰.《2009 年美国清洁能源与安全法案》及对我国的启示 [J]. 能源技术经济, 2010 (01): 11 – 14.
③ 连波. 欧盟对俄罗斯能源战略的安全化与安全化困境 [J]. 德国研究, 2022, 37 (05): 25 – 47 + 113 – 114.

2.2 我国能源主体产业研究

由于对能源资源利用效率和环境保护要求的提高，传统的煤炭、石油、天然气等能源主体产业在发展的过程中将面临越来越多的挑战，随着国家构建安全、稳定、经济、清洁的现代能源产业体系目标的提出①，越来越多的研究开始关注我国能源产业发展问题。

2.2.1 我国能源主体产业的升级创新

长期以来，我国形成了以煤炭、石油、天然气为主的能源主体产业，基本建立了较为完善的能源供应体系，但是我国能源主体产业还存在着技术水平低、能耗水平高、环境污染问题日趋严重等突出问题，推动能源产业升级创新成为我国能源战略的核心内容。

我国能源产业结构问题是研究者关注的首要问题，一方面"富煤、缺油、少气"的资源条件，导致我国能源生产和消费结构失调；另一方面我国能源市场的"低成本、低技术、低价格、低利润、低端市场"特征，进一步加剧了产业结构失衡问题（王顺玲，2011）。李华林等（2006）以能源系统优化模型——MARKAL 模型为内核，通过能源服务需求预测模块、水资源需求模块、污染物排放模块、经济分析模块和内生技术学习模块，建立了西部可持续能源开发利用模型，应用该模型研究了 2000～2050 年间西部地区的能源结构，并分析了"能源东送"方案对西部能源开发利用的影响。杨新兴等（2012）则强调了核能对我国能源产业结构调整的重要性，认为化石能源资源枯竭难以避免，但是太阳能、风能、地热能等清洁能源在短期内难以满足经济社会发展对能源的巨大需求，在当前技术条件下，大力发展核能是走出能源困境的必由之路，也是人类的无奈选择。吴

---

① 中华人民共和国中央人民政府. 国民经济和社会发展第十二个五年规划纲要 [DB/OL].
https：//www.gov.cn/2011lh/content_1825838_4.htm，2011 – 03 – 16.

伟等（2014）认为调整能源产业结构，即应使传统能源与新能源在能源结构中的配比达到合理状态，发挥出各自的产业优势，从而实现区域经济社会的可持续发展。

能源产业与环境保护、应对气候变化的关系是我国能源主体产业研究的一个重要切入点。吴巧生、王华等从环境保护的角度，提出关于能源产业发展的策略，内容包括战略目标由经济发展的单目标模式向经济、社会与资源环境协调发展的多目标模式转变；社会与生态环境尺度必须同时作为衡量最佳能源开发利用方案的重要标准；能源开发利用项目的建设与布局必须实施"三同时"与"三结合"准则。[①]王勇等（2011）提出应对气候变化，就必须进行能源开发利用模式的创新，中国能源和环境状况决定了创新能源开发利用模式对于应对气候变化、转变经济发展方式的重要现实意义，认为我国能源主体产业升级创新应强化"节能优先、总量控制"战略，积极推进能源结构调整、转变发展理念、创新开发利用模式、大力开展能源科技自主创新、完善能源开发利用政策法规等。琚宜文（2012）认为改善全球污染与气候变暖问题的关键在于实现能源低碳化和发展可再生能源，未来中国能源产业发展应该坚持高碳能源低碳化利用，提高能源利用率；提倡使用低碳能源，大力发展非常规油气；加强国际合作，开拓海外油气市场；大力发展各种新型低碳能源和可再生能源。

2.2.2 我国能源主体产业管理的体制机制

现有研究认为，我国能源产业管理的体制机制问题是制约我国能源产业发展的深层次原因，主要体现在三个方面。

一是我国能源市场体系有待完善。王芃、武英涛（2014）认为能源产业的市场扭曲已成为制约技术进步、效率提升和发展转型的重要因素，因此，为实现稳定的能源供给，除增加要素投入外，加快市场化改革尤其是促进企业间高效公平的竞争，应是下一步市场政策关注的重点。李占五

---

① "三同时"与"三结合"原则：项目建设与环境保护设施同时设计、同时施工、同时使用，实现经济效益、社会效益和生态环境效益的有机结合统一。详见吴巧生，王华，成金华. 中国能源战略评价［J］. 中国工业经济，2002（06）：13 – 21.

（2011）认为，我国能源市场不健全、能源市场竞争不充分、政企不分的问题没有根本解决，国有企业未完全按照市场经济的模式运行；另外，在能源领域形成的市场垄断，进一步阻碍了社会资本的自由进出，造成能源产业竞争力提升缓慢。

二是能源管理体制亟待改革。吴金艳（2009）提出，我国能源行业管理较为分散，不同能源行业的管理分属多个不同的政府部门，造成能源综合管理薄弱问题；《中国的能源政策（2012）》也指出，我国能源行业管理仍较薄弱，能源普遍服务水平不高。

三是能源价格机制不完善。目前，我国现有能源产品定价机制没有充分包括生产成本之外的社会成本（吴金艳，2009）；我国能源价格改革之后，能源企业并不完全掌握能源产品价格的最终决定权（王军，2010；杨志勇，2010）。

2.3　我国能源效率研究

学术界对于能源效率的关注集中于几个方面：一是关于如何定量描述能源效率问题，主要从能源效率的测度方法、实证计量等角度展开研究；二是关于如何提高能源效率问题，主要关注能源效率的影响因素，以及提高能源效率的方法和途径；三是关于能源效率的空间差异问题，主要从空间角度关注能源效率的异质性。

2.3.1　能源效率的评估

如何衡量能源利用效率是能源研究领域关注的焦点问题，其中从经济学角度定义和定量评估能源效率是目前的主流研究范式。现有文献大致可以划分为两大类：一是关注单一影响因素与能源效率的关系；二是关注多因素对能源效率的综合影响。

2.3.1.1　单一因素与能源效率的关系

为简化能源效率的评估问题，部分学者在假定其他因素对能源效率不产生主要影响的条件下，集中检验某单一因素与能源效率的关系，这些因素主要包括技术进步、外商投资、能源价格等。

（1）技术进步。

技术进步被公认为是提高能源效率的关键因素，我国学者采用多种研究方法对这一结论进行了证实。

从技术进步与能源效率的直接关系来看，王群伟、周德群基于对数平均迪氏指数法量化技术进步对能源效率的影响作用，构建了效应测算的改进模型进行分析，结果显示，技术进步对能源效率的影响是一个动态变化的过程，回弹效应在不同时间段有不同程度的波动，并显示出下降趋势[①]；谭忠富、张金良利用状态空间模型、向量误差修正模型、脉冲响应函数以及方差分解模型对能源效率进行了研究，结果显示，从长期均衡来看，技术进步对能源效率的正面影响最大[②]；马海良、黄德春、姚惠泽利用超效率 DEA 模型和 Malmquist 指数法进行测算分析，证实了技术进步对能源效率的正面影响作用，同时发现技术进步对能源效率有回弹效应[③]。姜磊、季民河（2011）运用回归分析方法分析表明，技术进步显著的与能源效率正相关。叶红雨、李奕杰（2022）采用数据包络分析方法测算全要素能源效率，并进一步判断技术进步的要素偏向，得出中国工业发生了偏向性技术进步，在"能源/资本"之间偏向于使用资本，而在"能源/劳动"之间偏向于使用能源。[④]

从技术进步与能源效率的间接关系来看，由技术进步引起的产业结构调整对能源效率具有重要影响（刘凤朝、孙玉涛，2008）；杨冕、杨福霞、陈兴鹏利用基于向量误差修正模型的广义脉冲响应函数分析方法分析发现，尽管科技进步对能源效率具有促进作用，但是相应的产业结构和能源结构对能

① 王群伟，周德群. 能源回弹效应测算的改进模型及其实证研究 [J]. 管理学报，2008（05）：688-691.

② 谭忠富，张金良. 中国能源效率与其影响因素的动态关系研究 [J]. 中国人口·资源与环境，2010（04）：43-49.

③ 马海良，黄德春，姚惠泽. 中国三大经济区域全要素能源效率研究——基于超效率 DEA 模型和 Malmquist 指数 [J]. 中国人口. 资源与环境，2011（11）：38-43.

④ 叶红雨，李奕杰. 环境规制，偏向性技术进步与能源效率 [J]. 华东经济管理，2022（04）：97-106.

源效率提升具有负面影响①；贾军、张卓（2013）将技术进步具体化为技术创新和产品创新，分析认为我国高新技术产业技术进步和能源效率协同发展的程度并不高，技术创新与能源效率协同发展程度要高于产品创新与能源效率协同发展程度，但产品创新与能源效率协同发展增长速度更快。

（2）外商投资。

外商投资可以通过改变一个区域的技术条件和管理水平，从而影响能源效率。目前，对于我国外商投资对能源效率影响的实证研究尚未形成一致结论。

滕玉华、刘长进（2010）构建了国内 R&D 资本、外商在华直接投资的 R&D 溢出和地区能源效率的分析框架，分析结果表明，外商直接投资对东、中部地区能源效率有正面影响，而对西部地区能源效率呈现负面影响。胡宗义、刘静、刘亦文（2011）运用偏最小二乘回归模型分析了外商直接投资与能源效率的关系，结果显示各地区固定资产投资中外商投资比重的差异造成了地区能源效率的差异。李梦蕴、谢建国、张二震（2014）的研究结果表明，外商直接投资提高了中部地区的能源效率，但降低了西部地区的能源效率。李江（2016）提出外商直接投资通过要素价格扭曲降低能源效率，且外商直接投资扭曲资本价格降低能源效率的作用大于扭曲劳动价格对能源效率的作用。景守武、陈红蕾（2018）研究认为外商直接投资对中国能源环境效率存在显著正向影响，并且外商直接投资对中国能源环境效率的促进作用只发生在第二产业中。

（3）能源价格。

能源价格是学者们关注的能源效率影响因素之一，目前我国学者关于能源价格变化对能源效率的影响还存在争议，能源价格对能源效率影响的方向和程度尚没有定论。袁晓玲、张宝山、杨万平基于投入导向的规模报酬不变超效率 DEA 模型和 Tobit 模型进行测算分析，结果显示，能源价格提升仅能较弱地提升全要素能源效率②。汪克亮、杨宝臣、杨力将能源利

---

① 杨冕，杨福霞，陈兴鹏. 中国能源效率影响因素研究——基于 VEC 模型的实证检验 [J]. 资源科学，2011（01）：163–168.

② 袁晓玲，张宝山，杨万平. 基于环境污染的中国全要素能源效率研究 [J]. 中国工业经济，2009（02）：76–86.

用的环境影响纳入全要素能源效率研究框架，研究结果表明，能源价格提升对提高能源利用效率有积极影响①。王俊杰、史丹、张成分析表明能源价格偏低会激励经济主体用能源要素替代其他生产要素，这将对能源效率产生负面影响，并且能源价格提高对能源效率提升的促进作用在发展中国家中更为显著②。杨冕、卢昕、杨福霞（2017）认为无论是全国层面还是区域层面，能源价格扭曲程度的增加，均在不同程度上导致能源利用效率的降低，并且这一效应在中部地区表现得最为突出③。

2.3.1.2 多因素对能源效率的综合影响

由于能源效率受多种因素的影响，另一类学者基于这一现实，采用多种研究方法试图找出多种因素对能源效率的综合影响。在 20 世纪 80～90 年代，萨哈和斯蒂芬森（G. P. Saha and J. Stephenson，1980），曾国兴、邵泽安、林建元（Gwo – Hshinung Tzeng，Tzay-an Shiau and Chien – Yuan Lin，1992），尼克·凯尔（Nick Eyre，1998）等就在技术、经济、社会等多因素条件下对能源效率进行了评估。

我国学者对这一问题进行了较为深入的研究，采用了多样化的研究方法。一是以 DEA 模型为基础的研究，如张伟、吴文元（2011）运用"多投入—多产出"的 DEA 模型进行测算，结果显示，在环境约束下，能源过度使用以及废气过度排放限制了能源全要素增长率和能源技术效率增长率。

二是以回归分析方法为基础的研究，如张力小、梁竞运用回归分析方法，论证了资源禀赋和能源资源利用效率之间的负相关关系，且这种关系在分散型资源上体现得更加明显④；王强、郑颖、伍世代等（2011）运用

---

① 汪克亮，杨宝臣，杨力. 中国能源利用的经济效率、环境绩效与节能减排潜力 [J]. 经济管理，2010（10）：1 – 9.

② 王俊杰，史丹，张成. 能源价格对能源效率的影响——基于全球数据的实证分析 [J]. 经济管理，2014，36（12）：13 – 23.

③ 杨冕，卢昕，杨福霞. 能源价格扭曲对中国能源效率影响研究 [J]. 经济问题探索，2017（11）：127 – 133.

④ 张力小，梁竞. 区域资源禀赋对资源利用效率影响研究 [J]. 自然资源学报，2010（08）：1237 – 1247.

向量自回归（VAR）模型，分析了我国自 1970 年起至 2008 年以来的能源效率影响因素，发现我国第三产业较第二产业发展对能源效率提高具有更明显的提升作用，产业转型升级是我国提高能源效率的关键。

三是基于 CGE 模型的研究，如查冬兰、周德群运用 CGE 模型分行业进行了分析，结果表明煤炭、石油和电力等行业的加权平均能源效率具有显著的回弹效应[1]；胡秋阳（2014）利用 CGE 模型进行了分析，结果表明，提高能源利用效率可以降低生产成本，使产出增加，但是产出增加又会使能源消耗出现"回弹效应"，这种现象在高能耗产业上更显著，低能耗产业能效提高的总体节能绩效优于高能耗产业。

四是基于随机前沿方法的研究，原毅军、郭丽丽、孙佳（2012）应用随机前沿分析方法分长、短期对我国能源效率进行了分析，发现我国"十五"与"十一五"期间短期能源利用效率相同，但长期利用效率前者高于后者。

另外，灰色关联分析法（蔡晓春、宋美喆，2009）、全要素生产力指数法（庞瑞芝，2009）等方法也被运用于该领域的研究。

2.3.2 能源效率的区域差异

我国能源效率的空间特征引起了众多学者的关注，学者们将空间研究方法引入能源研究领域，用来描述和分析我国能源效率的空间差异，认为我国能源效率具有空间依赖性和集群特征（邹艳芬、陆宇海，2006），并试图找出形成这种差异的影响因素和作用机制。

在我国能源效率空间差异描述方面，屈小娥（2009）利用 DEA - Malmquist 生产率指数进行测算，认为 2000 年以后，我国省际能源效率的收敛趋势减弱；吴玉鸣、贾琳（2009）基于单位根检验进行分析，发现我国 30 个省[2]（自治区、直辖市）之间的能源利用效率存在较大差距，七大区域之间的能源利用效率差距正在不断地减小。李国璋、霍宗

---

① 查冬兰，周德群. 基于 CGE 模型的中国能源效率回弹效应研究 [J]. 数量经济技术经济研究，2010（12）：39 - 53 + 66.

② 西藏自治区、台湾、香港、澳门的能源消费量数据缺失，故予以剔除处理。

杰（2010）的研究显示，我国东中部的能源效率呈现稳态收敛趋势，而西部则有微弱的发散趋势；马海良、黄德春、姚惠泽（2011）利用超效率 DEA 模型和 Malmquist 指数法进行测算分析，结果显示，长三角和珠三角区域能源效率高于环渤海区域；王兵、张技辉、张华（2011）运用 DEA 的方向性距离函数方法进行研究测算，结果显示，我国全要素能源效率在 1998~2007 年间持续下滑，区域能源效率呈现东高西低的态势。王维国、范丹（2012）采用 DEA 方法，并将二氧化碳产出纳入分析框架，发现我国区域能源效率由东向西递减，其中，西部区域收敛速度要高于中部及东部区域，各区域的全要素能源效率存在趋同的趋势。王强、樊杰、伍世代（2014）首先测算了 1990~2009 年包括台湾在内的 31 个省份的能源效率，结果显示，大陆能源效率整体上远低于台湾地区，且处于中等水平，并呈现出缓慢的上升趋势；其次东北地区处于能源效率最低水平。李平、陈星星（2016）建立了中国能源消耗产出随机前沿效率模型测算我国八大经济区域的能源消耗产出效率，研究发现能源消耗产出效率较高的区域有东北地区和东部沿海，能源消耗产出效率较低的区域为大西北地区。

在区域能源效率差异的形成原因方面，史丹、吴利学、傅晓霞等（2008）运用随机前沿方法检测了我国区域能源差异的形成原因，认为全要素生产率是导致我国能源效率地区差异扩大的主要原因；屈小娥（2011）运用 DEA 效率评价法进行测算分析，结果显示工业 R&D 投入增加、资本深化有利于提高工业能源效率。李兰冰（2012）对全要素能源效率的分解表明，产业结构、教育程度、开放程度和基础设施是区域全要素能源效率的关键影响因素。张慧、范丽伟、孙秀梅（2022）利用分位数回归模型探究效率差异视角下城市能源效率的影响因素，结果显示产业结构、城镇化水平和科技支出阻碍了城市能源效率提升，经济水平和对外开放促进了城市能源效率提升。

2.3.3 能源效率变化趋势及提高路径

部分学者较为关注能源效率的长期变化趋势，并描述了我国能源效率长期变化的规律。经过实证研究，有学者认为我国能源效率与经济增长之间为"U"型关系（董利，2008）；还有学者认为我国能源效率是"下降—上升—下降—上升"的波浪式变化过程（吴琦、武春友，2009）；另外有学者也提出我国能源效率与各影响因素之间存在着长期均衡关系（谭忠富、张金良，2010）。

在能源效率提高路径方面，一是强调技术进步的显著作用，主张通过技术进步提高能源效率（史丹、吴利学，2008）；二是提出通过调整和优化产业结构，以提高能源效率（孙涵、成金华，2011）；三是认为可以通过调整能源价格促进能源效率提升（谭忠富、张金良，2010）。

总体来看，目前关于能源效率的研究以实证研究为主，研究方法具有多样性，总体认为技术进步、产业结构、能源结构、能源价格等因素对能源效率具有显著的影响作用。但是，由于研究方法、实证对象、数据来源等方面的差异，以及对"效率"理解的不同，造成研究结论也有较大差异，还没有形成关于能源效率的规律性认识。

2.4 我国新能源发展研究

新能源是近年来学术界关注的热点问题，众多学者从多个角度对这一问题进行了研究。大力发展新能源是实现我国适应能源发展新趋势、抢抓新一轮产业革命发展制高点的战略选择，也是我国实现能源开发利用升级创新的根本途径。

2.4.1 对新能源的总体认识

随着新一轮技术革命的兴起，新能源成为社会各界关注的焦点问题，众多国家将新能源纳入国家发展战略，将其作为抢占新一轮技术革命战略制高点的关键环节（王多云、张秀英，2010）。正如贾明明（2010）所提出的，新能源产业成为后金融危机时代多数国家增加投资、调整产业结构、增强国际竞争力的首选；郝彦菲也提出，新能源战略成为西方发达国家占领国际市场竞争新的制高点、主导全球价值链的"新王牌"[①]。

我国新能源发展起步较晚，但是发展较为迅猛。从世界各国新能源发展的路径来看，政府仍然是其发展的主要推动力（史际春，2010），我国出台了《新能源和可再生能源法》《国务院关于加快培育和发展战略性新兴产业的决定》等多项鼓励新能源发展的制度文件。同时，新能源发展的内生动力也极为重要，技术进步、市场需求和产业链构建等构成了新能源发展的内生动力，只有内、外部相互协调，才能推动新能源的规模化发展（马云泽、张倩，2011）。

2.4.2 不同视角下的新能源产业

新能源产业是从经济学角度研究新能源的核心问题，学者们从不同视角对这一问题展开了研究。

部分学者从新能源产业对经济增长的作用角度，研究新能源产业的发展问题，如谢晶莹（2010）通过对世界各国能源发展战略的分析，提出新能源将是我国未来经济增长的新动力；耿嘉川、吴清萍（2010）也提出新能源产业是能够带动国民经济增长的行业。成思危（2010）提出，新能源产业发展能够促进技术、经济、社会的转变，有利于生产、生活方式绿色化。徐祎（2017）实证分析发现新能源消费的增长对我国经济增长具有正向作用。

新能源产业的外部性受到学者们的广泛关注，如尼克·凯尔（1997）提出，与常规能源相比，新能源具有显著的正外部性；劳伦斯·希尔和斯坦顿·哈德利（Lawrence J. Hill and Stanton W. Hadley，1995）关注了现实中常规能源外部成本未计入产品成本，而新能源初始成本由微观个体承担的矛盾，提出新能源产业发展政策应该为新能源发展提供公平的竞争环境。刘叶志（2008）提出新能源产业有显著的外部效益，在市场经济条件下，市场失灵现象会阻碍新能源的发展，因此政府应通过税收、投资等政策消除外部性。

---

① 郝彦菲. 国际新能源发展现状及对我国的启示 [J]. 中国科技投资, 2010 (08): 44 - 46.

一些学者直接关注新能源企业发展，从企业微观视角来研究新能源产业发展问题。庄汉武（2011）提出技术创新是新能源企业生存和成长的关键，新能源企业需要加强技术创新，同时政府也应大力支持。裴玉（2011）从新能源企业发展所处的不同阶段，提出了新能源企业的不同战略选择。

2.4.3　我国新能源产业发展存在的主要问题

我国新能源产业起步晚、发展快，但同时问题也较为突出，从学者关注的重点来看，主要集中在以下几个方面。

一是新能源产业发展目标偏离，我国较多地方政府将发展新能源设备制造业等同于发展新能源，与提高新能源和可再生能源在能源消费中比重的目标相偏离（史丹，2010）。

二是新能源成本和价格问题，学者们普遍认为我国新能源成本偏高（张国有，2009；李伟，2012），新能源相对于传统能源价格较高，大规模发展的经济性受到挑战（中国能源中长期发展战略研究项目组，2011）。

三是新能源市场问题，受传统能源价格扭曲的影响，新能源发展因其技术特性而面临不公平竞争环境，我国目前还没有成熟的新能源价格形成机制（李伟，2012），另外我国新能源的无序竞争而引起的产能过剩问题也备受关注（谢晶仁，2010）。

四是新能源技术与创新问题，现有多数研究认为我国新能源发展缺乏关键技术（刘高峡、黄栋、蔡茜，2009；王朝才、刘金科，2010），同时研发投入不足又是造成这一问题的重要原因（蒙丹，2010）。

2.5　评述

2.5.1　已有研究的贡献

通过对已有研究成果的回顾，其主要贡献有以下几个方面。

较为深入地研究了能源领域的数量关系。现有研究较为广泛地采用了实证研究和数量分析方法，并且研究中计量模型的种类和使用频率不断增加，特别是在分析能源效率、能源消费与经济增长等问题时，大量的文献对能源领域的数量特征、数量关系与数量变化进行了系统的分析。

揭示了能源与经济发展的阶段性规律。不同时期的能源相关问题研究成果，从不同侧面反映了能源与经济发展的阶段性规律。传统能源大发展时期，强调能源总量供给满足经济发展需求，这一时期多是从数量角度揭示能源发展的规律性；新能源和可再生能源大发展时期，更加注重可持续发展，从能源资源的可持续利用、生态环境保护等角度揭示能源发展规律；当前，我国正处于能源产业体系由传统能源向新能源和可再生能源的转型期，对于转型期的能源发展规律揭示还不足，也是本书研究的重点之一。

对能源发展提出了一系列有价值的对策建议。国内外学者对能源问题的关注，无论是在能源生产领域，还是在能源消费领域，都针对发展中存在的问题提出了相应的对策建议，为能源发展提供了较好的指导和参考。

2.5.2 存在的不足

研究的滞后性。现代能源产业体系是我国新近提出来的能源产业发展方向，目前关于现代能源产业体系的直接研究还不多。现有的研究对现代能源产业体系的理论性、规律性认识不足，偏重于短期的、应急性的对策研究，缺乏前瞻性、战略性，现代能源产业体系的理论研究滞后于构建现代能源产业体系的实践。

研究的局限性。现有研究多是针对现实问题的对策性研究，而一般性、规律性研究较少。特别对于我国能源产业发展问题的研究往往局限于对能源领域的某一重大问题的关注，研究成果缺乏全局观和系统观，普适性不高。

研究的片面性。目前的研究文献，要么在重视能源产业整体性、系统性时忽略了能源行业的差异性，要么在强调能源行业的差异性时又对能源产业的整体性把握不足；目前的研究多是将能源产业作为孤立系统来考察，忽视了能源产业体系是现代产业体系和经济系统有机组成部分的系统特性，导致得出片面性的结论，影响了研究成果的适用性和可操作性。

研究的表面性。现代能源产业体系具有深刻的科学内涵，其发展具有独特的规律，然而，现有研究以能源产业发展的实证研究为主，重点关注了能源产业的发展状态、影响因素、存在问题等方面，现象描述多于本质分析，没有抓住现代能源产业体系的本质，研究成果难免缺乏战略性和前瞻性，研究深度略显不足。

研究的单一性。现代能源产业体系是一个复杂系统，既有能源产业发展、空间布局、支撑体系等系统内部问题，还有管理体制、市场机制、生态环境等系统外部问题。已有研究在研究方法上以单一的实证研究方法为主，研究角度多着眼于能源产业本身或某单一能源产业，造成研究结论的单一性，难以适用于现代能源产业体系这一复杂系统面临的问题。

对策研究的短视性和应急性。当前，大部分相关研究以解决能源产业发展中最为紧迫和突出的问题为目标，偏重于短期的、应急性的对策研究，而对现代能源产业体系的长期性、战略性问题研究不足。

第 3 章
我国现代能源产业体系的科学内涵

构建现代能源产业体系，是基于我国能源资源条件、国内外能源发展新趋势以及我国能源生产和消费现实需求而提出的能源发展战略。同时，也是落实供给侧结构性改革、加快转变经济发展方式的重要实践，是深入推进能源革命、维护国家能源安全的重要举措，也是我国积极履行应对气候变化和可持续发展义务的具体体现，具有深刻的科学内涵。

3.1 我国现代能源产业体系提出的背景

我国面临能源资源约束的现实条件，国内外能源发展呈现新趋势，能源生产和消费出现新要求，在此背景下，党的十七大报告首次明确提出"现代能源产业体系"，并将其作为历次国民经济和社会发展五年规划、能源发展规划的重要目标。

3.1.1 能源资源约束的现实条件

现代能源产业体系是我国基于能源资源约束现实条件而提出的能源发展战略。从我国能源资源总量来看，总体呈现"贫油、少气、多煤"的特征：我国石油探明储量仅占世界探明储量的 1.5%，同时我国石油储产比较低，仅为世界平均水平的 34.2%（中国储产比与世界储产比之比）；我国的天然气探明储量约占世界的 4.5%，总量约为 8.4 万亿立方米，储产比约为世界平均水平；我国煤炭资源相对丰富，已探明煤炭储量约占世界探明储量的 13.3%（见表 3-1）。

表 3-1　　　　2020 年底世界部分国家和地区主要能源探明储量

国家及地区	石油			天然气			煤炭		
	储量（十亿桶）	占比（%）	储产比	储量（万亿立方米）	占比（%）	储产比	储量（百万吨）	占比（%）	储产比
中国	26.0	1.5	17.3	8.4	4.5	43.3	143 197.0	13.3	36.7
美国	68.8	4.0	10.6	12.6	6.7	13.8	248 941.0	23.2	512.5
俄罗斯	107.8	6.2	26.4	37.4	19.9	58.6	162 166.0	15.1	405.7
印度	4.5	0.3	16.9	1.3	0.7	55.6	111 052.0	10.3	146.1
中东	696.7	40.2	62.1	75.8	40.3	111.7	1 203.0	0.1	583.3
欧洲及亚欧大陆	159.9	9.2	25.6	59.8	31.8	58.2	59.8	0.0	324.1
非洲	125.1	7.2	48.7	12.9	6.9	55.7	14 837.0	1.4	56.8
中南美洲	323.4	18.7	139.3	7.9	4.2	50.8	13 689.0	1.3	222.9
亚太地区	45.2	2.6	17.0	16.6	8.8	25.5	459 750.0	42.8	78.4
北美洲	242.9	14.0	26.3	15.2	8.1	13.6	256 734.0	23.9	475.8
世界	1 732.4	100.0	50.6	188.1	100.0	48.7	1 074 108.0	100.0	138.8

资料来源：根据 *BP Statistical Review of World Energy* 2022 相关数据整理得来。

从人均储量来看，我国能源资源极为匮乏。按照 2020 年能源探明储量计算，我国人均石油、天然气、煤炭人均探明储藏量分别为 18.39 桶、5 947.98 立方米、101.41 吨，其中石油、天然气仅为世界平均水平的 8.05%、23.99%，储量丰富的煤炭也仅为世界平均水平的 71.61%（见表 3-2）。

表 3-2　　　　2020 年底世界与中国主要能源人均探明储量

	人口（亿人）	石油（桶）	天然气（立方米）	煤炭（吨）
世界	75.85	228.39	24 794.88	141.61
中国	14.12	18.39	5 947.98	101.41
世界/中国	5.37	12.42	4.17	1.40

资料来源：*BP Statistical Review of World Energy* 2022.

3.1.2 国内外能源发展的新趋势

我国是世界最大的能源消费国，能源发展面临新的形势。从国内能源发展的形势来看，我国能源发展过程中面临三个方面的主要问题：一是我国能源消费形式以化石能源为主，传统高碳能源消费所占比例过高，这既导致能源消费结构严重不合理，同时也导致我国环境承载力不足，环境恶化愈加明显。随着全球气候变化加速，气候灾难频发，环境问题日益成为全社会关注的社会问题。环境问题对能源发展提出了一系列新的要求。二是我国能源利用方式较为粗放，能源利用效率较低。这使我国的单位国内生产总值（GDP）能耗高于世界平均水平和大部分同等发展水平的发展中国家。低效的能源利用方式不仅增加了能源需求总量，也提高了能源使用成本。三是在我国的各种主要能源形式中，石油、天然气等传统能源形式对外依存度较高，高度对外依存的能源形式使我国的能源安全受到国外政治经济波动影响的较大。

从国际能源形势变化来看，国际能源价格居高不下，全球能源安全不确定性依然存在。新冠疫情后经济反弹以及清洁能源技术显著进步，同时化石燃料领域投资增加和排放量居高不下。在地缘冲突、气候变化、汇率波动等多种因素影响下，经济复苏带动了能源消费反弹，能源供求关系以及国际金融资本的炒作，助推国际能源价格不断上涨。此外，国际局势以及日本核事故等国际敏感事件对国际油价和核能的使用造成了不同程度的影响，也加重了国际能源价格的高企。但是，受英国脱欧等一系列事件的影响，全球格局进入高度不确定时期，世界能源供应也面临着诸多不确定性。

3.1.3 能源生产和消费的新要求

我国能源生产总量呈现逐步上升的趋势，能源生产总量从 2000 年的 138 569.70 万吨标准煤上升到 2021 年的 433 000.00 万吨标准煤，22 年间能源生产总量提高了 3.12 倍，能源生产总量年均增长 5.8%。在能源生产总量不断增长的同时，能源生产结构却未出现显著变化。煤炭仍然是我国最主要的能源，煤炭产量占我国能源总产量的比例高达 67%，占比最高的2007 年和 2011 年达到了 77.8%，占比最低的 2021 年为 67%。原油占能源生产总量的比重呈现逐渐下降的趋势，产量占比从 2000 年的 16.8%，逐渐下降到 2021 年的 6.6%。天然气产量占能源总产量的比重较小，但占能源总产量的比重缓慢增加，占比从 2000 年的 2.6%，提高到 2021 年的6.1%。水电、核电、风电等能源形式占能源生产总量的比重呈现不断增加的趋势，占比从 2000 年的 7.7% 上升到 2021 年的 20.3%，并在 2009 年超过石油，成为仅次于煤炭的第二大能源形式（见表 3-3、图 3-1）。

表 3-3　　　　　　　　我国能源生产量及构成　　　　　　单位：万吨标准煤

年份	能源生产总量	原煤	原油	天然气	水电、核电、风电
2000	138 569.70	101 017.31	23 279.71	3 602.81	10 669.87
2001	147 424.99	107 030.54	23 440.57	3 980.47	12 973.40
2002	156 277.01	114 238.49	23 910.38	4 375.76	13 752.38
2003	178 298.78	134 972.18	24 248.63	4 635.77	14 442.20
2004	206 107.73	158 084.63	25 145.14	5 564.91	17 313.05
2005	229 036.72	177 274.42	25 881.15	6 642.06	19 239.08
2006	244 762.87	189 691.22	26 434.39	7 832.41	20 804.84
2007	264 172.55	205 526.24	26 681.43	9 246.04	22 718.84
2008	277 419.41	213 058.11	27 187.10	10 819.36	26 354.84
2009	286 092.22	219 718.82	26 892.67	11 443.69	28 037.04
2010	312 124.75	237 839.06	29 027.60	12 797.11	32 460.97
2011	340 177.51	264 658.10	28 915.09	13 947.28	32 657.04
2012	351 040.75	267 493.05	29 838.46	14 392.67	39 316.56
2013	358 783.76	270 522.96	30 137.84	15 786.49	42 336.48
2014	362 212.00	266 225.82	30 063.60	17 023.96	48 898.62
2015	362 193.00	261 503.35	30 786.41	17 385.26	52 517.99
2016	345 954.00	241 475.89	28 714.18	17 989.61	57 774.32
2017	358 867.00	249 771.43	27 273.89	19 378.82	62 442.86
2018	378 859.00	262 170.43	27 277.85	20 458.39	68 952.34

年份	能源生产总量	原煤	原油	天然气	水电、核电、风电
2019	397 317.00	272 162.15	27 414.87	22 249.75	75 490.23
2020	407 295.20	274 924.26	27 696.07	24 437.71	80 237.15
2021	433 000.00	290 110.00	28 578.00	26 413.00	87 899.00

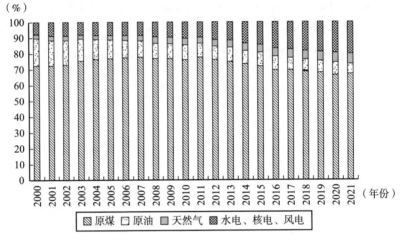

图 3-1 我国能源生产结构变化

　　我国的能源消费总量呈现出高速增长的趋势，从 2000 年的 146 964 万吨标准煤上升至 2021 年的 524 000 万吨标准煤，年均增长 6.6%，高于同期我国能源生产总量的增速。从能源消费结构来看，煤炭一直是我国能源消费的主要形式，所占比重远远高于其他能源形式，但煤炭消费比重在2007 年达到峰值的 72.5% 以后呈现出下降的趋势，2021 年下降到 56.1%。石油在我国能源消费结构中所占比重呈现出先缓慢下降又缓慢上升的趋势，2000 年石油消费比重为 22%，在 2009 年下降到最小值 16.4%，又逐步上升，在 2021 年上升为 18.7%。天然气消费占能源消费总量的比重不断提高，从 2000 年的 2.2%，提高到了 2021 年的 8.8%。水电、核电、风电等能源形式的消费占比也呈现出不断增长的趋势，2000 年以来，其占比从7.3% 上升到了 16.6%，是仅次于石油的第三大能源消费形式（见表 3-4、图 3-2）。

表 3－4 我国能源消费量及构成 单位：万吨标准煤

年份	能源消费总量	原煤	原油	天然气	水电、核电、风电
2000	146 964	100 670.34	32 332.08	3 233.21	10 728.37
2001	155 547	105 771.96	32 975.96	3 733.13	13 065.95
2002	169 577	116 160.25	35 611.17	3 900.27	13 905.31
2003	197 083	138 352.27	39 613.68	4 532.91	14 584.14
2004	230 281	161 657.26	45 825.92	5 296.46	17 501.36
2005	261 369	189 231.44	46 523.75	6 272.87	19 341.33
2006	286 467	207 402.11	50 131.73	7 734.61	21 198.56
2007	311 442	225 795.45	52 945.14	9 343.26	23 358.15
2008	320 611	229 236.87	53 542.04	10 900.77	26 931.32
2009	336 126	240 666.22	55 124.66	11 764.41	28 570.71
2010	360 648	249 568.32	62 752.73	14 425.91	33 900.90
2011	387 043	271 704.34	65 023.26	17 803.99	32 511.63
2012	402 138	275 464.44	68 363.44	19 302.62	39 007.37
2013	416 913	280 999.41	71 292.13	22 096.39	42 525.13
2014	428 334	281 843.77	74 101.78	23 986.70	48 401.74
2015	434 113	276 963.95	79 876.75	25 178.54	52 527.65
2016	441 492	274 607.91	82 558.97	26 931.00	58 718.41
2017	455 827	276 231.11	86 151.29	31 452.06	61 992.46
2018	471 925	278 435.84	89 193.85	35 866.31	68 429.15
2019	487 488	281 280.58	92 135.23	39 486.53	74 585.66
2020	498 314.1	283 540.72	93 683.05	41 858.38	79 231.94
2021	524 000	293 975.96	97 816.69	46 278.86	87 298.77

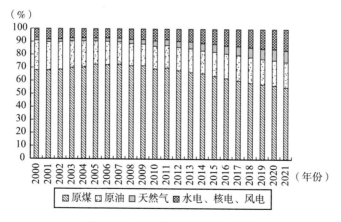

图 3－2 我国能源消费结构变化

　　对比 2000 年以来我国的能源生产总量和能源消费总量，我国的能源总量缺口除了 2008 年、2010 年、2011 年、2018 年和 2019 年有所下降外，其他年份缺口均不断增大。能源总量缺口从 2000 年的 8 394.3 万吨标准煤提高到了 2021 年的 91 000 万吨标准煤，累计增加了 82 605.7 万吨标准煤。通过对比煤炭、石油、天然气和水电、风电、核电等能源形式的生产与消费总量可以发现，我国的石油总量缺口和天然气总量缺口均不断增加。从 2011 年开始煤炭的缺口开始呈现出上升的趋势，并在 2016 年达到最大，随后煤炭的缺口逐渐减小。水电、核电和风电等能源形式的缺口相对较小，并且在 2011 年以后，出现了负缺口的情况，这也反映出我国在新能源和可再生能源方面已经取得了较大的成就（见图 3 - 3）。

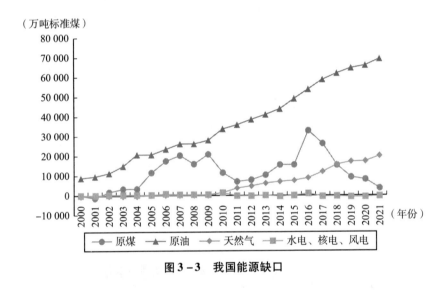

图 3 - 3　我国能源缺口

3.2　我国现代能源产业体系的界定与基本特征

　　目前，"现代能源产业体系"并没有统一的定义，在研究文献和政府文件中有部分表述，本书在总结、比较已有概念的基础上，阐述现代能源产业体系的科学内涵。

3.2.1　现代能源产业体系的界定

我国在相关文件和规划中提出了"现代能源产业体系"概念，没有给出直接的定义，部分学者对这一概念进行了研究和界定，代表性观点有：

一是"现代产业体系说"，代表性人物为中国能源经济研究院战略研究中心主任陈柳钦，他认为现代能源产业体系是现代产业体系的一类，可以将现代产业体系的界定"推广"至现代能源产业体系，提出这一概念没有特定的边界，可以包括所有能源产业中比较先进的生产方式。[①]

二是"先进技术说"，代表性人物为中国社会科学院工业经济研究所所长史丹教授，史丹教授着眼于"现代能源产业体系"的"现代性"，强调能源产业体系技术的先进性，认为现代能源产业体系是能源高效利用技术、煤炭的安全生产和洁净高效技术、油气资源勘探开发及其替代技术、先进核电技术、可再生能源技术以及先进的电力技术体系等多方面先进技术的载体。[②]

三是"系统说"，代表性人物有华北电力大学能源与电力经济研究中心主任曾鸣教授（2011）、中国社会科学院工业经济研究所崔民选研究员（2011），他们更加注重"现代能源产业体系"中的"体系"，突出现代能源产业体系的系统性，强调这一体系是"由各类能源产业以及相关产业所组成的体系"（曾鸣，2011），是"能源及相关产业实现集约、协调、高效发展的有机体系"（崔民选，2011）。

虽然不同学者对现代能源产业体系的认识各有侧重，但是在以下几点达成了共识：一是现代能源产业体系是未来能源产业的发展方向，无论从现代产业体系角度，还是从技术角度，都说明了现代能源产业体系的趋势和方向；二是现代能源产业体系与传统能源产业的关系，现有定义均表明，现代能源产业体系脱胎于传统能源产业，同时在未来一段时期内，传

[①]　陈柳钦．安全、稳定、经济、清洁的中国现代能源产业体系构建［J］．武汉科技大学学报（社会科学版），2011，13（05）：497－505.

[②]　史丹："十二五"应以能源价改为重点　促进能源发展体系建设［DB/OL］．http：//roll. sohu. com/20110108/n301929629. shtml，2011－01－08.

统化石能源仍然是现代能源产业体系的重要组成部分；三是现代能源产业体系强调供给侧结构性改革，现有界定多从能源供给侧进行定义，认为现代能源产业体系是"能源供应体系"，同时强调能源产业结构优化升级。

3.2.2 现代能源产业体系的基本特征

我国现代能源产业体系是基于我国国情提出的能源产业发展的新方向，除了具有"安全、稳定、经济、清洁"等特点外，从现代能源产业体系的构成角度来看，应具备以下基本特征。

一是动态性。构建现代能源产业体系是一个能源产业不断调整结构、优化升级的动态过程，不同时期的"现代化"具有不同的时代内涵。当前，在我国新型工业化、新型城镇化、信息化和农业现代化的时代背景下，现代能源产业体系需要适应经济社会发展需求，顺应科技发展潮流，能源结构由传统的化石能源为主向化石能源与非化石能源并重转变，发展驱动力由要素投入为主向科技进步为主转变。同时，现代能源产业体系体现了能源发展的动态特征，代表了在不同技术和经济社会发展条件下，能源发展的相对先进性状态。

二是系统性。构建现代能源产业体系不同于能源产业发展，现代能源产业体系更加强调能源行业间转化、协同、互补的关系，将各能源行业集合成为效率更高、可靠性更强的能源系统。现代能源产业体系的系统性体现在以下几个方面：其一，能源生产与消费布局的系统性，在我国能源资源分布不均衡、能源生产中心与消费中心分离的现实条件下，以及国家主体功能区和资源环境保护的要求下，需要系统优化能源资源富集地产业发展和能源消费地能源资源开发的关系；其二，不同能源行业间的系统性，不同形式的能源间能够耦合集成、互补利用，提高能源资源利用效率，如天然气热电冷三联供，大型综合能源基地风能、太阳能、水能、煤炭、天然气的组合利用等。

三是继承性。现代能源产业体系是一个相对概念，是以传统能源产业体系为基础，通过持续的优化、完善而形成的，所以现代能源产业体系脱胎于传统能源产业体系，具有继承性，主要体现在传统能源与新能源、化石能源与可再生能源、传统技术与新技术的关系。在我国当前技术条件下，在未来相当长一段时期内，必然还保持一定比例的传统能源，同时又要以新能源为发展方向；必然还将以化石能源高效、清洁利用为基础，同时加强可再生能源对化石能源的替代；必然在传统技术进一步优化的前提下，促进新技术的突破和应用。

第 **4** 章
我国能源主体产业效率研究的理论基础与方法

　　我国于 2010 年成为世界第一大能源消费国，但能源利用效率并未实现显著提高。能源整体效率仍处于较低水平，能源强度远远高于世界平均水平。能源利用效率过低加剧了我国能源供需不平衡，更进一步加剧了经济发展与生态环境保护的矛盾。因此，提高能源利用效率成为我国在构建现代能源产业体系过程中最为重要和紧迫的问题。

　　目前我国的能源结构较为单一，能源供需平衡趋紧，在此情况下，能源生产结构对能源消费结构具有决定性影响，能源产业效率成为能源效率的核心。因此，提升能源产业效率是提升我国能源效率的关键。本章以效率理论为基础，构建产业效率三重分解模型，为进一步研究我国能源主体产业效率问题提供理论和方法支撑。

4.1　关于效率理论

　　效率是经济学研究的中心问题之一，自亚当·斯密以来有关于效率问题的研究从未终止，从定性阐述效率到计量经济组织的效率，人们对于效率的认识逐步深化。回顾和总结经济学理论中关于效率问题的研究，是本书研究的理论基础之一。

4.1.1　何为"效率"？

　　效率的概念广泛应用于自然科学和社会科学不同领域，其中在社会科学中多指在完成某项工作的过程中实现的效果与为完成该工作的消耗之比。效率在数学意义上必然是一个数值，并且一定是介于 0 到 1 之间的一个数值，显然任何活动中主体释放的功能必然小于获得的功能，在物理世界中摩擦、能耗无处不在，正如在人类经济活动中交易成本不会为零。

西方经济学中的效率是指资源配置效率，这体现出西方经济学的论述核心，即有限资源的最优配置问题。萨缪尔森在《经济学》中认为，如果经济中的生产状况表现为不减少任何一种产品的生产就不能增加任何其他产品的生产，在这种经济运行状态下经济是有效率的。显然，萨缪尔森的效率思想继承了帕累托效率观点，而其著作本身就是新古典经济学的一次综合。西方流行的微观经济学教材中认为资源配置效率实际上是"消费者和生产者福利总和"[①]。实际上，在西方经济学理论中，效率（efficiency）一词达到了某种滥用的程度：在规范分析的理论文献中，效率一词偏重于描述经济运行状况，在计量经济学中效率则作为计量对象出现。

当研究不同对象的效率时，效率一词前面会加上各种定语以确定概念的具体指定，如制度效率、微观效率、宏观效率、生产效率、规模效率、技术效率、配置效率等。制度效率体现在新制度经济学中对于市场经济运作的研究之中；微观效率则用于描述微观经济主体的投入—产出最大化问题，即厂商在资源约束下的产出最大化问题，或一定产量约束下的成本最小化问题；宏观效率则用于描述宏观经济体系的运行状况，如果一个经济是有效率的，则该经济能协调不同生产目的，配置各项有限资源，从而使得整个经济实现产出最大化。[②]

4.1.2　效率理论的发展

关于效率问题的研究从亚当·斯密开始就从未停止。随着经济学的发展，对效率的研究也不断发展，效率研究逐渐从定性到定量演变。20 世纪

① 参看［美］罗伯特·S. 平狄克，丹尼尔·L. 鲁宾费尔德. 微观经济学［M］. 张军，等译. 中国人民大学出版社，1997.

② 邹洋，周江，吴振明. 我国合理控制能源消费总量实现途径研究——基于多目标优化视角［J］. 经济问题，2015（06）：24 – 28.

50~60 年代，随着计量经济学的进一步发展，对效率问题的研究和认识也更加深化。

4.1.2.1 效率理论

效率理论最早源于新古典经济学派，并以亚当·斯密为代表，先后形成了有关市场机制的效率理论、边际学派效率理论、福利经济学派效率理论三大有代表性的效率学说。20 世纪后，效率理论研究突破了新古典经济学的传统，涌现出了众多效率方面的研究成果。例如，熊彼特对效率问题的研究和莱宾斯坦的 X 效率理论，以科斯为代表的制度经济学对效率的研究和罗森、杨小凯等以超边际分析法对效率的研究。

传统的效率研究的结果仅仅是论证经济是有效率或无效率，但是在实证分析中，人们往往希望知道研究对象的效率的具体数值，因此效率测量理论得到了发展的机会。伴随着计量经济学的发展，经济学家们开始运用计量经济学工具研究效率。

4.1.2.2 现代效率测算理论

随着计量经济学的发展，经济学家运用数学工具以测量经济效率，显然这里首先要明确测量对象，即对于一个经济体而言，什么是它的经济效率。法雷尔（Farrell，1957）是这方面的开拓者，他在德布鲁（Debreu，1951）和库普曼斯（Koopmans，1951）研究的基础之上，确立了多种资源投入的企业或部门（产业）的效率测算方法，并且明确将企业和部门（产业）分立为技术效率（technical efficiency，TE）和配置效率（Allocative Efficiency，AE）。其中，技术效率是指企业或部门（产业）在一定投入水平下具有的最大产出能力，配置效率是指在既定的价格和生产技术之下，企业或部门（产业）通过调整投入比例而获得最大产出的能力。[①] 法雷尔进一步认为，综合效率是企业或部门（产业）在产出规模不变、市场价格不变的条件下，调整投入要素的比例结构所能获得的最小生产成本占实际生

---

① 吴振明，彭其渊. 我国交通运输业综合效率实证研究——基于"两阶段"效率评估框架 [J]. 求索，2013（03）：5-8+214.

产成本的比重，并且技术效率和配置效率的乘积就是总经济效率。

怀特塞尔（Whitesell，1989）的研究认为，技术效率是在既定技术条件（PPF）和资源投入之下，经济体实际产出与潜在产出的比值；实现配置效率则是投入要素按照成本最小化的方式进行，此时投入要素的边际替代率相等。美国芝加哥学派的研究者认为，企业实现生产效率是解决了生产技术和规模经济问题，即企业可以低成本地生产，但这并不能满足消费者的意愿，为获得更高的社会收益，必须通过市场竞争体制以实现投资资源的最优配置。效率从理论研究推广到可以测量的应用研究必须以明确生产函数为前提。1977 年，艾格纳、洛弗尔和施密特（D. Aigner，C. Lovell and C. Schmidt）与米尤森、范登·布鲁克（W. Meeusen and J. Vanden Broeck）同时提出了随机前沿生产函数概念；1978 年，查恩斯、库珀和罗阿德斯蒂（Charnes，Cooper and Rhoadesti）提出了规模报酬不变模型以测算企业效率；1984 年，班克、查恩斯和库珀（Banker，Charnes and Cooper）提出 BC2 模型，运用数学规划方法计量效率数值。

4.2 效率测算方法

随着经济学研究中大量数学方法的引入，目前对效率的研究和测算主要基于凸分析和集合论等数学理论，关键是前沿面理论的引入。

4.2.1 效率测算基本原理

4.2.1.1 生产边界、技术效率和规模经济

研究经济组织的效率是以研究生产率为基础，研究经济组织的生产率主要是指全要素生产率。效率测算的原理可以描述为：不失一般性可假定经济组织是单一投入（x）单一产出（y）。如图 4-1 所示，经济组织的生产边界为 OF，Ox 轴表示投入量，Oy 轴表示产出量，从而图中任意一点对应一个投入—产出关系。如果经济组织的运营处于生产边界 OF 上，则表明在当前技术水平下，经济组织是技术有效的；在生产边界 OF 之下，则表

明经济组织是技术无效的。对于任意一点，可以通过原点 O 引出一条射线，该射线的斜率 $\left(\dfrac{y}{x}\right)$ 就是该点所代表的生产率，即生产组织的技术效率。

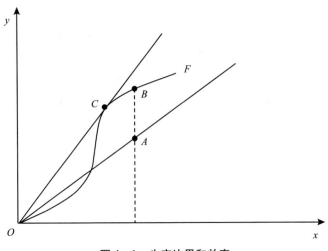

图 4-1　生产边界和效率

图 4-1 中，A 点是技术无效率的，从 A 点移动到 B 点，则 OB 射线的斜率大于 OA 射线的斜率，从而经济组织的生产率得到提高。A 点和 B 点的投入 x 相等，B 点产出的提高是技术进步引起的，这表明由 A 点到 B 点是技术效率改进的过程。很容易看出，射线 OC 的斜率最大，因此当前技术水平下 C 点获得最大生产率。如果生产最初在 A 点，从 A 点到 B 点是技术效率的提高过程；从 B 点到 C 点技术效率不变，投入减少了，而且获得最大的生产率，这是规模经济改善过程；从 A 点到 C 点，生产的技术效率和规模经济都获得了改善。需要指出，如果在下一个生产时期，生产边界 OF 向上移动，则对于任意投入都能得到比上一期更多的产出，表明经济组织的生产率获得整体提升，这可以通过经济组织的规模经济和技术效率的改进实现。

4.2.1.2　距离函数

经济组织的生产技术结构特征可以用距离函数进行描述，距离函数有产出距离函数和投入距离函数两种，投入距离函数从投入集特征刻画投入技术结构，产出距离函数用产出集特征来刻画产出技术结构。

产出距离函数用生产点和生产可能性边界的距离，衡量经济组织可能的产出扩张（output-expanding），其数学表达式如下：

$$D_O(x,\ y) = \min\{\mu: y/\mu \in Y(x)\}$$

其中，x 是投入向量，y 是产出向量。

两种投入的产出距离函数如图 4 – 2 所示：

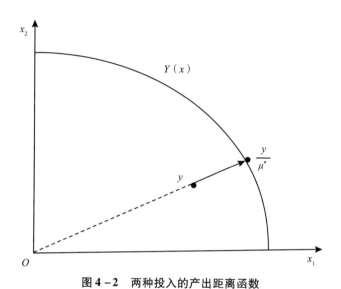

图 4 – 2　两种投入的产出距离函数

在投入向量 x 时产出向量 y，当产量径向扩张时，同样投入 x 可以得到更大的产出 $\dfrac{y}{\mu^*}$，$D_O(x,\ y) = \mu^* > 1$，它表达了既定投入的产出径向扩张的最大量。

投入距离函数同样描述生产点和生产可能性边界的距离，与产出距离函数不同，它的角度是刻画投入的缩减（input-conserving），其数学表达式如下：

$$D_I(y,\ x) = \max\{\lambda: x/\lambda \in X(y)\}$$

其中，x 是投入向量，y 是产出向量。

两种投入的投入距离函数如图 4 – 3 所示：

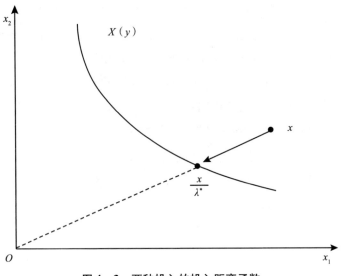

图 4 - 3　两种投入的投入距离函数

在投入向量 x 时产出向量 y，当投入径向减少 $\dfrac{x}{\lambda^*}$ 时，仍可以获得同样产出，$D_I(y,\ x) = \lambda^* > 1$，这表达了对既定产出的投入径向收缩的最大量。

4.2.1.3　技术效率和规模效率的数理内涵（见图 4 - 4）

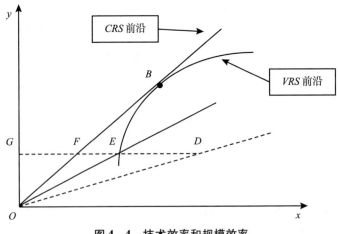

图 4 - 4　技术效率和规模效率

CRS（Constant Returns to Scale）意指规模报酬不变，VRS（Variable Returns to Scale）意指规模报酬可变，在 VRS 前沿面上投入—产出的比值是变化的，在 B 点时最大，经过 B 点的射线是 CRS 前沿面，很容易知道在 CRS 前沿面上投入—产出的比值是不变的。如果生产的初始点为 D 点，从 D 点向 E 点移动时，生产率提高，此时是经济组织技术效率改善，即投入减少而产出不变；沿着 VRS 前沿面，从 E 点向 B 点移动，经济组织的生产率也获得提高，到 B 点获得最大效率，这由经济组织规模经济的提高而实现，即资源配置效率的改善过程。

D 点的生产率是射线 OD 的斜率，E 点的生产率是射线 OE 的斜率，F 点位于 CRS 前沿面，B 点是 CRS 前沿面和 VRS 前沿面的切点，F 点和 B 点的生产率是射线 OB 的斜率。由数学知识易知，OD 的斜率（D 点生产率）与 OE（E 点生产率）的斜率之比等于线段 GE/GD 的比值，OE 的斜率（E 点生产率）与 OF 的斜率（F 点生产率）之比等于线段 GF/GE 的比值。从而，如果要比较不同点之间的生产率差别，只需要测量距离并作比值即可。

若 D 点代表一个经济组织，则经济组织 D 的技术效率 $TE_{VRS} = \dfrac{GE}{GD}$，规模效率 $SE = \dfrac{GF}{GE}$，经济组织的技术效率与观测点 D 到 VRS 前沿面的距离有关，规模效率与技术有效点 E 到 CRS 前沿面的距离有关。SE 不能直接获得，可以通过测量观测点 D 到 CRS 前沿面的距离，运用残差法间接计算，公式如下：

$$SE = \frac{TE_{CRS}}{TE_{VRS}} = \frac{GF/GD}{GE/GD} = \frac{GF}{GE}$$

4. 2. 1. 4　生产率及生产率的变化

一般来说，经济组织是多投入、多产出的，由此有必要引入全要素生产率（Total factor productivity，TFP）的概念，全要素生产率 TFP = 总产出 ÷ 总投入。考虑市场环境，TFP 则表现为经济组织的利润率，假设厂商 1 $(x_1, , y_1, h_1, w_1)$，其中 x_1 是投入向量，y_1 是产出向量，h_1 是产出的价格向量，w_1 是投入的价格向量，则厂商 1 的利润率 $\pi_1 = \dfrac{h_1 y_1}{w_1 x_1} = \dfrac{\sum\limits_{i=1}^{p} h_{i1} y_{i1}}{\sum\limits_{i=1}^{q} w_{i1} x_{i1}}$。

类似地，有厂商 $2(x_2, , y_2, h_2, w_2)$，则厂商 2 的利润率 $\pi_2 = \dfrac{h_2 y_2}{w_2 x_2} =$

$\dfrac{\sum\limits_{i=1}^{p} h_{i2} y_{i2}}{\sum\limits_{i=1}^{q} w_{i2} x_{i2}}$。很容易对比两个厂商的绩效，求取利润率的比值 $\dfrac{\pi_2}{\pi_1}$ 即可。现实

中，两个厂商的投入价格和产出价格是不同的，并且很难直接对价格水平差异作出调整，因此必须引入适当的指数（价格缩减指数）以使得利润率具有可比性。

4.2.2 效率测算模型

效率测算模型可以分为非参数模型和参数模型，下面分别作简要概述。

4.2.2.1 非参数模型

查恩斯、库珀和迪沃特（Charnes, Cooper and Diewert，1978）提出 DEA 分析法，运用线性规划构造出基于观测数据的非参数分段的前沿曲面，从而计算效率，显然其思想来自法雷尔（1957）提出的构造生产前沿面（一个非参数的线性凸面）以计量效率。查恩斯、库珀和迪沃特（1978）提出投入导向的 CRS 模型并获得了广泛运用，之后有大量的文献关注 DEA 方法问题（Färe, Grosskopf and Lovell，1985；Seiford and Thrall，1990；Ali and Seiford，1993；Lovell，1993；1994；Charnes，1995；Seiford，1996；Cooper, Seiford and Tone，2000；Thanassoulis，2001）。

查恩斯、库珀和迪沃特（1978）提出的 CRS 模型假设经济在最优规模运营，不满于此，有学者给出了改进办法以解释规模收益可变的情况（Afriat，1972；Färe, Grosskopf and Logan，1983；Banker, Charnes and Cooper，1984）。西马和威尔逊（Simar and Wilson，1998）从数据生产过程出发，提出了 Bootstrap 纠偏的统计推断思想，规避了模型设定风险、样本敏感性、极端值等影响，成为非参数效率评价的基础分析框架。

当需要对不同的经济组织的效率作对比评价时，由于经济组织各自的投入—产出价格差异，导致必须引入适当的指数以修正此种差异，引入

Malmquist TFP 指数正是为了解决这一问题，并且由于 Malmquist 指数法设定了两个不同时期以观测投入—产出数据，因而实现了效率的动态评价。Malmquist 指数法由卡弗斯、克里斯坦森和迪沃特（Caves，Christensen and Diewert，1982a；1982b）两篇文献提出，此后大量地运用于实证研究以测量经济组织的动态效率，此种方法一般被称为 TFP 法。

4.2.2.2 参数方法

参数方法是假设生产函数存在具体形式，然后依据投入—产出的数据样本，考虑误差项的分布形式和复合结构，使用回归分析、最大似然估计等方法，推算出生产函数中的待定参数。参数分析方法有随机前沿面法（SFA）、自由分布法（DFA）、厚边界分析法（TFA）。

下面把三种重要方法——TFP、DFA、SFA 作比较，具体的不同特性见表 4-1。

表 4-1 三种方法的特性总结

		TFP	DFA	SFA
参数方法		否	否	是
归结为噪声		否	否	是
测算内容	技术效率	否	是	是
	配合效率	否	是	是
	技术变化	否	是	是
	规模效应	否	是	是
	TFP 变化	是	是	是
数据形式	横截面数据	是	是	是
	时间序列数据	是	否	否
	面板数据	是	是	是
基本方法所需数据	投入量	是	是	是
	产出量	是	是	是
	投入价格	是	否	否
	产出价格	是	否	否

资料来源：摘自［美］蒂莫西·J. 科埃利，D. S. 普拉萨德·拉奥，克里斯托弗·J. 奥唐奈. 效率与生产率分析引论［M］. 北京：中国人民大学出版社，2002.

下面把 SFA 与 DFA 的优缺点作比较，具体情况见表 4 - 2。

表 4 - 2   SFA 与 DFA 的优缺点对比

优点	SFA 可以解释噪声； SFA 可用于研究传统的假设检验； SFA 能方便地检验出结果的显著性； SFA 重点关注经济上的最优
缺点	SFA 需要假设无效项的分布形式； SFA 对生产函数（或成本函数）需要设定函数形式； SFA 要求较大的样本数据库容量； 和 DFA 比较，处理多投入和多产出的情况较困难

4.3   我国能源主体产业效率变化三重分解模型

本书采用 SFA 方法研究我国能源主体产业效率问题，基于基本模型构建产业效率变化三重分解模型。

4.3.1   计量模型

随机前沿生产函数的基本模型如式（4.1）所示：

$$Y_{it} = F(X_{it}, t) \times \exp(v_{it} - u_{it}) \quad i = 1, 2, \cdots, N \quad t = 1, 2, \cdots, T$$

$$(4.1)$$

表达式中各参数解释如下：

Y_{it} 为生产单元 $i(i = 1, 2, \cdots, N)$ 在时期 $t(t = 1, 2, \cdots, T)$ 的实际产出；

$F(X_{it}, t)$ 为生产前沿函数，即生产前沿面上确定性产出，它表示在现有技术条件下投入移动要素所能获得的确定性最大产出量。其中，X_{it} 为要素投入向量，加入时间趋势项 t 以测量随时间序列变化的技术进步。

v_{it} 为决策单元 i 不能控制的外部随机冲击，u_{it} 为产出导向相对于随机前沿面的技术无效率项，且 $u_{it} \geq 0$。

选择超越对数形式的随机前沿生产函数模型，确定 N 种投入要素，Y_{it} 是每一个生产单元 $i(i=1, 2, \cdots, N)$ 在时期 $t(t=1, 2, \cdots, T)$ 的实际能源产出。具体模型如下：

$$\ln Y_{it} = \beta_0 + \beta_t t + \frac{1}{2}\beta_{tt}t^2 + \sum_{n=1}^{N}\beta_n \ln X_{nit} + \frac{1}{2}\sum_{n=1}^{N}\sum_{m=1}^{N}\beta_{nm}\ln X_{nit}\ln X_{mit}$$

$$+ \sum_{n=1}^{N}\beta_{nt}t\ln X_{it} + v_{it} - u_{it}$$

$$i=1, 2, \cdots, N \quad t=1, 2, \cdots, T \quad n=1, 2, \cdots, N \quad (4.2)$$

假设如下：

（1）技术无效率项 u_{it} 和随机误差项 v_{it} 相互独立，并且两个误差与变量 X_{nit} 不相关。[①]

（2）随机误差项 v_{it} 是独立同分布的正态随机变量，即 $v_{it} \sim iidN(0, \sigma^2)$。[②]

（3）据巴蒂斯和科埃利（Battese and Coelli，1992），令 $u_{it} = u_i \exp[-\eta(t-T)]$，其中 u_i 服从非负断尾正态分布，即 $u_i \sim iidN^+(\mu, \delta^2)$。[③]

η 是技术无效率项 u_{it} 的变化率，令

$$\varphi(t) = \exp[-\eta(t-T)] \quad (4.3)$$

若 $\eta>0$，则 $\varphi'(t)<0$，$\varphi''(t)>0$，表明 $\varphi(t)$ 将以递增的速度减小，从而生产单元相对于前沿的技术效率会以递增的速度增加；若 $\eta<0$，则 $\varphi'(t)>0$，$\varphi''(t)<0$，表明 $\varphi(t)$ 以递减的速度增加，从而生产单元相对于前沿的技术效率会以递减的速度减小；若 $\eta=0$，$\varphi(t)=1$，则技术无效率项没有任何变化。[④]

式（4.2）和式（4.3）的组合构成时变（Time-varying）技术非效率随机前沿生产函数模型。

生产单元在时期 t 的技术效率是存在技术非效率的实际产出期望值与完全技术有效假设下产出（生产前沿边界）的期望值的比值，数学表达式如下：

①② 史丹，吴利学，傅晓霞，吴滨. 中国能源效率地区差异及其成因研究——基于随机前沿生产函数的方差分解 [J]. 管理世界，2008（02）：35-43.

③④ G. E. Battese，T. J. Coelli. Frontier production functions，technical efficiency and panel data：With application to paddy farmers in India [J]. *Journal of Productivity Analysis*，1992（01）.

$$TE_{it} = \frac{E[Y_{it}]}{E[Y_{it} \mid u_{it} = 0]} = \exp(-u_{it}) \tag{4.4}$$

显然有 $0 \leqslant \exp(-u_{it}) \leqslant 1$。

4.3.2 模型构建

记资本投入 K_{it}，劳动力投入 L_{it}，其中 i 表示产业类型，这里有 5 类能源产业；记影响因素为 Z_{it}，其中 i 表示影响因素的类别，t 表示投入时期，从 2000 年到 2021 年总计有 22 个时期。Y_{it} 为产业 $i(i = 1, 2, \cdots, N)$ 在时期 $t(t = 1, 2, \cdots, T)$ 的实际产出。

首先给出生产函数：

$$\ln Y_{it} = \beta_0 + \beta_t t + \frac{1}{2}\beta_{tt}t^2 + \beta_k \ln K_{it} + \beta_l \ln L_{it} + \frac{1}{2}\beta_{kk}(\ln K_{it})^2 + \frac{1}{2}\beta_{ll}(\ln K_{it})^2$$

$$+ \beta_{kl}\ln K_{it}\ln L_{it} + \beta_{kt}t\ln K_{it} + \beta_{lt}t\ln L_{it} + v_{it} - u_{it}$$

$$v_{it} \sim iidN(0, \sigma^2) \quad u_i \sim iidN^+(\mu, \delta^2) \quad u_{it} = u_i \exp[-\eta(t - T)] \tag{4.5}$$

其次给出技术无效率函数：

$$m_{it} = \delta_0 + \sum_i \delta_i z_{it} \tag{4.6}$$

为方便运算估计，构造方差参数 $\gamma = \dfrac{\sigma_u^2}{\sigma^2}$，其中 $\sigma^2 = \sigma_v^2 + \sigma_u^2$，显然有 $0 < \gamma < 1$。m_{it} 为技术无效率的影响函数。

4.3.3 生产率变化分解

从时期 s 到时期 t，由生产单元的技术效率（TE_{it}）可以计算效率变化（$TEC_i^{s,t}$），再计算技术变化（$TC_i^{s,t}$），从而得到全要素生产率变化指数（$TFPC_i^{s,t}$），公式为：

$$TFPC_i^{s,t} = TEC_i^{s,t} \times TC_i^{s,t} \tag{4.7}$$

第 i 个生产单元效率变化为：

$$TCE_i^{s,t} = TE_{it}/TE_{is} \tag{4.8}$$

技术变化引起的每一个时期 t 产出的百分比变化，可由 $\ln Y_{it}$ 对时期 t

的偏导数给出，即：

$$\frac{\partial \ln Y_{it}}{\partial t} \tag{4.9}$$

从时期 t 到时期 $t+1$，第 i 个生产单元的技术变化指数能从估计计算得出的参数计算而得，方法是先求出生产函数在两个时期的偏导数，这两个偏导数的几何均值就是两个相邻时期的技术变化指数，具体如式（4.2）的超越对数函数，其过程等价于关于两个相邻时期的偏导数的代数均值的指数函数值[1]，如下式所示：

$$TC_i^{s,t} = \exp\left[\frac{1}{2}\left(\frac{\partial \ln Y_{is}}{\partial s} + \frac{\partial \ln Y_{it}}{\partial t}\right)\right] \tag{4.10}$$

进一步考虑规模经济对生产效率的影响，规模经济弹性为 $\varepsilon_{is} = \sum_{n=1}^{N} \varepsilon_{nis}$，其中 $\varepsilon_{nis} = \frac{\partial \ln Y_{is}}{\partial \ln X_{nis}}$，公式表明在时期 s 的规模经济弹性 ε_{is}，是产出 Y_{is} 关于 n 类投入为 X_{nis} 的偏导数之和。如果生产技术是 CRS 的，则规模经济指数等于 1，即规模弹性 ε_{is} 等于 1。从时期 s 到时期 t 的规模变化指数公式为：

$$SEC_i^{s,t} = \exp\left[\frac{1}{2}\sum_{n=1}^{N}(\varepsilon_{nis}SF_{is} + \varepsilon_{nit}SF_{it})\ln\frac{X_{nit}}{X_{nis}}\right] \tag{4.11}$$

其中 $SF_{is} = \frac{\varepsilon_{is} - 1}{\varepsilon_{is}}$。

下面根据上述各计算公式，结合具体的模型解析式（4.5），计算各指数值：

$$\ln Y_{it} = \beta_0 + \beta_t t + \frac{1}{2}\beta_{tt}t^2 + \beta_k \ln K_{it} + \beta_l \ln L_{it} + \frac{1}{2}\beta_{kk}(\ln K_{it})^2 + \frac{1}{2}\beta_{ll}(\ln L_{it})^2$$

$$+ \beta_{kl}\ln K_{it}\ln L_{it} + \beta_{kt}t\ln K_{it} + \beta_{lt}t\ln L_{it} + v_{it} - u_{it}$$

$$\frac{\partial \ln Y_{it}}{\partial t} = \beta_t + \beta_{tt}t + \beta_{kt}\ln K_{it} + \beta_{lt}\ln L_{it} \tag{4.12}$$

从而可得：

---

① G. E. Battese and T. J. Coelli. Frontier production functions, technical efficiency and panel data: With application to paddy farmers in India [J]. *Journal of Productivity Analysis*, 1992 (01).

· 49 ·

$$TC_i^{s,t} = \exp\left[\frac{1}{2}(\beta_t + \beta_{tt}s + \beta_{kt}\ln K_{is} + \beta_{lt}\ln L_{is} + \beta_t + \beta_{tt}t + \beta_{kt}\ln K_{it} + \beta_{lt}\ln L_{it})\right]$$

(4.13)

下面计算规模变化指数。[①] 在时期 t，相应于具体模型，由偏生产弹性[②] $\varepsilon_{nit} = \dfrac{\partial \ln Y_{it}}{\partial \ln X_{nit}}$，即分别计算 $\ln Y_{it}$ 关于 $\ln K_{it}$、$\ln L_{it}$ 的偏导数，下面分别记为 ε_{Kit} 和 ε_{Lit}，

则有：
$$\varepsilon_{Kit} = \beta_k + \beta_{kk}\ln K_{it} + \beta_{kl}\ln L_{it} + \beta_{kt}t \qquad (4.14)$$
$$\varepsilon_{Lit} = \beta_l + \beta_{ll}\ln L_{it} + \beta_{kl}\ln K_{it} + \beta_{lt}t \qquad (4.15)$$

由此可得生产规模弹性。

由 $\varepsilon_{it} = \sum\limits_{i=1}^{n} \sigma_{nit}$，可得：
$$\varepsilon_{it} = \varepsilon_{Kit} + \varepsilon_{Lit} \qquad (4.16)$$
$$SF_{it} = (\varepsilon_{it} - 1)/\varepsilon_{it} \qquad (4.17)$$

进而可由式（4.18），即：
$$SEC_i^{s,t} = \exp\left[\frac{1}{2}\sum_{n=1}^{N}(\varepsilon_{nis}SF_{is} + \varepsilon_{nit}SF_{it})\ln\frac{X_{nit}}{X_{nis}}\right] \qquad (4.18)$$

计算得出从时期 s 到时期 t 的规模变化指数 $SEC_i^{s,t}$。马姆奎斯特全要素生产率变化指数（Malmquist TFP）与效率变化、技术变化、规模变化之间的关系为：

$$TFPC_i^{s,t} = TES_i^{s,t} \times TC_i^{s,t} \times SEC_i^{s,t} \qquad (4.19)$$

———————————

① 规模变化的计算方法，参看［澳］寇里，等．（Timothy J. Coelli, D. S. Prasada Rao, Christopher J. O'Donnell, George E. Battese）效率和生产率分析导论［M］．北京：清华大学出版社，2009.

② 生产规模弹性测量的是产量关于投入要素使用量变化的敏感度，即投入每增加1%与产量增加的百分比之间的比例关系。偏生产弹性则测量产量关于单个投入要素使用量变化的敏感度，这里包含资金和劳动力两类投入要素，从而偏生产弹性表示投入（资金或劳动力）每增加1%与产量增加的百分比之间的比例关系。

第5章
我国能源主体产业效率实证研究

能源产业群包括电力、热力的生产和供应业，煤炭开采和洗选业，石油加工、炼焦及核燃料加工业，石油和天然气开采业，燃气生产和供应业五大行业。本书运用效率变化三重分解模型，对我国能源主体产业生产效率状况及制约影响因素展开分析，从而为建立适宜我国国情的现代能源产业体系提供充实的理论与实证基础。

5.1　模型估计

5.1.1　数据来源及相关参数说明

本书根据《中国统计年鉴》（2010～2022年）的资料，选取能源产业的相关数据进行分析，对应于《中国统计年鉴》的工业产业分类，能源产业包括5个行业类型，它们分别是煤炭开采和洗选业，石油和天然气开采业，石油加工、炼焦及核燃料加工业，电力、热力的生产和供应业，燃气生产和供应业。

Y_{it} 的数据采用行业 i 在时期 t 的总产值，K_{it} 的数据采用行业 i 在时期 t 的资产总计。L_{it} 的数据采用行业 i 在时期 t 的从业人员数（数据见附表）。对于 Y_{it} 和 K_{it} 的原始数据，以2000年为基期的不变价格折算，从而保证数据比较的一致性。[①]

---

① 数据来自《中国统计年鉴》中的《按行业分规模以上工业企业主要指标》，具体数据见附表1。

5.1.2　模型估计结果（见表 5 - 1）

表 5 - 1　　　　　　　　　　参数估计结果

变量	参数	估计值	标准差	参数	估计值	标准差
常数项	β_0	3.725 **	1.555	σ^2	0.1470366 **	0.117139
t	β_t	-0.0934 **	0.0453	γ	0.8925333 **	0.0867738
$\frac{1}{2}t^2$	β_{tt}	-0.00290	0.00194	μ	0.589 ***	0.225
$\ln K_{it}$	β_k	0.887 ***	0.335	η	0.0334 ***	0.00524
$\ln L_{it}$	β_l	0.361	0.373	似然函数对数值（LLF）	60.762034	
$\frac{1}{2}(\ln K_{it})^2$	β_{kk}	-0.0507	0.105			
$\frac{1}{2}(\ln L_{it})^2$	β_{ll}	0.158	0.222			
$\ln K_{it}\ln L_{it}$	β_{kl}	0.361	0.373			
$t\ln K_{it}$	β_{kt}	0.0103	0.0119			
$t\ln L_{it}$	β_{lt}	0.0204	0.0127			

注：***、** 分别表示 1%、5% 的显著性水平下显著。

从检验结果来看，关键变量在 1% 和 5% 的置信水平下显著，单边偏误似然比（LR）符合混合卡方分布。其中与劳动力投入 L_{it} 相关项估计值不显著，与资本投入 K_{it} 相关项估计值在 1% 显著性水平下显著，表明资本投入的增加对我国能源产业生产率的影响明显，而劳动力投入的增加对生产率的影响不太明显，这反映出我国能源产业的劳动力利用效率较低，表现为劳动力投入上的粗放型增长特征。与时间变量 t 相关项估计值在 5% 显著性水平下显著，表明时间变量对生产率的影响作用较大，生产技术随时间变化的改进作用明显。γ 是前沿函数的技术无效率项在随机变量总方差中所占比例，$\gamma = 0.8925333$，并且在 5% 的置信水平下显著，其值不等于 0，这表明前沿生产函数的误差主要源于无效率项 u_{it}，即在统计时期内能源产业存在普遍的技术无效率，在 2000～2022 年对能源产业使用随机前沿分析是必要的。η 的估计值为 0.0334，并且在 1% 的显著性水平下显著，这表明在分析时期内我国能源产业的技术效率水平值以递减的速度呈不断上升的趋势。

能源产业的 5 个行业 2000～2022 年的技术效率 TE_{it} 的检验值如表 5－2 所示。

表 5－2 技术效率检验值

年份	煤炭开采和洗选业	石油和天然气开采业	石油加工、炼焦及核燃料加工业	电力、热力的生产和供应业	燃气生产和供应业	平均值
2010	0.6716	0.9305	0.8431	0.8841	0.8494	0.8358
2011	0.4251	0.8623	0.8478	0.8875	0.8485	0.7742
2012	0.4737	0.7442	0.8731	0.8482	0.8696	0.7618
2013	0.5556	0.7484	0.8908	0.8338	0.8469	0.7751
2014	0.6506	0.7734	0.8285	0.8817	0.9278	0.8124
2015	0.8706	0.8774	0.7953	0.9325	0.9685	0.8889
2016	0.9071	0.9201	0.8509	0.9432	0.9341	0.9111
2017	0.7268	0.8249	0.8820	0.9423	0.9076	0.8567
2018	0.8699	0.7947	0.8793	0.9389	0.9382	0.8842
2019	0.9182	0.9069	0.8954	0.9436	0.9089	0.9146
2020	0.9715	0.9525	0.8664	0.9564	0.9080	0.9310
2021	0.8174	0.9060	0.8704	0.9511	0.8557	0.8801
2022	0.7562	0.8099	0.8537	0.9259	0.7943	0.8280

5.2 技术效率分析

从 5 个行业的技术效率平均值的检验结果来看，在分析时期（2010～2022 年）我国能源产业的技术效率水平总体上呈现不断下降的趋势：2010

年能源产业 5 个行业的技术效率平均值为 0.8358，到 2013 年平均值降低为 0.7751，绝对减少值为 0.0607，降幅约达 7.2%。具体数值如表 5 - 3 所示。

表 5 - 3　　　　　　　　　我国能源主体产业技术效率变动情况

年份	技术效率平均值的绝对减少值	技术效率平均值对比上一年的降幅（%）
2010 ~ 2011	- 0.0615	- 7.36
2011 ~ 2012	- 0.0125	- 1.61
2012 ~ 2013	0.0133	1.75
2013 ~ 2014	0.0373	4.81
2014 ~ 2015	0.0765	9.41
2015 ~ 2016	0.0222	2.50
2016 ~ 2017	- 0.0544	- 5.97
2017 ~ 2018	0.0275	3.21
2018 ~ 2019	0.0304	3.44
2019 ~ 2020	0.0164	1.79
2020 ~ 2021	- 0.0509	- 5.46
2021 ~ 2022	- 0.0521	- 5.92

能源产业 5 个行业的技术效率值差异较大，在 2010 年煤炭开采和洗选业的技术效率值为 0.6716，石油和天然气开采业为 0.9305，石油加工、炼焦及核燃料加工业为 0.8431，电力、热力的生产和供应业为 0.8841，燃气生产和供应业为 0.8494；到 2022 年，5 个行业的技术效率值分别为 0.7562、0.8099、0.8537、0.9259、0.7943，其中煤炭开采和洗选业，电力、热力的生产和供应业出现了下降。再分析时期中 5 个行业的技术效率值的平均值，煤炭开采和洗选业的技术效率值为 0.7396，石油和天然气开采业为 0.8501，石油加工、炼焦及核燃料加工业为 0.8597，电力、热力的生产和供应业为 0.9130，燃气生产和供应业为 0.8890。由以上数值分析可

知，电力、热力的生产和供应业的技术效率值在分析时期内最接近 1，煤炭开采和洗选业的技术效率值在分析时期内则最偏离 1。根据技术效率的定义，数值越接近 1 则表明该行业的生产点越接近随机生产前沿面，即行业的技术效率越高。综合来看，在整个分析时期内，按行业的技术效率值从高到低排序，依次为：电力、热力的生产和供应业，石油加工、炼焦及核燃料加工业，燃气生产和供应业，石油和天然气开采业，煤炭开采和洗选业（见表 5 - 4、表 5 - 5）。

表 5 - 4 我国五大产业技术效率情况

年份	煤炭开采和洗选业	石油和天然气开采业	石油加工、炼焦及核燃料加工业	电力、热力的生产和供应业	燃气生产和供应业
2010	0.6716	0.9305	0.8431	0.8841	0.8494
2011	0.4251	0.8623	0.8478	0.8875	0.8485
2012	0.4737	0.7442	0.8731	0.8482	0.8696
2013	0.5556	0.7484	0.8908	0.8338	0.8469
2014	0.6506	0.7734	0.8285	0.8817	0.9278
2015	0.8706	0.8774	0.7953	0.9325	0.9685
2016	0.9071	0.9201	0.8509	0.9432	0.9341
2017	0.7268	0.8249	0.8820	0.9423	0.9076
2018	0.8699	0.7947	0.8793	0.9389	0.9382
2019	0.9182	0.9069	0.8954	0.9436	0.9089
2020	0.9715	0.9525	0.8664	0.9564	0.9080
2021	0.8174	0.9060	0.8704	0.9511	0.8557
2022	0.7562	0.8099	0.8537	0.9259	0.7943
平均值	0.7396	0.8501	0.8597	0.9130	0.8890
增幅（%）	12.58	- 12.96	1.26	4.73	- 6.48

表5-5　　2000~2022年各行业技术效率绝对变动及幅度

年份	煤炭开采和洗选业		石油和天然气开采业		石油加工、炼焦及核燃料加工业		电力、热力的生产和供应业		燃气生产和供应业	
	变动	幅度（%）	变动	幅度（%）	变动	幅度（%）	变动	幅度（%）	变动	幅度（%）
2010~2011	0.246563	36.71	0.068175	7.33	-0.00478	-0.57	-0.00332	-0.38	0.000921	0.11
2011~2021	-0.04866	-11.45	0.118101	13.70	-0.02522	-2.97	0.039258	4.42	-0.02115	-2.49
2012~2022	-0.08183	-17.27	-0.00412	-0.55	-0.01775	-2.03	0.014407	1.70	0.022685	2.61
2013~2014	-0.09508	-17.11	-0.02503	-3.35	0.062281	6.99	-0.04788	-5.74	-0.08085	-9.55
2014~2015	-0.21998	-33.81	-0.10405	-13.45	0.033208	4.01	-0.05085	-5.77	-0.04074	-4.39
2015~2016	-0.03649	-4.19	-0.04267	-4.86	-0.05561	-6.99	-0.01065	-1.14	0.034442	3.56
2016~2017	0.180323	19.88	0.095174	10.34	-0.03102	-3.65	0.000844	0.09	0.026434	2.83
2017~2018	-0.14316	-19.70	0.030239	3.67	0.002688	0.30	0.003398	0.36	-0.0306	-3.37
2018~2019	-0.04824	-5.55	-0.11224	-14.12	-0.01615	-1.84	-0.00465	-0.50	0.029341	3.13
2019~2020	-0.05335	-5.81	-0.04554	-5.02	0.029006	3.24	-0.01285	-1.36	0.000876	0.10
2020~2021	0.154145	15.87	0.046479	4.88	-0.004	-0.46	0.005313	0.56	0.052317	5.76
2021~2022	0.061218	7.49	0.096105	10.61	0.016762	1.93	0.025184	2.65	0.061395	7.17

总的来看，电力、热力的生产和供应业，石油加工、炼焦及核燃料加工业的技术效率在分析时期内相对比较稳定，它们的技术效率比较接近随机前沿生产面，其中电力、热力的生产和供应业的技术效率最为稳定。石油和天然气开采业，燃气生产和供应业这两个行业的技术效率在分析时期内，技术效率呈现波动的上升趋势，其中石油和天然气开采业的年平均增幅高达 2.34%，燃气生产和供应业的平均年增幅高达 4.57%。在分析时期内，与煤炭有关产业的技术效率明显低于与油气有关产业的技术效率，并且前者的技术效率逐年变化情况愈发波动，而后者的技术效率则逐年增加，显然前者的资源利用效率低于后者。

5.3 生产率变化的三重分解分析

5.3.1 计算方法

根据 SFA 模型的参数估计结果（见表 5-1），各行业各年度的技术效率值（见表 5-4），以及时间 t、资金变量 $\ln K_{it}$、劳动力变量 $\ln L_{it}$ 的各年度具体数值（见附表 1），运用式（4.8）计算可得技术效率变化指数 $TEC_i^{s,t}$，运用式（4.13）计算可得技术变化指数 $TC_i^{s,t}$，运用式（4.14）、式（4.15）、式（4.16）计算可得规模变化指数 $SEC_i^{s,t}$。

下面以 2000~2002 年煤炭开采和洗选业为例，作出计算示例。

5.3.1.1 计算技术效率变化（TCE）

2001 年的技术效率测量值为 0.94804096，2002 年的技术效率测量值为 0.87503695，则由式（4.8）计算可得技术效率变化 2001~2002 年度的 TEC 为 0.073004。

5.3.1.2 计算技术变化指数（TC）

参数 β_t 值为 -0.0934，β_{tt} 为 -0.00290，β_{kt} 为 0.361，β_{lt} 为 0.0204，

2000 年 $\ln K$ 的数值为 7.15212，$\ln L$ 为 5.83773，时期 s 为 1；2001 年 $\ln K$ 为 7.34681，$\ln L$ 为 5.79909，时期 t 为 2，将上述数值代入式（4.13），可得技术变化指数 TC 为 -0.0856367。

5.3.1.3　计算规模变化指数（SEC）

规模变化指数 SEC 的计算过程较为繁冗，首先由式（4.14）、式（4.15）分别计算关于投入资金 K_i 的规模弹性指数 ε_{Ki} 和关于劳动力 L_i 的规模弹性指数 ε_{Li}，进而根据式（4.16）、式（4.17）、式（4.18）计算得出规模变化指数 SEC。

5.3.2　投入—产出效率静态分解分析

按照上述计算方法，我国能源主体产业的各年度生产规模弹性如表 5 - 6 所示。

5.3.2.1　煤炭开采和洗选业

规模弹性逐年整体呈递增，从 2000 年的 0.2623 增加到 2022 年的 0.8852，关于资金投入的偏生产弹性则从 2000 年的 1.7390 减少到 2022 年的 1.1444，关于劳动力投入的偏生产弹性则增加，从 2000 年的 -1.4767 增加到 2022 年的 -0.2593。劳动力投入的偏生产弹性在整个分析时期均为负数且略有增加，数字增加表明劳动力投入效率略有改善，但是资金投入的效率下降趋势明显，整体上规模效益逐年下降，且规模弹性为负数，表明投入—产出效率在逐年降低。2000 年规模弹性为 0.2623，表明投入每增加 1%，产出增加 0.2623%；2022 年规模弹性为 0.8852，表明投入每增加 1%，产出增加 0.8852%。总体来看，劳动力效率有显著改善，资金使用效率则有所恶化，进而提高了整体的规模效益，从而使得整体的投入—产出效率呈现正向的规模报酬递增。

表5-6 我国能源主体产业生产规模弹性

年份	煤炭开采和洗选业			石油和天然气开采业			石油加工、炼焦及核燃料加工业			电力、热力的生产和供应业			燃气生产和供应业		
	ε_K	ε_L	ε_i	ε_K	ε_L	ε_i	ε_K	ε_L	ε_i	ε_K	ε_L	ε_i	ε_K	ε_L	ε_i
2000	1.7390	-1.4767	0.2623	-0.2187	1.2962	1.0775	-0.7006	1.9826	1.2821	0.4752	0.3351	0.8104	0.3198	0.4511	0.7709
2001	1.6538	-1.3381	0.3157	-0.1583	1.2213	1.0630	-0.7346	2.0450	1.3103	0.4851	0.3378	0.8229	0.3360	0.4445	0.7804
2002	1.5382	-1.1543	0.3839	-0.0390	1.0675	1.0285	-0.6985	2.0094	1.3109	0.4577	0.3946	0.8522	0.2217	0.6245	0.8462
2003	1.6262	-1.2586	0.3676	-0.1522	1.2459	1.0937	-0.7184	2.0578	1.3394	0.5270	0.3144	0.8414	-0.0048	0.9605	0.9557
2004	1.3450	-0.8328	0.5122	-0.1787	1.3031	1.1244	-0.5942	1.9066	1.3124	0.1418	0.8898	1.0316	-0.0228	1.0116	0.9888
2005	1.4401	-0.9487	0.4914	-0.1573	1.2942	1.1369	-0.7104	2.0897	1.3793	0.1874	0.8429	1.0303	-0.1818	1.2512	1.0693
2006	1.4456	-0.9371	0.5085	-0.1119	1.2490	1.1371	-0.7350	2.1436	1.4086	0.1834	0.8666	1.0500	-0.3332	1.4865	1.1533
2007	1.3845	-0.8317	0.5528	-0.0887	1.2308	1.1421	-0.6979	2.1087	1.4108	0.1396	0.9465	1.0861	-0.3478	1.5284	1.1806
2008	1.2798	-0.6596	0.6202	0.0783	1.0153	1.0936	-0.6699	2.0878	1.4179	0.1870	0.8950	1.0820	-0.3734	1.5884	1.2149
2009	1.2529	-0.6036	0.6494	0.2538	0.7734	1.0271	-0.6063	2.0118	1.4055	0.2237	0.8617	1.0854	-0.4548	1.7230	1.2681
2010	1.3903	-0.7841	0.6062	0.1441	0.9302	1.0743	-0.6186	2.0501	1.4315	0.2682	0.8136	1.0818	-0.5068	1.8173	1.3105
2011	1.0873	-0.3285	0.7588	-0.1684	1.4047	1.2363	-0.6192	2.0697	1.4505	0.1404	1.0117	1.1522	-0.5102	1.8410	1.3308
2012	1.1095	-0.3436	0.7659	-0.0178	1.2041	1.1863	-0.5964	2.0530	1.4566	0.2082	0.9338	1.1420	-0.3819	1.6761	1.2942
2013	1.2041	-0.4636	0.7405	0.0706	1.0935	1.1642	-0.5645	2.0233	1.4587	0.3026	0.8170	1.1196	-0.3561	1.6595	1.3034
2014	1.2473	-0.5130	0.7343	0.1383	1.0119	1.1502	-0.4778	1.9154	1.4376	0.3239	0.8013	1.1252	-0.3830	1.7187	1.3357

续表

年份	煤炭开采和洗选业			石油和天然气开采业			石油加工、炼焦及核燃料加工业			电力、热力的生产和供应业			燃气生产和供应业		
	ε_K	ε_L	ε_i	ε_K	ε_L	ε_i	ε_K	ε_L	ε_i	ε_K	ε_L	ε_i	ε_K	ε_L	ε_i
2015	1.3573	-0.6601	0.6972	0.3782	0.6788	1.0570	-0.3579	1.7567	1.3988	0.3593	0.7662	1.1255	-0.4177	1.7881	1.3704
2016	1.3633	-0.6568	0.7064	0.5382	0.4618	1.0000	-0.3468	1.7545	1.4077	0.4734	0.6188	1.0922	-0.2587	1.5772	1.3185
2017	1.2121	-0.4270	0.7851	0.4865	0.5513	1.0378	-0.4139	1.8658	1.4519	0.4870	0.6130	1.0999	-0.1377	1.4204	1.2827
2018	1.3161	-0.5645	0.7516	0.4818	0.5733	1.0551	-0.4021	1.8654	1.4633	0.5011	0.6071	1.1082	-0.1543	1.4605	1.3062
2019	1.3533	-0.6069	0.7463	0.5020	0.5581	1.0601	-0.3520	1.8087	1.4568	0.5559	0.5462	1.1020	-0.1319	1.4495	1.3176
2020	1.4057	-0.6684	0.7372	0.7340	0.2382	0.9722	-0.1950	1.5977	1.4027	0.6156	0.4764	1.0920	-0.0182	1.3034	1.2852
2021	1.2012	-0.3563	0.8449	0.5773	0.4783	1.0556	-0.2757	1.7305	1.4548	0.6543	0.4372	1.0915	-0.0365	1.3491	1.3125
2022	1.1444	-0.2593	0.8852	0.5175	0.5839	1.1014	-0.2800	1.7530	1.4731	0.6591	0.4471	1.1062	-0.0163	1.3388	1.3225

5.3.2.2 石油和天然气开采业

规模弹性前期呈现震荡趋势，2000 年为 1.0775，而后上升至 2003 年的 1.0937，而后震荡上升。其中，2011 年上升至最高点 1.2363，2020 年下探至最低点 0.9722。关于资金投入的偏生产弹性也呈现出明显的波动性，最低点为 2000 年时的 −0.2187，最高点为 2020 年的 0.7340，且规模弹性变动主要由资金投入偏生产弹性带动而产生变化。劳动偏生产弹性则在 2011 年出现最高峰，为 1.4047，于 2016 年出现最低峰 0.4618。总体来看，石油和天然气开采业的资金使用效率和劳动力使用效率均存在显著波动，但总体上看，劳动力效率显著下降，资金使用效率显著上升，因而在资金效率的拉动作用下，整体的规模效益在 1 计量值以上徘徊，投入—产出效率呈现正向的规模报酬递减。

5.3.2.3 石油加工、炼焦及核燃料加工业

规模弹性呈现波动增加的趋势，2000 年的规模弹性为 1.2821，到 2022 年增加至 1.4731。关于资金投入的偏生产弹性，2000 年为 −0.7006，此后上升速度不断加快，到 2022 年变为 −0.2800。关于劳动力投入的偏生产弹性，2000 年为 1.9826，2003 年增加为 2.0578，以后各期在总体趋势上增加，其间略有起伏变化，2013 年增加到 2.0233，而后一直降低，至 2022 年的 1.7530。综合来看，在整个分析时期内，资金使用效率不断优化，同期劳动力效率先增加后降低。在资金效率增加的拉动作用下，整体的规模效益呈现总体上升的状态。

5.3.2.4 电力、热力的生产和供应业

规模弹性在整个分析时期持续震荡，2000 年为 0.8104，到 2022 年增加至 1.1062。关于资金投入的偏生产弹性，2000 年为 0.4752，到 2022 年升至 0.6591。关于劳动力投入的偏生产弹性，呈现缓慢震荡增加的趋势，2000 年为 0.3351，到 2022 年为 0.4471。总体来看，在整个分析时期内，资金的使用效率与劳动力效率徘徊波动，从而拉低了投入—产出的整体效率，在分析时期内规模报酬仅有一定幅度改善。

5.3.2.5 燃气生产和供应业

规模弹性在整个分析时期内大体保持了上升趋势，数值变化略有起伏，2000 年为 0.7709，2022 年为 1.3225。关于资金投入的偏生产弹性呈现逐渐减小的趋势，2000 年为 0.3198，以后减小速度不断增加，到 2011 年减小到 −0.5102 最低点，而后有所回升，至 2022 年为 −0.0163。关于劳动力投入的偏生产弹性则呈现震荡增加的趋势，2000 年为 0.4511，到 2011 年增加到 1.8410，2022 年为 1.3388。综合来看，在整个分析时期内，资金使用效率尽管缓慢降低，但是总体状况良好，劳动力效率则不断改善，从而使得投入—产出效率增长明显且状况优良，在分析期内呈现规模报酬递增。

5.3.3 效率变化动态分解分析

对我国 2010~2022 年间的能源产业生产率变化（产业经济增长状况）作出逐年比较的三重效率分解分析，得出的计算结果如表 5−7 所示。

表 5−7（a）　　　　　我国能源主体产业生产率变化三重分解

年度	煤炭开采和洗选业				石油和天然气开采业				石油加工、炼焦及核燃料加工业			
	TFPC	TEC	TC	SEC	TFPC	TEC	TC	SEC	TFPC	TEC	TC	SEC
2010~2011	1.1481	0.9833	1.4846	0.7865	1.1717	0.9059	1.2890	1.0034	1.2025	0.9453	1.2650	1.0056
2011~2012	1.3476	0.9816	1.4806	0.9272	1.1438	0.8967	1.2942	0.9856	1.1972	0.9398	1.2700	1.0031
2012~2013	1.9432	0.9797	1.4910	1.3303	1.1364	0.8864	1.2998	0.9863	1.2001	0.9336	1.2873	0.9986
2013~2014	1.4101	0.9776	1.5069	0.9572	1.1461	0.8754	1.3085	1.0006	1.2472	0.9270	1.3488	0.9975
2014~2015	1.9351	0.9752	1.5143	1.3104	1.0985	0.8630	1.3248	0.9608	1.1327	0.9197	1.3591	0.9062
2015~2016	1.6048	0.9728	1.5190	1.0860	1.0660	0.8503	1.3363	0.9382	1.1797	0.9115	1.3217	0.9792
2016~2017	1.2999	0.9700	1.5151	0.8845	1.0312	0.8357	1.3372	0.9228	1.1494	0.9031	1.3249	0.9606
2017~2018	1.6156	0.9670	1.5090	1.1072	0.9351	0.8207	1.3450	0.8471	1.1482	0.8933	1.3289	0.9672
2018~2019	1.2816	0.9636	1.4969	0.8885	0.8853	0.8036	1.3441	0.8196	1.1000	0.8829	1.3283	0.9380
2019~2020	1.2942	0.9598	1.4886	0.9058	1.0257	0.7855	1.3391	0.9751	1.1370	0.8714	1.3299	0.9811
2020~2021	1.1071	0.9557	1.4874	0.7788	1.0057	0.7660	1.3547	0.9692	1.1176	0.8593	1.3400	0.9706
2021~2022	0.9296	0.9513	1.4637	0.6676	0.7653	0.7450	1.3383	0.7676	1.1260	0.8453	1.3323	0.9998

表 5 - 7（b）　　　　我国能源主体产业生产率变化三重分解

年度	电力、热力的生产和供应业				燃气生产和供应业			
	TFPC	*TEC*	*TC*	*SEC*	*TFPC*	*TEC*	*TC*	*SEC*
2010 ~ 2011	1.1409	0.9964	1.2484	0.9172	1.3686	0.9216	1.3294	1.1171
2011 ~ 2012	1.1593	0.9959	1.2505	0.9309	1.5883	0.9140	1.3290	1.3076
2012 ~ 2013	1.4204	0.9956	1.2574	1.1346	1.8271	0.9053	1.3120	1.5383
2013 ~ 2014	0.9056	0.9952	1.2725	0.7151	0.9101	0.8960	1.3356	0.7605
2014 ~ 2015	1.6496	0.9946	1.2757	1.3001	2.1232	0.8855	1.3393	1.7903
2015 ~ 2016	1.1788	0.9942	1.2720	0.9321	1.4332	0.8747	1.3053	1.2553
2016 ~ 2017	1.0621	0.9935	1.2747	0.8387	1.1598	0.8626	1.3105	1.0260
2017 ~ 2018	1.0751	0.9928	1.2794	0.8464	1.1028	0.8493	1.3227	0.9817
2018 ~ 2019	1.3128	0.9921	1.2840	1.0306	1.3404	0.8349	1.3044	1.2308
2019 ~ 2020	1.0301	0.9913	1.2896	0.8058	1.1152	0.8192	1.3040	1.0440
2020 ~ 2021	0.8970	0.9903	1.2960	0.6989	1.1477	0.8026	1.3317	1.0738
2021 ~ 2022	1.3014	0.9896	1.2914	1.0183	0.8118	0.7844	1.3225	0.7826

对全要素生产变化做历年累积处理，由此可以明确地分析在整个分析时期内，以 2010 年为基期得到以后各年对比 2010 年的全要素生产率变化情况（见表 5 - 8）。

表 5 - 8　　　　　　全要素生产率（*TFPC*）累积变化

年份	煤炭开采和洗选业	石油和天然气开采业	石油加工、炼焦及核燃料加工业	电力、热力的生产和供应业	燃气生产和供应业
2011	1.1481	1.1717	1.2025	1.1409	1.3686
2012	1.5472	1.3402	1.4396	1.3226	2.1737
2013	3.0065	1.5230	1.7277	1.8787	3.9717
2014	4.2394	1.7455	2.1548	1.7013	3.6146
2015	8.2037	1.9174	2.4407	2.8065	7.6745
2016	13.1654	2.0440	2.8793	3.3083	10.9991
2017	17.1136	2.1078	3.3095	3.5138	12.7568

年份	煤炭开采和洗选业	石油和天然气开采业	石油加工、炼焦及核燃料加工业	电力、热力的生产和供应业	燃气生产和供应业
2018	27.6488	1.9710	3.8000	3.7777	14.0682
2019	35.4347	1.7449	4.1800	4.9593	18.8570
2020	45.8596	1.7897	4.7526	5.1086	21.0293
2021	50.7711	1.7999	5.3115	4.5824	24.1354
2022	47.1969	1.3775	5.9808	5.9635	19.5931

能源产业各行业之间的全要素生产率变化情况差别较大，全要素生产率在分析时期的末期（2022年）相比基期（2010年）均稳定增加，增加幅度从高到低依次为：煤炭开采和洗选业，燃气生产和供应业，石油加工、炼焦及核燃料加工业，电力、热力的生产和供应业，石油和天然气开采业。其中煤炭开采和洗选业的全要素生产率增长迅速，2022年约为2010年的47.2倍；燃气生产和供应业全要素生产率2022年约为2010年的19.6倍；石油加工、炼焦及核燃料加工业和电力、热力的生产的全要素生产率增长稳健，2022年相比2010年均约为5.9倍；石油和天然气开采业的全要素生产率则增长缓慢，基本处于停滞增长状态，2022年相比2010年为1.4倍。下面将分行业来看。

5.3.3.1 煤炭开采和洗选业

行业以2010年为基期得到以后历年生产率分解累积变化情况，如表5-9所示。

表5-9 生产率分解累积变化情况

年份	TFPC	TEC	TC	SEC
2011	1.1481	0.9833	1.4846	0.7865
2012	1.5472	0.9652	2.1981	0.7292
2013	3.0065	0.9456	3.2774	0.9701
2014	4.2394	0.9244	4.9387	0.9286

年份	TFPC	TEC	TC	SEC
2015	8. 2037	0. 9015	7. 4786	1. 2168
2016	13. 1654	0. 8770	11. 3600	1. 3215
2017	17. 1136	0. 8507	17. 2116	1. 1688
2018	27. 6488	0. 8226	25. 9722	1. 2941
2019	35. 4347	0. 7927	38. 8779	1. 1498
2020	45. 8596	0. 7608	57. 8736	1. 0415
2021	50. 7711	0. 7271	86. 0812	0. 8111
2022	47. 1969	0. 6917	125. 9970	0. 5415

2022 年对比 2010 年基期，全要素生产率增长了约 47.2 倍，其中 2016 年到 2019 年期间增长尤其迅速。在整个分析期内，技术效率变化轻微减小，各期对比 2010 年基期，技术效率呈减少趋势，由 2011 年对比 2010 年的 0.9833 倍减小到 2022 年对比 2010 年的 0.6917 倍；技术变化则尤为明显，且增加迅速，由 2011 年对比 2010 年的 1.4846 倍增加到 2022 年对比 2010 年的约 126 倍；规模效率变化呈先增加后减小的趋势，2011 年对比 2010 年为 0.7865 倍，2016 年对比 2010 年为 1.3215 倍，2021 年对比 2010 年为 0.5415 倍。由此可知，全要素生产率增长的主要贡献来自技术进步，技术效率则较为稳定，尽管规模效率先微弱增加后逐渐减小，但是在技术变化的强力拉动下，全要素生产率增长趋势依然强劲。

5.3.3.2　石油和天然气开采业

行业以 2010 年为基期得到以后历年生产率分解累积变化情况，如表 5 - 10 所示。

表 5 - 10　　　　　　　生产率分解累积变化情况

年份	TFPC	TEC	TC	SEC
2011	1. 1717	0. 9059	1. 2890	1. 0034
2012	1. 3402	0. 8123	1. 6682	0. 9890

年份	TFPC	TEC	TC	SEC
2013	1.5230	0.7200	2.1684	0.9754
2014	1.7455	0.6303	2.8373	0.9760
2015	1.9174	0.5440	3.7588	0.9377
2016	2.0440	0.4625	5.0230	0.8798
2017	2.1078	0.3865	6.7167	0.8119
2018	1.9710	0.3172	9.0339	0.6877
2019	1.7449	0.2549	12.1425	0.5637
2020	1.7897	0.2002	16.2601	0.5496
2021	1.7999	0.1534	22.0275	0.5327
2022	1.3775	0.1143	29.4794	0.4089

在整个分析时期内，全要素生产率呈先微弱增长再微弱减少的趋势，2011年对比2010年基期全要素生产率增长了1.1717倍，2017年增长到2.1078倍，以后逐渐震荡减小，到2022年对比2010年基期为1.3775倍。技术效率变化明显，各期对比2010年基期，技术效率呈显著减小趋势，2011年对比2010年为0.9059倍，到2022年对比2010年减小到0.1143倍。技术变化则呈明显的增长趋势，2011年对比2010年为1.2890倍，此后以较稳定的速度增长，到2022年对比2000年增加到29.4794倍。规模效率变化呈减小趋势，其减小速度小于技术效率变化的减小速度，2011年对比2010年基期为1.0034倍，到2021年减小到0.4089倍。分析可知，对全要素生产率变化趋势，技术进步起到明显的拉动作用，技术效率和规模效率的显著降低则起到了阻碍作用，综合作用的结果是全要素生产率在分析时期内没有显著的增长，总体上呈徘徊不前状态。

5.3.3.3　石油加工、炼焦及核燃料加工业

行业以2010年为基期得到以后历年生产率分解累积变化情况，如表5-11所示。

表 5 - 11　　　　　　　　　　生产率分解累积变化情况

年份	TFPC	TEC	TC	SEC
2011	1. 2025	0. 9453	1. 2650	1. 0056
2012	1. 4396	0. 8884	1. 6066	1. 0087
2013	1. 7277	0. 8294	2. 0681	1. 0073
2014	2. 1548	0. 7689	2. 7895	1. 0048
2015	2. 4407	0. 7071	3. 7912	0. 9105
2016	2. 8793	0. 6445	5. 0108	0. 8916
2017	3. 3095	0. 5821	6. 6388	0. 8565
2018	3. 8000	0. 5200	8. 8223	0. 8284
2019	4. 1800	0. 4591	11. 7186	0. 7770
2020	4. 7526	0. 4000	15. 5846	0. 7623
2021	5. 3115	0. 3438	20. 8834	0. 7399
2022	5. 9808	0. 2906	27. 8230	0. 7398

在分析时期内，全要素生产率呈持续稳定增长趋势，2011 年对比 2010 年基期全要素生产率增长了 1. 2025 倍，此后以较均匀的速度缓慢增加，到 2022 年对比 2010 年基期增长到 5. 9808 倍。技术效率变化则呈现减小趋势，2011 年对比 2010 年基期为 0. 9453 倍，到 2022 年对比 2010 年基期减小到 0. 2906 倍。技术变化呈现明显增长的趋势，2011 年对比 2010 年基期为 1. 2650 倍，其后显著增长，到 2022 年对比 2010 年基期增长到 27. 8230 倍。规模效率变化则呈现先微弱增长，此后微弱减小的趋势，2011 年对比 2010 年基期为 1. 0056 倍，到 2012 年对比 2010 年基期增长到 1. 0087 倍，其后持续微弱减小，到 2022 年对比 2010 年基期减小为 0. 7398 倍。对全要素生产率的变化趋势，技术进步起到了明显的拉动作用，技术效率和规模效率的微弱减小则起到了稍许阻碍作用，综合作用的结果是在整个分析时期内全要素生产率获得了微弱的增长，获得一定的改善。

5.3.3.4　电力、热力的生产和供应业

行业以 2010 年为基期得到以后历年生产率分解累积变化情况，如表 5 - 12 所示。

表 5 – 12   生产率分解累积变化情况

年份	TFPC	TEC	TC	SEC
2011	1. 1409	0. 9964	1. 2484	0. 9172
2012	1. 3226	0. 9923	1. 5611	0. 8538
2013	1. 8787	0. 9879	1. 9630	0. 9687
2014	1. 7013	0. 9832	2. 4979	0. 6928
2015	2. 8065	0. 9779	3. 1865	0. 9006
2016	3. 3083	0. 9722	4. 0533	0. 8395
2017	3. 5138	0. 9659	5. 1667	0. 7041
2018	3. 7777	0. 9590	6. 6103	0. 5959
2019	4. 9593	0. 9514	8. 4876	0. 6142
2020	5. 1086	0. 9431	10. 9456	0. 4949
2021	4. 5824	0. 9340	14. 1855	0. 3459
2022	5. 9635	0. 9242	18. 3191	0. 3522

在分析时期内，全要素生产率呈稳定增长的趋势，2011 年对比 2010 年基期为 1. 1409 倍，此后以较快的速度不断增加，到 2022 年对比 2010 年基期增长为 5. 9635 倍。技术效率变化呈现稳定徘徊的状态，2011 年对比 2010 年基期为 0. 9964 倍，到 2022 年对比 2010 年基期为 0. 9242 倍。技术进步变化状况则呈现明显增长趋势，2011 年对比 2010 年基期为 1. 2484 倍，此后以较快的速度持续增加，到 2022 年对比 2010 年基期为 18. 3191 倍。规模效率变化呈现震荡的减小趋势，2011 年对比 2010 年基期为 0. 9172 倍，到 2022 年对比 2010 年基期减小为 0. 3522 倍。对全要素生产率的变化趋势，技术进步起到显著的拉动作用，技术效率变化的稳定状态则使其作用微弱，规模效率微弱增长趋势起到了微小的阻碍作用，在各影响因素的综合作用下，在整个分析时期内全要素生产率获得了显著增长，生产率显著改善。

5.3.3.5　燃气生产和供应业

行业以 2010 年为基期得到以后历年生产率分解累积变化情况，如表 5 – 13 所示。

表 5 – 13 生产率分解累积变化情况

年份	TFPC	TEC	TC	SEC
2011	1. 3686	0. 9216	1. 3294	1. 1171
2012	2. 1737	0. 8423	1. 7668	1. 4607
2013	3. 9717	0. 7626	2. 3180	2. 2470
2014	3. 6146	0. 6833	3. 0959	1. 7089
2015	7. 6745	0. 6050	4. 1464	3. 0594
2016	10. 9991	0. 5292	5. 4123	3. 8404
2017	12. 7568	0. 4565	7. 0928	3. 9403
2018	14. 0682	0. 3877	9. 3816	3. 8682
2019	18. 8570	0. 3237	12. 2374	4. 7610
2020	21. 0293	0. 2652	15. 9575	4. 9704
2021	24. 1354	0. 2128	21. 2507	5. 3373
2022	19. 5931	0. 1669	28. 1040	4. 1769

在分析时期内，全要素生产率呈显著增长的趋势，2011 年对比 2010 年基期为 1. 3686 倍，此后以较快的速度稳定增加，到 2011 年对比 2010 年基期增长为 24. 1354 倍，2022 年对比 2010 年基期增长为 19. 5931 倍。技术效率变化呈现持续减小状态，2011 年对比 2010 年基期为 0. 9216 倍，到 2022 年对比 2010 年基期为 0. 1669 倍。技术进步变化状况则呈现明显增长的趋势，2011 年对比 2010 年基期为 1. 3294 倍，到 2022 年对比 2010 年基期增长为 28. 1040 倍。规模效率变化则呈现徘徊增长的趋势，2011 年对比 2010 年基期为 1. 1171 倍，到 2013 年对比 2010 年基期增长为 2. 2470 倍，2021 年对比 2010 年基期为 5. 3373 倍，2022 年对比 2010 年基期增加为 4. 169 倍。在各影响因素的综合作用下，全要素生产率显著增长，技术效率变化起到明显的阻碍作用，技术进步和规模效率的稳定微弱增加则起到了显著的拉动作用，从而使得在分析时期内全要素生产状况获得显著改善。

第 **6** 章
我国能源主体产业效率区际比较分析

　　构建我国现代能源产业体系必须以提高能源利用效率为核心，正视我国能源效率的空间差异。目前，多数研究从产业结构调整和生产技术进步两个角度探索提高能源利用效率的途径，较少关注我国空间发展不均衡、能源利用效率的空间差异，对能源的空间配置效率关注不足。不同区域的能源资源禀赋差异、经济社会发展水平差异、能源利用技术水平差异，以及在主体功能区战略下不同区域的主体功能差异，必然导致能源利用效率的空间差异，在构建现代能源产业体系中承担的功能、建设的重点、实现的路径将存在明显的差异。以提升能源利用效率为核心，重视我国的空间差异，提高能源空间配置效率，以主体功能区理念探索不同区域的现代能源产业体系实现途径是构建我国现代能源产业体系的必由之路。

　　本章仍然采用第 4 章的方法和模型，首先给出生产函数：

$$\ln Y_{it} = \beta_0 + \beta_t t + \frac{1}{2}\beta_{tt}t^2 + \beta_k \ln K_{it} + \beta_l \ln L_{it} + \frac{1}{2}\beta_{kk}(\ln K_{it})^2 + \frac{1}{2}\beta_{ll}(\ln L_{it})^2$$

$$+ \beta_{kl}\ln K_{it}\ln L_{it} + \beta_{kt}t\ln K_{it} + \beta_{lt}t\ln L_{it} + v_{it} - u_{it}$$

$$v_{it} \sim iidN(0, \sigma^2)\, u_i \sim iidN^+(\mu, \delta^2)\, u_{it} = u_i\exp[-\eta(t-T)]$$

构造方差参数 $\gamma = \dfrac{\sigma_u^2}{\sigma^2}$，其中 $\sigma^2 = \sigma_v^2 + \sigma_u^2$，显然有 $0 < \gamma < 1$。

　　Y_{it} 的数据采用地区 i 在时期 t 的总产值，K_{it} 的数据采用地区 i 在时期 t 的资产总计，L_{it} 的数据采用地区 i 在时期 t 的从业人员数（数据见附表 2）。

对于 Y_{it} 和 K_{it} 的原始数据，以 2010 年为基期的不变价格折算，从而保证数据比较的一致性。[①] 据 4.3 部分的效率变化三重分解模型对能源产业分行业作省级间的效率比较研究，行业包括煤炭开采和洗选业、石油和天然气开采业、电力热力的生产和供应业、石油加工炼焦及核燃料加工业。[②]

6.1 煤炭开采和洗选业效率区际比较分析

本书选取了 19 个主要的煤炭产出省份 2010 ~ 2020 年的投入产出数据样本作计量分析，其中湖北作为煤炭产业产出值较小的省区代表也列入计量对象。应当指出的是，煤炭开采和洗选业是资源型产业，因而各省区的总产值必然受资源禀赋的约束，如在山西、山东、内蒙古等省区这一产业成为重要的支柱产业。

6.1.1 模型估计

运用 Stata 17 计量软件对式（4.5）使用极大似然估计法得出参数估计结果（见表 6 - 1）。从检验结果来看，多数变量在 1% 的置信水平下显著，单边偏误似然比（LR）符合混合卡方分布。其中与劳动力投入 L_{it} 相关项估计值的显著性水平较高，与资本投入 K_{it} 相关项估计值不显著，表明劳动力投入的增加对煤炭开采和洗选业的生产率影响明显，而资本投入的增加对生产率的影响不太明显，这反映出产业的资金利用效率较低，表现为资金投入上的粗放型增长特征。[③] 时间变量 t 估计值的显著性水平较高，表明技术进步对生产率的改善作用明显。γ 是前沿函数的技术无效率项在随机变量总方差中所占比例，$\gamma = 0.8820$，并且在 1% 的置信水平下显著，其值不等于零，这表明前沿生产函数的误差主要源于无效率项 u_{it}，即在统计时

---

① 数据来自各省份《统计年鉴》中的"按行业分规模以上工业企业主要指标数据表"。
② 说明：因燃气生产和供应业的数据获得问题，在省级层面效率比较分析中，未包括该行业。
③ 周江，胡静锋. 我国煤炭生产效率区域比较研究——基于时变无效率模型计量分析 [J]. 经济问题，2016（09）：7 – 14 +73.

期内能源产业存在普遍的技术无效率，从 2010 年到 2019 年对能源产业使用随机前沿分析是必要的。η 的估计值为 -0.07648，并且在 1% 的水平下显著，这表明在分析时期内我国能源产业的技术效率水平值以递减的速度呈不断下降的趋势，其数值较小则表明减速较为缓和。

表 6-1 模型估计结果

变量	参数	估计值	t 比率	参数	估计值	t 比率
常数项	β_0	1.1856**	2.0091	σ^2	0.1618**	2.5459
t	β_t	0.4020*	7.0373	γ	0.8820*	23.0565
$\frac{1}{2}t^2$	β_{tt}	-0.01745^*	-3.3035	μ	0.7555*	3.2590
$\ln K_{it}$	β_k	-0.08383	-0.2322	η	-0.07648^*	-4.9601
$\ln L_{it}$	β_l	1.0859*	3.2032	似然函数对数值（LLF）	64.1230	
$\frac{1}{2}(\ln K_{it})^2$	β_{kk}	0.2515**	2.0121	单边偏误似然比（LR）检验值	151.5111	
$\frac{1}{2}(\ln L_{it})^2$	β_{ll}	0.08798	0.6188			
$\ln K_{it}\ln L_{it}$	β_{kl}	-0.1795	-1.4202			
$t\ln K_{it}$	β_{kt}	-0.03688	-1.7044			
$t\ln L_{it}$	β_{lt}	0.003003	0.1227			

注：*、** 分别表示 1%、5% 的显著性水平下显著。

技术效率 TE_{it} 的检验值如表 6-2 所示，由于统计数据缺省，从而造成部分省份在某些年份没有技术效率检验值结果，但是对较长期间的比较分析而言，缺省部分检验值影响有限。

表 6-2 技术效率检验值

地区和省份		2010 年	2011 年	2012 年	2013 年	2014 年	2015 年	2016 年	2017 年	2018 年	2019 年
华北	河北	0.7575	0.7410	0.7236	—	0.6861	0.6660	0.6449	—	—	—
	山西	0.6132	0.5898	0.5656	0.5406	0.5148	0.4884	0.4614	0.4339	0.4061	0.3780
	内蒙古	0.7347	0.7170	0.6983	0.6787	0.6581	0.6367	0.6143	0.5910	0.5669	—

续表

地区和省份		2010 年	2011 年	2012 年	2013 年	2014 年	2015 年	2016 年	2017 年	2018 年	2019 年
东北	辽宁	0.5764	0.5517	0.5266	0.5001	0.4733	0.4460	0.4183	0.3904	0.3623	0.3343
	吉林	0.8351	0.8232	0.8106	0.7972	0.7831	0.7680	0.7522	0.7354	0.7177	0.6991
	黑龙江	0.5733	0.5486	0.5230	0.4968	0.4699	0.4426	0.4149	0.3869	0.3588	—
华东	江苏	0.6185	0.5954	0.5713	0.5465	0.5209	0.4946	0.4677	0.4404	0.4126	0.3846
	安徽	0.5131	0.4866	0.4596	0.4321	0.4042	0.3762	0.3481	0.3201	0.2924	—
	山东	0.6852	0.6649	0.6437	0.6216	0.5986	0.5747	0.5500	0.5245	0.4983	0.4715
华中	河南	0.8722	0.8628	0.8528	0.8421	0.8307	0.8186	0.8058	0.7921	0.7777	
	湖北	0.7885	0.7738	0.7582	0.7417	0.7244	0.7061	0.6869	0.6667	0.6457	0.6237
西南	四川	—	0.9491	0.9452	0.9410	0.9365	0.9317	0.9265	0.9210	0.9151	
	贵州	0.7054	0.6861	0.6659	0.6448	0.6227	0.5998	0.5760	0.5513	0.5259	—
	云南	0.6693	0.6483	0.6263	—	0.5798	0.5553	0.5299	0.5039	0.4772	0.4501
西北	陕西	0.7451	0.7279	0.7098	0.6908	0.6708	0.6499	0.6281	0.6053	0.5817	0.5573
	甘肃	0.6350	0.6125	0.5891	0.5649	0.5398	0.5141	0.4876	0.4606	0.4332	—
	青海	0.7196	0.7011	0.6816	0.6612	0.6398	0.6176	0.5945	0.5705	—	—
	宁夏	0.5247	0.4985	0.4717	0.4444	0.4167	0.3887	0.3606	0.3325	0.3047	—
	新疆	0.5097	0.4831	0.4560	0.4284	0.4006	0.3725	0.3444	0.3164	0.2888	0.2617
平均值		0.6709	0.6664	0.6462	0.6219	0.6037	0.5814	0.5585	0.5302	0.5038	0.4623

6.1.2 技术效率比较

总体来看，对分析时期（2010～2019 年）各年度的技术效率平均值作分析，从 2010 年基期的 0.6709 持续减少到 2019 年的 0.4623，减少绝对值为 0.2086，减小幅度约为 31.09%。2011 年相比 2010 年技术效率值的减幅为 0.0045，2012 年相比 2011 年减幅为 0.0202，2013 年相比 2012 年减幅为 0.0243，此后减幅不断扩大，2017 年相比 2016 年为 0.0283。总体来看，产业在偏离随机前沿面较远的位置进行生产，以缓慢的速度不断远离随机前沿生产面。

为比较各个省份的技术效率差异情况，对各个时期各省份的技术效率求取平均值，计算结果表明各省份之间的生产技术效率差异很大（见图 6-1）。

其中平均值最高的是四川，达 0.9333；平均值最小的是新疆，为 0.3862。就区域来看，华北地区的技术效率平均值为 0.6191，东北地区的平均值为 0.5661，华东地区的平均值为 0.4974，华中地区的平均值为 0.7699，西南地区的平均值为 0.7043，西北地区的平均值为 0.5289。就数值来看，技术效率平均值处于较高位（0.7 以上）的省份有河北、吉林、河南、湖北、四川；技术效率平均值处于较低位（0.5 以下）的省份有山西、辽宁、黑龙江、安徽、宁夏、新疆；技术效率平均值处于中位（0.5 ~ 0.7 之间）的省份有江苏、山东、贵州、云南、甘肃。

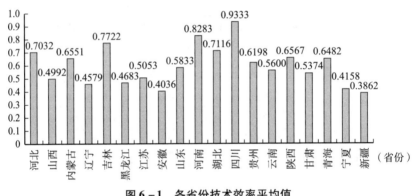

图 6 - 1　各省份技术效率平均值

考虑各省份煤炭资源禀赋差异的客观现实，内蒙古、山西、陕西、河南、辽宁、新疆是我国的煤炭资源大省，内蒙古、陕西、河南等省份的技术效率较高、生产效率较高和资源富足统一表明这些省份的煤炭生产状况优良，山西、辽宁、新疆的技术效率偏低，其中新疆的技术效率平均值为 0.3862，辽宁为 0.4579，山西为 0.4992，表明这些煤炭资源大省的生产状况欠佳，尤其是煤炭资源第一大省的山西，其生产状况远远偏离随机前沿面，表现为生产效率低下和资源富足的矛盾状态。

比较各省份的技术效率历年变化情况，从而获得从 2011 ~ 2019 年连续的技术效率变化情况，具体情况如表 6 - 3 所示。从逐年变化情况来看，多数省份的技术效率年度绝对减少额超过 0.02，包括山西、辽宁、黑龙江、江苏、安徽、山东、云南、甘肃、宁夏、新疆；部分省份的逐年技术效率绝对减少额在 0.01 ~ 0.02 之间，包括河北、内蒙古、吉林，陕西、青海的

逐年技术效率绝对减少额增加较快，前期小于 0.02，后期则超 0.02；只有
四川一个省份逐年的技术效率绝对减少额小于 0.01。技术效率减小速度很
快的省份有黑龙江、安徽、宁夏、新疆，这些省份逐年的技术效率减少额
超过 0.024；煤炭资源大省山西的技术效率降低速度快，年减少绝对额均
在 0.023 以上，且逐年递增；减小速度最慢的四川，每年的技术效率绝对
减少额在 0.006 以下。

表 6 - 3 技术效率逐年变化情况

省份	逐年技术效率绝对减少额									总体变化情况	
	2010～2011 年	2011～2012 年	2012～2013 年	2013～2014 年	2014～2015 年	2015～2016 年	2016～2017 年	2017～2018 年	2018～2019 年	2011～2018 年	减幅（%）
河北	0.0165	0.0174	—	—	0.0201	0.0211	—	—	—	—	—
山西	0.0234	0.0242	0.0250	0.0258	0.0264	0.0270	0.0275	0.0278	0.0281	0.1837	31.15
内蒙古	0.0177	0.0187	0.0196	0.0206	0.0214	0.0224	0.0233	0.0241	—	0.1501	20.93
辽宁	0.0247	0.0251	0.0265	0.0268	0.0273	0.0277	0.0279	0.0281	0.0280	0.1894	34.33
吉林	0.0119	0.0126	0.0134	0.0141	0.0151	0.0158	0.0168	0.0177	0.0186	0.1055	12.82
黑龙江	0.0247	0.0256	0.0262	0.0269	0.0273	0.0277	0.0280	0.0281	—	0.1898	34.60
江苏	0.0231	0.0241	0.0248	0.0256	0.0263	0.0269	0.0273	0.0278	0.0280	0.1828	30.70
安徽	0.0265	0.0270	0.0275	0.0279	0.0280	0.0281	0.0280	0.0277	—	0.1942	39.91
山东	0.0203	0.0212	0.0221	0.0230	0.0239	0.0247	0.0255	0.0262	0.0268	0.1666	25.06
河南	0.0094	0.0100	0.0107	0.0114	0.0121	0.0128	0.0137	0.0144	—	0.0851	9.86
湖北	0.0147	0.0156	0.0165	0.0173	0.0183	0.0192	0.0202	0.0210	0.0220	0.1281	16.55
四川	—	0.0039	0.0042	0.0045	0.0048	0.0052	0.0055	0.0059	—	0.0340	3.58
贵州	0.0193	0.0202	0.0211	0.0221	0.0229	0.0238	0.0247	0.0254	—	0.1602	23.35
云南	0.0210	0.0220	—	—	0.0245	0.0254	0.0260	0.0267	0.0271	0.1711	26.39
陕西	0.0172	0.0181	0.0190	0.0200	0.0209	0.0218	0.0228	0.0236	0.0244	0.1462	20.09
甘肃	0.0225	0.0234	0.0242	0.0251	0.0257	0.0265	0.0270	0.0274	—	0.1793	29.27
青海	0.0185	0.0195	0.0204	0.0214	0.0222	0.0231	0.0240	—	—	—	—
宁夏	0.0262	0.0268	0.0273	0.0277	0.0280	0.0281	0.0281	0.0278	—	0.1938	38.88
新疆	0.0266	0.0271	0.0276	0.0278	0.0281	0.0281	0.0280	0.0276	0.0271	0.1943	40.22
平均	0.0045	0.0202	0.0243	0.0182	0.0223	0.0229	0.0283	0.0264	0.0415	0.1626	24.40

从 2011～2018 年的总体变化情况来看，技术效率减少额最大的省份为新疆，技术效率值减少额达 0.1943，其他减少额超过 0.18 的省份有山西、辽宁、黑龙江、江苏、安徽、宁夏，其中煤炭资源大省山西的技术效率减少数值达到 0.1837；技术效率减少额最小的省份是四川，额度为 0.0340；河南的减少额也较小，数值为 0.0851；其余省份的技术效率减少额在 0.10～0.18 之间。从减幅来看，减幅超过 30% 的省份有山西、辽宁、黑龙江、江苏、安徽、宁夏、新疆，新疆的减幅达 40.22%；减幅超过 20% 的省份有内蒙古、山东、贵州、云南、陕西、甘肃、甘肃；减幅超过 10% 的省份有吉林、湖北；减幅小于 10% 的省份有河南、四川。

就技术效率变化情况来看，四川的资源利用效率最高。在煤炭资源大省中，内蒙古、陕西的生产效率较高，一方面技术效率值较高，表明生产距离随机前沿面较近；另一方面技术效率的减小速度较慢，表明资源利用状况较好；新疆、宁夏等西部省份的生产效率较低，技术效率值较低且减小速度快；山西是煤炭资源禀赋最高的省份，就技术效率变化情况来看，其生产效率较低且逐年减小的速度也较快，这表明资源无效率利用状况日益严重。

6.1.3　生产效率三重分解比较分析

根据 SFA 模型的参数估计结果（见表 5－1），各行业各年度的技术效率值（见表 5－2），以及时间 t、资金变量 $\ln K_{it}$、劳动力变量 $\ln L_{it}$ 的各年度具体数值（见附表 2），运用式（4.8）计算可得技术效率变化指数 $TEC_i^{s,t}$，运用式（4.13）计算可得技术变化指数 $TC_i^{s,t}$，运用式（4.14）、式（4.15）、式（4.16）计算可得规模变化指数 $SEC_i^{s,t}$。从而得到 2010～2019 年各省份逐年的煤炭开采和洗选业全要素生产率变化的三重分解计量结果（见附表 3）。

根据计量结果，各省份规模弹性总的变化呈微弱减少趋势，变化半轴大约以规模弹性为 1 为中心点，大多数省份的规模经济状况为从分析时期开始的规模报酬递增减小为规模报酬递减。对分析时期内（2010～2019年）各省份的规模弹性取平均值（见图 6－2），青海的生产规模弹性平均值最高，数值为 1.1755；四川最低，数值为 0.9413；山西的生产规模弹性平均值为 1.0233，基本为规模报酬不变。从区域来看，西北地区的规模弹

性平均值最高，各省份均在 1.0 以上，表现为微小的规模报酬递增；西南
地区的规模弹性平均值最低，各省份在 0.9 左右，表现为微小的规模报酬
递减；华中地区的规模弹性平均值也较低，各省份在 0.9 ~ 1.0 之间，也表
现为微小的规模报酬递减；华东地区的规模弹性平均值略微超 1.0，表现
为大致的规模报酬不变；东北地区的规模弹性平均值略小于 1.0，表现为
极小的规模报酬递减；华北地区的规模弹性平均值略超 1.0，表现为轻微
的规模报酬递增。

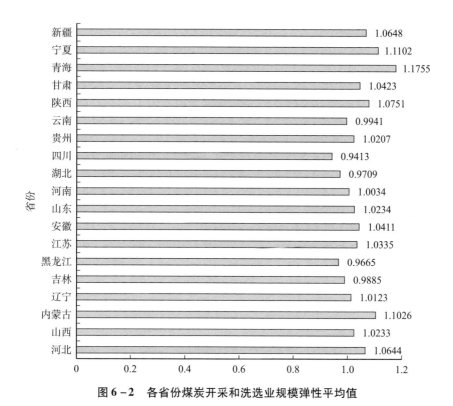

图 6 - 2　各省份煤炭开采和洗选业规模弹性平均值

选取山西、内蒙古、辽宁、山东等区域代表省份和煤炭资源大省，对
规模弹性各省份的变化情况作具体分析。

6.1.3.1　山西

山西省在分析时期内的规模弹性呈逐年微弱减小趋势，从 2010 年的规

模弹性 1.1156 减小到 2019 年的 0.9231，平均值为 1.0233。关于资金投入的偏生产弹性在分析时期内呈微弱震荡变化，2010 年为 1.0144，以后略有增加，2014 年达到最高的 1.0928，2019 年减小到 1.0858。关于劳动力投入的偏生产弹性数值很小，且从 2010 年基期的 0.1042 持续微弱减小，从 2013 年开始为负值，到 2019 年数值为 −0.1627。资金投入效率稳定，且为微小的规模报酬递增。劳动投入效率状况逐年微弱负向变化，从正向规模报酬递减逐渐变化为负向的规模报酬递减，由于变化幅度很小，因而对规模弹性的拉低作用微小。总体投入—产出效率在分析时期内大体上保持规模报酬不变。

6.1.3.2　内蒙古

规模弹性呈小幅减小趋势，2010 年基期数值为 1.1775，持续小幅减少到 2019 年的 1.0070。关于资金投入的偏生产弹性的数值微弱震荡增加，2010 年数值为 0.9727，以后持续增加，到 2014 年增加到 1.1310，此后微弱减小，到 2019 年为 1.1125。关于劳动力投入的偏生产弹性的数值持续减小，从 2010 年基期的 0.2048 持续小幅减小，2014 年出现负值 −0.0159，到 2018 年减小到 −0.1055，由于其数值减小幅度较小，对总的规模弹性起到微小的拉低作用。总体投入—产出效率在分析时期内保持微小的规模报酬递增。

6.1.3.3　辽宁

规模弹性呈小幅减少趋势，2010 年基期数值为 1.1268，持续小幅减少到 2019 年的 0.8689。关于资金投入的偏生产弹性的数值从 2010 年的 0.8143 持续小幅减小到 2019 年的 0.6469。关于劳动力投入的偏生产弹性的数值则在 0.20 左右微小震荡变化，总体上呈现较为稳定的状态。关于资金投入的偏生产弹性拉低了总的规模弹性。在整个分析时期内，总体投入—产出效率从微小的规模报酬递增，变化为微弱的规模报酬递减。

6.1.3.4　山东

规模弹性呈不断减小的趋势，后期的减小速度较快，2010 年基期数值为 1.1395，到 2019 年减小到 0.9157。关于资金投入的偏生产弹性的数值，2010 年为 1.0074，此后震荡微弱减少，到 2019 年减少到 0.9715。关于劳动力投入的偏生产弹性持续减小，2010 年数值为 0.1321，2016 年减小为负值 −0.0043，2019 年减小为 −0.0558。资金投入效率优于劳动力投入效率，资金投入的偏生产弹性持续减小，从而造成规模弹性整体上呈小幅减小趋势。在整个分析时期内，总体投入—产出效率从微小的规模报酬递增，变化为微小的规模报酬递减。

6.1.3.5 四川

规模弹性呈持续减小趋势，2011 年的数值为 1.0299，到 2018 年减小到 0.8712。关于资金投入的偏生产弹性持续微弱震荡增加，2011 年数值为 0.5827，2014 年跳跃到 0.6620，到 2018 年为 0.6441。关于劳动力投入的偏生产弹性总体上呈现减小趋势，2016 年数值为 0.4402，到 2018 年减小到 0.2271。劳动力投入效率减小对规模弹性起到拉低作用，在整个分析时期内，总体投入—产出效率不断减小，在基期为微弱的规模报酬递增，此后变化为规模报酬递减。

6.1.3.6 陕西

规模弹性呈持续微弱减小趋势，2015 年的数值为 1.1730，到 2019 年减小到 0.9656。关于资金投入的偏生产弹性，呈现围绕 1.01 微小震荡变化的趋势，2010 年数值为 0.9214，2014 年为 1.0340，到 2017 年为最大的 1.0396。关于劳动力投入的偏生产弹性呈现持续微弱趋势，2010 年为 0.2515，到 2017 年变为负值 −0.0191，2019 年为 −0.0455。资金投入效率在分析期内呈现基本稳定状态，且显著优于劳动力投入效率，劳动力效率呈不断恶化趋势。总体投入—产出效率有微弱减小，从开始的微小规模报酬递增，在后期则基本为规模报酬不变。

6.1.3.7 新疆

规模弹性呈持续微弱减小趋势，2010 年的数值为 1.1588，到 2019 年减小为 0.9741。关于资金投入的偏生产弹性，呈先减小此后增加趋势，

2010 年为 0.7261，到 2011 年微弱减小为 0.7201，到 2018 年增加到 0.8825，2019 年轻微减小为 0.8773。关于劳动力投入的偏生产弹性呈现持续减小趋势，从 2010 年的 0.4327 减小到 2019 年的 0.0968。在前期，资金投入效率对比劳动力投入效率的优势不断拉大，资金投入效率呈改善趋势，劳动力投入效率则呈显著恶化趋势。总体投入—产出效率有微弱减小，初期为微小的规模报酬递增，到中后期则非常接近规模报酬不变。

6.1.4 效率变化动态分解分析

对各省份 2010~2019 年间的煤炭开采和洗选业的产业生产率变化作逐年三重效率分解（见表 A3－2）。对全要素生产变化做历年累积处理（见表 A3－3），由此可以明确地分析，在整个分析时期内，以 2010 年为基期，以后各年对比 2010 年的全要素生产率变化情况，结果表明：

大部分省份（山西除外）的劳动生产率都得到了提高，省级之间的生产率变化差异较大。

就各省份平均而言，2018 年对比 2010 年的全要素生产率总体提高了约 2.1 倍，值得关注的是，煤炭资源大省山西是全要素生产率唯一减小的省份，2019 年对比 2010 年减小了 0.76 倍；全要素生产率增长最高的是青海，全要素生产率 2017 年约为 2011 年的 7.93 倍，煤炭资源大省内蒙古的全要素生产率 2018 年对比 2010 年增长了 3.54 倍，增长幅度较大，可见各省份之间生产率变化差异颇大。各省份生产率变化情况可以分为四类：一类是全要素生产率降低的省份，包括山西；一类是全要素生产率变化基本停滞的省份，包括辽宁、黑龙江、江苏、安徽、山东、河南、甘肃、宁夏；一类是全要素生产率微小增长的省份，包括河北、四川、云南、陕西、新疆；一类是全要素生产率大幅增长的省份，包括内蒙古、吉林、湖北、青海。

在整个分析时期内，所有省份的技术效率变化均对生产率的提高起阻碍作用，技术进步则对所有省份的生产率提高起促进作用，物质投入要素变化（规模变化）也基本对部分省份的生产率提高起促进作用，对部分省份部分时期起阻碍作用，综合作用的结果使得大多数省份的全要素生产率获得提高。

    总体来看，除个别省份（山西）的生产率处于下降或停滞状态外，大多数省份的生产率都获得一定提高。实际上，从各省份2010～2019年生产率分解变化的平均值，能够较清晰地了解各效率分解因子对全要素生产率的贡献情况（见表6-4）。简单计算可得，各省份总的全要素生产率变化的年平均值约为1.1088，技术效率变化的年平均值约为0.9590，技术进步变化的年平均值约为1.0968，规模变化指数的年平均值约为1.0514。通过解读以上数值，能够清楚地了解各分解因子对生产率变化的贡献权重。技术效率变化的平均值均小于1，技术进步和规模变化的平均值均大于1，因而在技术进步和规模变化拉动作用下，全要素生产率的年平均值大于1，这表明总体上生产率获得提高。

表6-4　　　　　　　2010～2019年各省份生产率分解变化的平均值

省份	TFPC	TEC	TC	SEC	省份	TFPC	TEC	TC	SEC
河北	1.1310	0.9734	1.1044	1.0488	山西	0.9755	0.9477	1.0029	1.0236
内蒙古	1.1870	0.9681	1.0486	1.1639	辽宁	1.0390	0.9413	1.0886	1.0141
吉林	1.1628	0.9805	1.1336	1.0444	黑龙江	1.0711	0.9432	1.1066	1.0232
江苏	1.0450	0.9486	1.1039	0.9979	安徽	1.0224	0.9322	1.0641	1.0281
山东	1.0105	0.9593	1.0307	1.0199	河南	1.0666	0.9858	1.0536	1.0255
湖北	1.1735	0.9743	1.2065	0.9966	四川	1.1206	0.9948	1.1001	1.0271
贵州	1.1500	0.9640	1.0969	1.0824	云南	1.1490	0.9554	1.1104	1.0814
陕西	1.1275	0.9683	1.0578	1.0951	甘肃	1.0865	0.9534	1.1326	1.0070
青海	1.3606	0.9674	1.1817	1.1852	宁夏	1.0910	0.9344	1.0999	1.0584
新疆	1.0970	0.9287	1.1161	1.0539	平均值	1.1088	0.9590	1.0968	1.0514

    从典型煤炭生产省份来看：

    山西技术效率变化降幅较大，从2010～2011年度的0.9618减少到2018～2019年度的0.9308；技术进步微弱减小，从2010～2011年度的1.1060减少到2018～2019年度的0.9103；规模变化降幅也较大，从2010～2011年度的1.1336减少到2018～2019年度的1.0231，从而使得全要素生产率变化，从 2010～2011 年度的 1.2059 减少到 2018～2019 年度的 0.8669。

陕西技术效率变化降幅较小，从 2010～2011 年度的 0.9769 减少到 2018～2019 年度的 0.9581；技术进步减幅较大，其数值在部分年份小于 1，从 2010～2011 年度的 1.1772 减少到 2018～2019 年度的 0.9554；规模变化降幅很大，从 2010～2011 年度的 1.2148 减少到 2018～2019 年度的 0.9665，从而使得全要生产率变化，从 2010～2011 年度的 1.3970 减少到 2018～2019 年度的 0.8847，且其数值在部分年份小于 1。

内蒙古技术效率变化小幅减小，从 2010～2011 年度的 0.9759 减少到 2017～2018 年度的 0.9592；技术进步降幅较大，从 2010～2011 年度的 1.1594 减少到 2017～2018 年度的 0.9547；规模变化先增加后减小，2010～2011 年度为 1.1819，2012～2013 年度为最大的 1.4512，到 2017～2018 年度为 0.9995，从而使得全要生产率变化，从 2010～2011 年度的 1.3373 减少到 2017～2018 年度的 0.9153。

新疆技术效率变化不断减小，从 2010～2011 年的 0.9478 减少到 2018～2019 年的 0.9062；技术进步降幅较大且数值均大于 1，从 2010～2011 年度的 1.2419 减少到 2018～2019 年度的 1.0018；规模变化则基本保持在 1.0 左右摇摆，从 2010～2011 年度为 1.0692，到 2013～2014 年度为最大的 1.1471，2018～2019 年度为 0.9882，从而使得全要生产率变化，从 2010～2011 年度的 1.2585 减少到 2018～2019 年度的 0.8971。

在分析时期内，技术效率变化、技术进步、规模变化的省份之间差异较大，这些因子对全要素生产率变化的增长差异的相对贡献依次增大，规模变化的贡献远远大于技术进步。简单计算可得，技术效率变化、技术进步、规模变化的变异系数依次为 0.0207、0.0741、0.0956[①]，数值表明了各影响因子对全要素生产率变化的贡献作用依次增大。

在整个分析时期内，各省份的技术效率变化的数值始终小于 1，起到拉低全要素生产率变化的作用。技术进步的数值始终大于 1 的省份包括河

---

① 这些差异系数是对各省份的技术效率变化、规模变化、技术进步的计量数值汇总计算而来，旨在明确各因子对全要素生产率变化的影响作用大小。差异系数 = 标准差÷平均值。

北、辽宁、吉林、黑龙江、江苏、湖北、四川、云南、甘肃、青海、宁夏、新疆；数值从初期大于 1 变化为略微小于 1 的省份有山西、内蒙古、安徽、山东、河南、贵州、陕西；规模变化始终大于 1 的省份有青海、宁夏，其他多数省份的规模变化数值在 1.0 左右摇摆并且减小的趋势明显。总体来看，随着规模变化（物质投入）效益的逐渐减小，生产率改善越来越依靠技术进步的作用。

6.2　石油和天然气开采业效率区际比较分析

本部分选取 15 个主要的石油和天然气产出省份 2010～2019 年的投入产出数据样本作计量分析。石油和天然气开采业是资源型产业，因而各省份的总产值必然受资源禀赋的约束，如在黑龙江、山东、新疆等省份这一产业成为重要的支柱产业。由于在部分时期，有的省份的《统计年鉴》存在指标缺省，因而无法得到相应年份的技术效率检验值，但是这并不会影响在较长时期内各省份之间的产业生产技术效率的横向比较。

6.2.1　模型估计

运用 Stata 17 计量软件对式（4.5）使用极大似然估计法，得出参数估计结果（见表 6－5）。

表 6－5　　　　　　　　　　　模型估计结果

变量	参数	估计值	t 比率	参数	估计值	t 比率
常数项	β_0	-2.1092^{**}	-2.4368	σ^2	0.7547	0.1044
t	β_t	0.2135^{**}	2.0870	γ	0.9037^*	9.5815
$\frac{1}{2}t^2$	β_{tt}	0.03184^*	3.3137	μ	0.3798	0.4462
$\ln K_{it}$	β_k	1.4220^*	6.6096	η	-0.1381^*	-2.9204

变量	参数	估计值	t 比率	参数	估计值	t 比率
$\ln L_{it}$	β_l	0.9958 *	2.6944	似然函数对数值（LLF）	− 33.5357	
$\frac{1}{2}(\ln K_{it})^2$	β_{kk}	0.01487	0.5301	单边偏误似然比（LR）检验值	56.5253	
$\frac{1}{2}(\ln L_{it})^2$	β_{ll}	0.2970 *	4.0366			
$\ln K_{it} \ln L_{it}$	β_{kl}	− 0.2528 *	− 3.5842			
$t\ln K_{it}$	β_{kt}	− 0.06478 *	− 3.3024			
$t\ln L_{it}$	β_{lt}	0.04768 **	2.5783			

注：*、**分别表示1%、5%的显著性水平下显著。

从检验结果来看，多数变量在1%的置信水平下显著，单边偏误似然比（LR）符合混合卡方分布。其中劳动力投入 L_{it} 和资本投入 K_{it} 的估计值的显著性水平较高，时间变量 t 显著性水平较低，表明资本投入和劳动投入的增加对石油和天然气开采业的生产率影响显著，而基于时间的技术进步对生产率的影响不太显著，这反映出在统计时期内产业的生产技术水平的改善相较于劳动投入和资本投入是不足的。γ 是前沿函数的技术无效率项在随机变量总方差中所占比例，$\gamma = 0.9037$，并且在1%的置信水平下显著不等于零，这表明前沿生产函数的误差主要源于无效率项 u_{it}，即在统计时期内能源产业存在普遍的技术无效率，对 2010 ~ 2019 年能源产业使用随机前沿分析是必要的。η 的估计值为 − 0.1381，并且在1%的水平下显著，这表明在分析时期内我国能源产业的技术效率水平值以较低的递减速度呈不断减小的趋势，其数值很小则表明减速十分缓和。

技术效率 TE_{it} 的检验值如表 6 − 6 所示，由于统计数据缺省，从而造成部分省份在某些年份没有技术效率检验值结果，但是对较长期间的比较分析而言，缺省部分检验值影响有限。

表 6 - 6 技术效率检验值

地区和省份		2010 年	2011 年	2012 年	2013 年	2014 年	2015 年	2016 年	2017 年	2018 年	2019 年
华北	天津	0.9610	0.9554	0.9491	0.9418	0.9337	0.9244	0.9139	0.9021	0.8888	0.8739
	河北	0.6391	0.5983	0.5548	—	0.4606	0.4111	0.3609	—	—	—
	内蒙古	0.9195	0.9083	0.8956	0.8813	0.8653	0.8473	0.8272	0.8049	0.7802	—
东北	辽宁	0.6851	0.6478	0.6076	0.5645	0.5188	0.4709	0.4214	0.3710	0.3206	0.2712
	吉林	0.7025	0.6668	0.6280	0.5863	0.5419	0.4951	0.4463	0.3963	0.3459	0.2959
	黑龙江	0.9651	0.9601	0.9544	0.9480	0.9406	0.9323	0.9229	0.9123	0.9003	
东部	江苏	0.6852	0.6480	0.6079	0.5649	0.5194	0.4717	0.4223	0.3722	—	
	山东	0.9037	0.8904	0.8754	0.8585	0.8395	0.8183	0.7948	0.7687	0.7400	0.7085
	河南	0.7194	0.6853	0.6481	0.6080	0.5650	0.5195	0.4717	0.4224	0.3722	—
	广东	0.8299	0.8075	0.7825	0.7548	0.7242	0.6908	0.6544	0.6151	0.5731	
西部	四川	—	0.5211	0.4732	0.4237	0.3732	0.3227	0.2731	0.2256	0.1811	
	陕西	0.8501	0.8300	0.8076	0.7826	0.7549	0.7244	0.6909	0.6545	0.6153	0.5732
	甘肃	0.9135	0.9014	0.8879	0.8726	0.8554	0.8362	0.8149	0.7911	0.7650	
	青海	0.7996	0.7737	0.7451	0.7136	0.6791	0.6417	0.6015	0.5585	—	
	新疆	0.8648	0.8465	0.8260	0.8031	0.7777	0.7495	0.7186	0.6847	0.6479	0.6083
平均值		0.8170	0.7760	0.7495	0.7360	0.6900	0.6571	0.6223	0.6057	0.5942	0.5552

6.2.2 技术效率比较

在分析时期内（2010~2019 年），从各省份在各个时期的技术效率平均值变化情况，能够对技术效率的总体变化趋势作出大致的分析。技术效率的平均值从 2010 年基期的 0.8170 缓慢减少到 2019 年的 0.5552，绝对减小值为 0.2618，增幅为 32.04%。从趋势来看，前期减速较慢，后期减速加快。总体来看，产业以缓慢的速度远离随机前沿生产面。

为比较各个省份的技术效率差异情况，对各个时期各省份的技术效率求取平均值，计算结果表明各省份之间的生产技术效率差异很大，具体情况如图 6 - 3 所示。其中技术效率平均值最高的省份是黑龙江，达 0.9373；技术效率平均值最低的省份是四川，为 0.3492。就区域来看，华北地区的技术效率平均值为 0.7652，东北地区为 0.6452，东部地区为 0.6569，西部地区为0.6736，显然华北地区的产业技术效率最高，油气资源丰富的西部地区技术效率也较高，而油气资源丰富的东北地区技术效率偏低。就数值差异来看，大致可以分为三类情况，一类是技术效率水平很高的省份，其数值均高于0.8，这些省份包括天津、内蒙古、黑龙江、山东、甘肃；一类是技术效率水平一般的省份，其数值高于0.5，这些省份包括河北、吉林、江苏、河南、陕西、青海、新疆；一类是技术效率水平较低的省份，其数值在0.4左右，这些省区包括辽宁、四川。

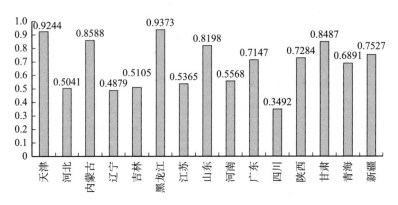

图6-3 各省份石油和天然气开采业技术效率平均值

石油和天然气开采业必然受到资源禀赋差异的强烈影响，考虑到这一情况，从数值分析的结果来看，技术效率水平很高的省份均为油气资源大省，而新疆的油气资源丰富，其技术效率水平较低，辽宁和四川作为油气资源大省，其技术效率水平和资源禀赋状况很不匹配。黑龙江的技术效率平均值也高达0.9373，这是因为黑龙江拥有中国资源储量最高的大庆油田，其石油和天然气开采业的生产距离随机前沿生产面非常近，代表了我国油气开采业生产效率的最高水平。

从逐年的减小额数值情况来看，大致分为三类，第一类的绝对增长额很小，数值小于0.01，这些省份包括天津、黑龙江，其中黑龙江的历年绝对减小额最小；第二类的绝对减小额较大，其数值处于0.010~0.02之间，这些省份包括内蒙古、山东、甘肃、新疆；第三类是绝对减小额很大，其数值在0.02以上，这些省份包括河北、辽宁、吉林、江苏、河南、广东、四川、陕西、青海。

从总体变化情况来看，2011～2017年技术效率绝对减小额最大的省份是四川，数值为0.2955，其减幅也最大，达到56.71%，其他绝对减小额超过0.2的省份还包括辽宁、吉林、江苏、河南、青海。黑龙江的绝对减小额最小，数值为0.0478，减幅为4.98%。从减幅变化看，可以明显分为三类情况：一类是减幅很大的省份，其减幅均超过20%，这些省份包括辽宁、吉林、江苏、河南、广东、四川、陕西、青海；一类是减幅较大的省份，其减幅范围在10%～20%之间，这些省份包括内蒙古、山东、甘肃、新疆；一类是减幅很小的省份，其减幅均在10%以下，这些省份包括天津、黑龙江。

显然在总体的技术效率减小趋势下，资源利用效率有所降低。在初期技术效率数值小的省份，如辽宁、江苏、四川等，其技术效率减幅也较大。天津、内蒙古、黑龙江、山东、甘肃等省份由于初期技术效率数值很高，其技术效率减幅也较小，就整个分析时期而言，其生产非常接近随机前沿生产面，表明资源利用效率状况较好。四川、陕西、甘肃、青海、新疆等西部省份，作为油气资源大省，其技术效率减幅较大，其生产逐渐远离随机前沿生产面，表明资源的利用状况亟待改善（见表6-7）。

表6-7　　　　　　　　　技术效率逐年变化情况

省份	逐年技术效率绝对减小额									总体变化情况	
	2010～2011年	2011～2012年	2012～2013年	2013～2014年	2014～2015年	2015～2016年	2016～2017年	2017～2018年	2018～2019年	2011～2017年	减幅（%）
天津	0.0056	0.0063	0.0073	0.0081	0.0093	0.0105	0.0118	0.0133	0.0149	0.0533	5.58
河北	0.0408	0.0435	—	—	0.0495	0.0502	—	—			
内蒙古	0.0112	0.0127	0.0143	0.016	0.0180	0.0201	0.0223	0.0247	—	0.1034	11.38
辽宁	0.0373	0.0402	0.0431	0.0457	0.0479	0.0495	0.0504	0.0504	0.0494	0.2768	42.73
吉林	0.0357	0.0388	0.0417	0.0444	0.0468	0.0488	0.05	0.0504	0.0500	0.2705	40.57
黑龙江	0.0050	0.0057	0.0064	0.0074	0.0083	0.0094	0.0106	0.012	—	0.0478	4.98
江苏	0.0372	0.0401	0.043	0.0455	0.0477	0.0494	0.0501	—		0.2758	42.56
山东	0.0133	0.0150	0.0169	0.019	0.0212	0.0235	0.0261	0.0287	0.0315	0.1217	13.67

省份	逐年技术效率绝对减小额									总体变化情况	
	2010～2011年	2011～2012年	2012～2013年	2013～2014年	2014～2015年	2015～2016年	2016～2017年	2017～2018年	2018～2019年	2011～2017年	减幅（%）
河南	0.0341	0.0372	0.0401	0.043	0.0455	0.0478	0.0493	0.0502	—	0.2629	38.36
广东	0.0224	0.0250	0.0277	0.0306	0.0334	0.0364	0.0393	0.042	—	0.1924	23.83
四川	—	0.0479	0.0495	0.0505	0.0505	0.0496	0.0475	0.0445	—	0.2955	56.71
陕西	0.0201	0.0224	0.025	0.0277	0.0305	0.0335	0.0364	0.0392	0.0421	0.1755	21.14
甘肃	0.0121	0.0135	0.0153	0.0172	0.0192	0.0213	0.0238	0.0261	—	0.1103	12.24
青海	0.0259	0.0286	0.0315	0.0345	0.0374	0.0402	0.043	—	—	0.2152	27.81
新疆	0.0183	0.0205	0.0229	0.0254	0.0282	—	0.0339	0.0368	0.0396	0.1618	19.11

6.2.3 生产效率三重分解比较分析

根据 SFA 模型的参数估计结果（见表5-8），各行业各年度的技术效率值（见表5-9），以及时间 t、资金变量 $\ln K_{it}$、劳动力变量 $\ln L_{it}$ 的各年度具体数值（见附表2），运用相关公式，从而得到2010～2017年各省份逐年的石油和天然气开采业的全要素生产率变化的三重分解计量结果（见表A4-1）。

6.2.3.1 投入—产出效率静态分解分析

对分析时期内（2010～2019年）各省份的规模弹性取平均值，江苏的生产规模弹性平均值最高，数值为1.2446；陕西的规模弹性平均值最小，数值为0.6326。就区域来看，华北地区的规模弹性平均值较高，内蒙古为规模报酬递增；东北地区的规模弹性黑龙江较小，吉林和辽宁较高；东部地区的规模弹性平均值差异较大，江苏是规模报酬递增，河南接近规模弹性不变，其余省份的规模弹性平均值也较高；西部地区的规模弹性平均值差异也较大，其中甘肃和青海为规模弹性递增，陕西和新疆的规模弹性平均值较小，四川的规模弹性平均值较大（见图6-4）。

从历年数值来看，各省份规模弹性在微弱震荡中呈微小减少趋势，总体上各省份的规模经济变化较小，表现为微小的规模报酬递增到较小的规模报酬递减变化。在所有时期呈微小的规模报酬递增的省份仅有江苏、青海；由前期规模报酬递增变化为后期规模报酬递减的省份有天津、河北、内蒙古、辽宁、吉林、河南、广东、四川、甘肃；在所有时期内呈现为规模报酬递减的省份有黑龙江、山东、陕西、新疆。

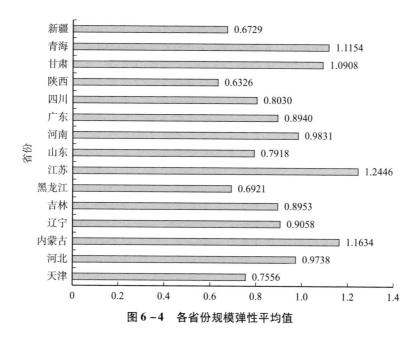

图 6 - 4　各省份规模弹性平均值

选取油气开采业地位重要的省份，对规模弹性各省区的变化情况作具体分析。

（1）天津。

在分析时期内的规模弹性呈逐年减小趋势，从 2010 年的规模弹性 1.0051 减小到 2019 年的 0.5979。关于资金投入的偏生产弹性在分析时期内先显著下降后略有增加，2011 年为 1.0269，2016 年为最小的 0.5835，到 2019 年为 0.7026，其表现为前期快速减小，后期缓慢徘徊微弱增加。关于劳动力投入的偏生产弹性前期徘徊增加，最后三期变为负值后略有回升，2010 年初期为 - 0.0219，2016 年达到峰值 0.1188，2019 年为 - 0.1047。资金投入效率整体呈下降趋势，其规模报酬递减效应不断扩大。劳动力投入效率状况欠佳，由于弹性数值较小整体上对规模弹性的拉动作用微弱。从数值来看，总体的投入—产出效率在期初比较接近规模报酬不变，此后不断显著下降，规模报酬递减效应不断扩大。

（2）内蒙古。

在分析时期内的规模弹性呈减小趋势，2010年为1.3537，到2018年为0.9646。关于资金投入的偏生产弹性呈不断减小状态，2010年为1.6851，2018年为1.0397。关于劳动力投入的偏生产弹性在整个分析时期内呈较小负值，且微弱增加，2010年为−0.3314，2018年增加为−0.0751。资金投入效率稳定并略有降低。劳动力投入效率表现为负向的规模报酬递减，对规模弹性有显著的拉低作用。总体的投入—产出效率呈较小的规模报酬递增，由于后期资金投入效率降低，到最后一期变为轻微的规模报酬递减。

（3）辽宁。

在分析时期内的规模弹性呈现稳定下降趋势，中间略有反弹，2010年为1.0217，此后逐年减小，2016年反弹为0.9382，2019年为0.8378。关于资金投入的偏生产弹性呈徘徊减小趋势，2010年为0.8908，2019年减小为0.4873。关于劳动力投入的偏生产弹性，前期呈稳定增加状态，后期跳跃减小后略有增加，2010年为0.1310，2016年达到最大值0.4788，2019年为0.3505。整体上的资金投入效率比较稳定，劳动力投入效率在前期较为稳定，后期略有跳跃，资金投入相比劳动力投入对整体效率的贡献较大。总体的投入—产出效率在2010年为轻微的规模报酬递增，以后各期为规模报酬递减，且规模递减效应持续变大。

（4）黑龙江。

在分析时期内的规模弹性呈持续微小减小趋势，从2010年的0.8647减小到2018年的0.5473。关于资金投入的偏生产弹性持续减小，前期减小幅度较小，后期减幅变大，2010年为0.8413，到2018年减小到0.3371。关于劳动力投入的偏生产弹性则呈徘徊增长趋势，2010年为0.0233，2013年为最大的0.2145，2018年为0.2102。整体上资金投入效率高于劳动力投入效率，其对规模弹性的贡献也大于劳动力投入，由于资金投入效率持续降低，从而拉低了规模弹性。总体的投入—产出效率状态为规模报酬递减，且递减效应逐年不断加剧。

（5）山东。

在分析时期内的规模弹性呈减小趋势，2010 年为 0.9642，2019 年下降到 0.6362。关于资金投入的偏生产弹性持续减小，2010 年为 0.9743，2019 年减小到 0.2823。关于劳动力投入的偏生产弹性则呈震荡增加趋势，2010 年为 -0.0101，2013 年增加为 0.2772，在 2014 年跳跃减小，此后开始增加，到 2019 年为 0.3559。数值显示资金投入效率高于劳动力投入效率，其在规模弹性中的权重较大。由于劳动力投入效率对规模弹性影响小，资金投入效率对规模弹性的影响较大，其变化趋势主导了规模弹性的变化，资金投入效率的下降拉低了规模弹性。总体的投入—产出效率呈现规模报酬递减，在分析期内效率减小趋势明显。

（6）广东。

在分析时期内的规模弹性呈不断下降的趋势，2010 年为 1.1058，到 2019 年减小为 0.7263。关于资金投入的偏生产弹性呈持续不断下降趋势，2010 年为 1.9125，到 2019 年下降到 1.1404。关于劳动力投入的偏生产弹性在分析期内为负值，呈现徘徊增加的趋势，2010 年为 -0.8067，2015 年增加到 -0.4593，此后跳跃减小后开始增加，到 2019 年为 -0.4141。资金投入效率不断减小，并且劳动力投入效率现为负向的规模报酬递减，对规模弹性有显著的拉低作用。总体的投入—产出效率呈不断减小趋势，由前期的规模报酬递增变化为后期的规模报酬递减。

（7）四川。

在分析时期内的规模弹性呈不断下降的趋势，在 2011 年为 1.0462，此后持续减小，到 2018 年为 0.6234。关于资金投入的偏生产弹性呈现震荡减小趋势，2011 年为 0.8291，2015 年减小为 0.5949，在后一期跳跃增加之后持续减小，到 2018 年减小为 0.6261。关于劳动力投入的偏生产弹性呈减小趋势，在变为负值之后略有增加，2011 年为 0.2171，2016 年为 -0.0263，到 2018 年为 -0.0027。资金投入效率对规模弹性的影响较大，其变化趋势主导了规模弹性的变化，资金投入效率的下降拉低了规模弹性。劳动力投入效率明显低于资金投入效率，且在后期为负值，更加剧了规模弹性减小趋势。总体的投入—产出效率呈不断减小趋势，规模报酬递减效应不断扩大。

（8）陕西。

在分析时期内的规模弹性呈不断下降的趋势，从 2010 年的 0.8502 持续下降到 2019 年的 0.4454。关于资金投入的偏生产弹性持续不断减小，从 2010 年的 0.9642 减小到 2019 年的 0.2715。关于劳动力投入的偏生产弹性则变现为较为稳定的增加趋势，由负值变化为正值，2010 年为 - 0.0960，2019 年为 0.1738。资金效率的变化对规模弹性的影响作用巨大，资金投入效率不断减小，整体上拉低了规模弹性。总体的投入—产出效率呈不断减小趋势，初期为比较微小的规模报酬递减，此后规模递减效应不断扩大，到后期呈现较大的规模报酬递减。

（9）新疆。

在分析时期内的规模弹性呈不断下降的趋势，从 2010 年的 0.8413 持续下降到 2019 年的 0.5091。关于资金投入的偏生产弹性持续减小，从 2010 年的 0.8994 减小到 2019 年的 0.3854。关于劳动力投入的偏生产弹性呈微小的震荡增加趋势，2010 年为 - 0.0582，2019 年增加为 0.1237。资金弹性权重高于劳动力弹性，资金弹性不断降低，对拉低规模弹性起到了主导作用。总体的投入—产出效率呈不断减小趋势，初期的规模报酬递减效应较小，此后规模递减效应不断扩大，到后期呈现较大的规模报酬递减。

6.2.3.2 效率变化动态分解分析

对 2010 ~ 2019 年间各省份石油和天然气开采业产业生产率变化进行逐年三重效率分解（结果见表 A4 - 2），对全要素生产变化做历年累积处理，由此可以明确地分析，在整个分析时期内，以 2010 年为基期①，以后各年对比 2010 年的全要素生产率变化情况（结果见表 A4 - 3）。数据分析的主要结论包括：

（1）在整个分析期间内，大部分省份的劳动生产率在分析前期下降明显，在后期有稍许徘徊增长，总体呈微弱下降趋势（部分省份有微弱增

---

① 四川以 2011 年为基期。河北的计量结果缺乏连续性，因而未能计算出连续的累积变化数值。

长），省级之间的生产率变化差异较大。

就各省份的平均值来看，2018 年对比 2010 年的全要素生产率总体降低了约 0.8720 倍。就各省份全要素变化情况，油气资源大省黑龙江的全要素生产率 2018 年对比 2010 年缩小了 0.9082 倍，增长最大的省份是内蒙古，2018 年对比 2010 年为 1.3775 倍，减小最大的省份是广东，2018 年对比 2010 年缩小到 0.3685 倍。

具体的变化大致可以分为三类情况，一类是在分析时期内生产率有微弱减小的省份，这些省份 2019 年（或 2018、2017 年）的全要素生产率对比 2010 年缩小的倍数均在 0.9 以上，包括天津、黑龙江、河南、青海；一类是在分析时期内生产率有显著减小的省份，这些省份 2019 年（或 2018 年）的全要素生产率对比 2010 年缩小的倍数均在 0.9 以下，包括辽宁、吉林、广东、四川、陕西、新疆；一类是在分析时期内生产率基本没有变化或有微小增高的省份，包括内蒙古、江苏、山东、甘肃。值得注意的是，油气资源较丰富的西部省份（如四川、陕西、新疆）生产率下降明显。

（2）在整个分析时期内，所有省份的技术效率变化都对生产率的提高起微小的阻碍作用；技术进步则对大多数省份全要素生产率的提高在前期起微小的阻碍作用，后期则起到促进作用；物质投入要素变化（规模效益）则对各省份全要素生产率提高基本起阻碍作用，部分省份在某一时期的物质投入要素变化（规模变化）对生产率提高起到微小促进作用。

为能够比较清晰地了解各效率分解因子对全要素生产率的贡献情况，对各省份在分析期间内各年度的生产率分解变化求取平均值（见表 6-8）。首先简单计算可得，各省份总的全要素生产率变化的年平均值约为 0.9762，技术效率变化的年平均值约为 0.9437，技术进步变化的年平均值约为 1.0391，规模变化指数的年平均值约为 0.9970。以上数值清晰表明了各效率影响因子对全要素生产率变化的贡献权重。技术效率变化和规模变化的平均值小于 1，技术进步变化的平均值大于 1，综合作用的结果使得全要素生产率的平均值略小于 1，这表明总体的全要素生产率微弱减小。

表 6 - 8   2010 ~ 2017 年各省区生产率分解变化的平均值

省份	TFPC	TEC	TC	SEC	省份	TFPC	TEC	TC	SEC
天津	0.9955	0.9895	1.0222	0.9843	河北	0.9328	0.9085	1.0207	1.0072
内蒙古	1.0420	0.9797	1.0383	1.0261	辽宁	0.9811	0.9027	1.0852	1.0037
吉林	0.9624	0.9089	1.0622	0.9990	黑龙江	0.9900	0.9914	1.0180	0.9808
江苏	1.0273	0.9168	1.0871	1.0325	山东	1.0152	0.9734	1.0561	0.9880
河南	1.0000	0.9212	1.0867	1.0008	广东	0.8858	0.9549	0.9389	0.9889
四川	0.8780	0.8606	1.0385	0.9837	陕西	0.9311	0.9573	1.0123	0.9617
甘肃	1.0388	0.9781	1.0505	1.0118	青海	1.0006	0.9501	1.0481	1.0056
新疆	0.9625	0.9618	1.0211	0.9811	平均值	0.9762	0.9437	1.0391	0.9970

分省份来看：

天津技术效率变化保持稳定状态，各年度数值在 0.99 上下。技术进步数值有增长趋势，从 2010 ~ 2011 年度的 0.9404 增加到 2018 ~ 2019 年度的 1.1005。规模变化前期减小、中期增加，后期减小，2010 ~ 2011 年度为 0.9985，2016 ~ 2017 年度达到最大的 1.0683，2018 ~ 2019 年度为 0.9428。全要素生产率变化，从 2010 ~ 2011 年度的 0.9335 徘徊增加到 2018 ~ 2019 年度的 1.0201，2016 ~ 2017 年度达到最大的 1.1238。2019 年对比 2010 年全要素生产率缩小了 0.9414 倍。

辽宁技术效率变化持续减小，技术效率从 2010 ~ 2011 年度的 0.9456 下降到 2018 ~ 2019 年度的 0.8459。技术进步数值持续增长，技术进步数值从 2010 ~ 2011 年度的 0.9621 增加到 2018 ~ 2019 年度的 1.2047。规模变化基本保持稳定，各年度在 1.0 左右徘徊。全要素增长率变化数值，呈现先持续增加，后轻微减小的状态，2010 ~ 2011 年度为 0.9099，2016 ~ 2017 年度为最大的 1.0467，2018 ~ 2019 年度为 1.0151。2019 年对比 2010 年全要素生产率缩小了 0.8311 倍。

黑龙江技术效率变化保持稳定状态，各年度在 0.99 上下。技术进步数值持续增加，从 2010 ~ 2011 年度的 0.9308 增加到 2017 ~ 2018 年度的 1.1125。规模变化数值则有微小的震荡，2010 ~ 2011 年度为 0.9852，2016 ~ 2017 年度为最大的 1.0192，2017 ~ 2018 年度为 0.9820。全要素增长率变化数值，从 2010～2011 年度的 0.9123 增加到 2017～2018 年度的 1.0781。
2018 年对比 2010 年全要素生产率缩小了 0.9082 倍。

山东技术效率变化持续减小，技术效率从 2010～2011 年度的 0.9853
下降到 2018～2019 年度的 0.9574。技术进步数值持续增加，从 2010～
2011 年度的 0.9361 增加到 2018～2019 年度的 1.1814。规模变化数值也基
本维持在 0.98 左右震荡变化，2010～2011 年度为 0.9936，2014～2015 年
度为最小的 0.9743，2018～2019 年度为最大的 1.0313。全要素增长率变化
数值，从 2010～2011 年度的 0.9164 增加到 2018～2019 年度的 1.1665。
2019 年对比 2010 年全要素生产率微弱增长了 1.1193 倍。

四川技术效率变化持续减小，技术效率从 2011～2012 年度的 0.9081
下降到 2017～2018 年度的 0.8027。技术进步数值持续增加，从 2011～
2012 年度的 0.9919 增加到 2017～2018 年度的 1.0925。规模变化数值小幅
震荡变化，2011～2012 年度为 0.9992，2015～2016 年度为最大的 1.0805，
2017～2018 年度为最小的 0.9319。全要素增长率变化震荡减小，2011～
2012 年度为 0.9000，2017～2018 年度为 0.8172。2018 年对比 2011 年全要
素生产率缩小了 0.3994 倍。

陕西技术效率变化持续减小，技术效率从 2010～2011 年度的 0.9764
下降到 2018～2019 年度的 0.9316。技术进步数值持续增加，从 2010～
2011 年度的 0.9119 增加到 2018～2019 年度的 1.1230。规模变化数值震荡
变化，2010～2011 年度为 0.9680，2015～2016 年度为最大的 1.0091，
2018～2019 年度为 0.9645。全要素增长率变化呈增加态势，2010～2011
年度为 0.8619，2018～2019 年度为 1.0090。2019 年对比 2010 年全要素生
产率缩小了 0.5173 倍。

新疆技术效率变化持续减小，技术效率从 2010～2011 年度的 0.9788
下降到 2018～2019 年度的 0.9389。技术进步数值持续增加，从 2010～
2011 年度的 0.9208 增加到 2018～2019 年度的 1.1228。规模变化数值震荡
变化，2010～2011 年度为 0.9810，2015～2016 年度为最大的 1.0448，
2018～2019 年度为 0.9652。全要素增长率变化呈增加态势，2010～2011
年度为 0.8842，2018～2019 年度为 1.0175。2019 年对比 2010 年全要素生
产率缩小了 0.6998 倍。

（3）在分析时期内，技术效率变化数值标准差为 0.0414，技术进步数值的标准差为 0.0748，规模变化数值的标准差为 0.0365，可见各影响因子的稳定程度从大到小依次为规模变化、技术效率变化、技术进步。对全要素增长变化的影响，技术进步作用最大，其次是规模变化、技术效率变化。简单计算可得，规模变化的差异系数为 0.0366，技术进步的差异系数为 0.0720，技术效率变化的差异系数为 0.0438，数值表明了各影响因子对全要素生产率变化的贡献作用大小。

在整个分析时期内，各省份的技术效率变化数值始终小于1，起到拉低全要素生产率变化的作用，技术效率变化则对全要素生产率效率始终起到阻碍作用。绝大多数省份的技术进步数值在分析时期前期小于1，到后期变为大于1。尽管技术进步水平在不断改善，但在多数时期对全要素生产率改善起到阻碍作用。各省份规模变化数值的虽然均大于0.9，在多数时期均小于1，但多数时期规模变化（物质投入）对全要素生产率改善起负作用。

6.3　电力、热力的生产和供应业效率区际比较分析

由于西藏的电力、热力的产出量很小，没有纳入计量比较，本部分只对全国30个省份（港澳台除外）的投入产出数据作计量分析。

6.3.1　模型估计

运用 Stata 17 计量软件对式（4.5）使用极大似然估计法，得出参数估计结果（见表6-9）。

表6-9　　　　　　　　　　模型估计结果

变量	参数	估计值	t 比率	参数	估计值	t 比率
常数项	β_0	1.7933	1.1502	σ^2	0.17797 *	3.0687
t	β_t	-0.10007 **	-2.1090	γ	0.9336 *	42.1556

续表

变量	参数	估计值	t 比率	参数	估计值	t 比率
$\frac{1}{2}t^2$	β_{tt}	-0.009148*	-4.3342	μ	0.7696*	6.3187
$\ln K_{it}$	β_k	1.0667**	2.0809	η	0.03415*	4.5512
$\ln L_{it}$	β_l	0.2358	0.5097	似然函数对数值（LLF）	152.1694	
$\frac{1}{2}(\ln K_{it})^2$	β_{kk}	-0.1063	-1.1933	单边偏误似然比（LR）检验值	484.7295	
$\frac{1}{2}(\ln L_{it})^2$	β_{ll}	-0.02612	-0.2604			
$\ln K_{it}\ln L_{it}$	β_{kl}	0.005252	0.06269			
$t\ln K_{it}$	β_{kt}	0.03215*	4.3937			
$t\ln L_{it}$	β_{lt}	-0.01707**	-2.1163			

注：*、** 分别表示1%、5%的显著性水平下显著。

从检验结果来看，多数变量在1%和5%的置信水平下显著，单边偏误似然比（LR）符合混合卡方分布。其中与时间变量 t 相关项估计值在5%显著性水平下显著，表明时间变量对生产率的影响作用较大，生产技术随时间变化的改进作用明显。与资本投入 K_{it} 相关项估计值在5%显著性水平下显著，表明资本投入对劳动生产率的影响作用较大。与劳动力投入 L_{it} 相关项估计值不显著，这反映了整体上产业的粗放型增长特征，劳动力投入的利用效率低。γ 是前沿函数的技术无效率项在随机变量总方差中所占比例，$\gamma = 0.9336$，并且在1%的置信水平下显著不等于零，这表明前沿生产函数的误差主要源于无效率项 u_{it}，即在统计时期内能源产业存在普遍的技术无效率，从2010年到2019年对能源产业使用随机前沿分析是必要的。η 的估计值为0.03415，并且在1%的水平下显著，数值表明在分析时期内我国能源产业的技术效率水平值以较低的递增速度呈不断增长的趋势，其数值很小则表明增速十分缓和。

技术效率 TE_{it} 的检验值如表 6 - 10 所示，由于统计数据缺省，从而造成部分省（自治区）在某些年份没有技术效率检验值结果，但是对较长期间的比较分析而言，缺省部分检验值影响有限。

表 6 - 10　　　　　　　　　技术效率检验值

地区和省份		2010 年	2011 年	2012 年	2013 年	2014 年	2015 年	2016 年	2017 年	2018 年	2019 年
华北	北京	0.3604	0.3730	0.3855	0.3981	0.4106	0.4230	0.4354	0.4477	0.4599	0.4721
	天津	0.3105	0.3230	0.3354	0.3480	0.3605	0.3731	0.3856	0.3982	0.4107	0.4231
	河北	0.6062	0.6164	0.6265	0.6364	0.6461	0.6556	0.6650	0.6741	0.6831	—
	山西	0.3656	0.3782	0.3907	0.4032	0.4157	0.4281	0.4405	0.4528	0.4650	0.4771
	内蒙古	0.2944	0.3068	0.3192	0.3316	0.3441	0.3567	0.3692	0.3818	0.3943	—
东北	辽宁	0.4281	0.4404	0.4527	0.4649	0.4770	0.4890	0.5009	0.5126	0.5243	0.5358
	吉林	0.2487	0.2606	0.2726	0.2847	0.2970	0.3094	0.3218	0.3343	0.3468	0.3593
	黑龙江	0.3041	0.3165	0.3290	0.3415	0.3540	0.3666	0.3791	0.3917	0.4042	—
华东	上海	0.5276	0.5391	0.5504	0.5615	0.5725	0.5833	0.5939	0.6044	0.6147	—
	江苏	0.8005	0.8065	0.8123	0.8180	0.8235	0.8289	0.8341	0.8392	0.8441	0.8489
	浙江	0.9276	0.9299	0.9322	0.9344	0.9365	0.9385	0.9405	0.9424	0.9443	0.9461
	安徽	0.4874	0.4993	0.5110	0.5227	0.5342	0.5455	0.5567	0.5678	0.5787	—
	福建	0.4105	0.4229	0.4353	0.4476	0.4599	0.4720	0.4840	0.4960	0.5078	0.5195
	江西	0.3263	0.3388	0.3514	0.3639	0.3765	0.3890	0.4015	0.4140	0.4265	0.4388
	山东	0.6880	0.6967	0.7052	0.7135	0.7216	0.7295	0.7373	0.7449	0.7523	0.7595
华中	河南	0.6004	0.6108	0.6210	0.6310	0.6408	0.6504	0.6599	0.6691	0.6782	—
	湖北	0.3221	0.3345	0.3471	0.3596	0.3722	0.3847	0.3972	0.4097	0.4222	0.4346
	湖南	0.2792	0.2914	0.3037	0.3161	—	0.3411	0.3536	0.3662	0.3787	—
华南	广东	0.9270	0.9294	0.9317	0.9339	0.9360	0.9381	0.9401	0.9420	0.9439	0.9457
	广西	0.2737	0.2859	0.2982	0.3105	0.3230	0.3354	0.3480	0.3605	0.3731	
	海南	0.1691	0.1795	0.1901	0.2015	0.2121	0.2235	0.2350	0.2467	—	0.2706
西南	重庆	0.1968	0.2079	0.2191	0.2306	0.2422	0.2540	0.2660	0.2781	0.2903	0.3026
	四川	0.2904	0.3027	0.3151	0.3276	0.3401	0.3526	0.3651	0.3777	0.3902	—
	贵州	0.3152	0.3276	0.3401	0.3526	0.3652	0.3778	0.3903	0.4028	0.4153	—
	云南	0.2223	0.2338	0.2454	—	0.2693	0.2814	0.2936	0.3060	0.3184	0.3308

续表

地区和省份		2010 年	2011 年	2012 年	2013 年	2014 年	2015 年	2016 年	2017 年	2018 年	2019 年
西北	陕西	0.2463	0.2582	0.2702	0.2823	0.2946	0.3069	0.3193	0.3318	0.3443	0.3569
	甘肃	0.2142	0.2255	0.2371	0.2488	0.2607	0.2727	0.2849	0.2972	0.3095	—
	青海	0.1134	0.1220	0.1309	0.1401	0.1497	0.1596	0.1697	0.1801	0.1908	0.2017
	宁夏	0.2104	0.2217	0.2332	0.2449	0.2568	0.2687	0.2809	0.2931	0.3054	—
	新疆	0.1549	0.1649	0.1752	0.1857	0.1965	0.2075	0.2188	0.2302	0.2419	0.2537
年平均值		0.3874	0.3981	0.4089	0.4253	0.4341	0.4414	0.4523	0.4631	0.4813	0.4931

6.3.2 技术效率比较

在分析时期内（2010～2019 年），从各省份在各个时期的技术效率平均值变化情况，能够对技术效率的总体变化趋势作出大致的分析。技术效率的平均值从 2010 年基期的 0.3874 增长到 2019 年的 0.4931，绝对增长值为 0.1057，增幅为 27.28%。增长趋势表现为持续展开，前期速度较慢，后期呈大幅增长态势。总体来看，生产以递增的速度接近随机前沿面，并且在远离随机前沿面的位置进行，即使到 2019 年最后一期，生产也远离随机前沿面超出一半的距离。

为比较各个省份的技术效率差异情况，通过对各个时期各省份的技术效率求取平均值，计算结果表明各省份之间的生产技术效率差异很大，具体情况如图 6 - 5 所示。其中技术效率平均值最高的省份是浙江，达 0.9372；技术效率平均值最低的省份是青海，为 0.1558。从区域来看，华北地区的技术效率平均值为 0.4390，东北地区的技术效率平均值为 0.3801，华东地区的技术效率平均值为 0.6345，华中地区的技术效率平均值为 0.4491，华南地区的技术效率平均值为 0.4914，西南地区的技术效率平均值为 0.3080，西北地区的技术效率平均值为 0.2356。就技术效率代表的生产力而言，显然东部沿海地区最高，其次为中部内陆地区，西部地区最低。

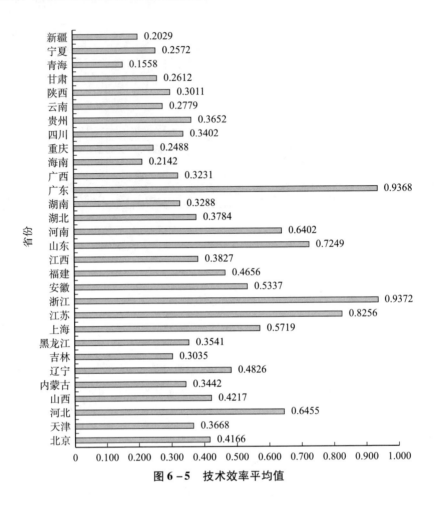

图 6-5 技术效率平均值

　　就具体的技术效率平均值的数值而言，一类是技术效率水平很高的省份，其数值在 0.8 以上，这些省份由高到低排列有浙江、广东、江苏；一类是技术效率水平较高的省份，其数值在 0.6 以上，这些省份包括河北、山东、河南；一类是技术效率水平一般的省份，其数值在 0.5 以上，这些省区包括上海、安徽；一类是技术效率水平较低的省份，其数值在 0.4 以上，这些省份包括北京、山西、辽宁、福建；一类是技术效率水平很低的省份，其数值在 0.3 以上，这些省份包括天津、内蒙古、吉林、黑龙江、江西、湖北、广西、四川、贵州、陕西；一类是技术效率水平极低的省份，其数值均在 0.3 以下，这些省份由高到低排列依次为云南、甘肃、宁夏、重庆、海南、新疆、青海。

电力、热力为二次能源，依靠水力、化石能源、核能等转化而来，值得注意的是，技术效率数值代表生产力发展水平，不少能源资源禀赋较高的省份，其能源生产力较低。如一些化石能源资源丰富的省份，包括陕西、黑龙江、内蒙古、新疆的技术效率很低，水力资源丰富的四川、云南技术效率也很低。浙江、江苏、广东代表了能源生产力最高水平，且均为能源资源禀赋很低的省份。这展示了当前时期，我国能源生产力和能源禀赋的区域间不平衡状态。

从逐年的增长额数值情况来看，各省份的技术效率数值以几乎均匀的速率缓慢增加。多数省份的逐年绝对增长额在 0.01 以上，江苏、浙江、山东、广东、宁夏等省份的绝对增长额在部分时期小于 0.01，其中浙江的年度增长数值最小，初期数值为 0.0023，以后各期数值逐渐减小，2017 ~ 2018 年为 0.0019（见表 6 - 11）。

表 6 - 11 技术效率逐年变化情况

省份	逐年技术效率绝对增长额									总体变化情况	
	2010 ~ 2011 年	2011 ~ 2012 年	2012 ~ 2013 年	2013 ~ 2014 年	2014 ~ 2015 年	2015 ~ 2016 年	2016 ~ 2017 年	2017 ~ 2018 年	2018 ~ 2019 年	2010 ~ 2017 年	增幅（%）
北京	0.0126	0.0125	0.0126	0.0125	0.0124	0.0124	0.0123	0.0122	0.4599	0.0873	24.22
天津	0.0125	0.0124	0.0126	0.0125	0.0126	0.0125	0.0126	0.0125	0.4106	0.0877	28.24
河北	0.0102	0.0101	0.0099	0.0097	0.0095	0.0094	0.0091	0.0090	—	0.0679	11.20
山西	0.0126	0.0125	0.0125	0.0125	0.0124	0.0124	0.0123	0.0122	0.4649	0.0872	23.85
内蒙古	0.0124	0.0124	0.0124	0.0125	0.0126	0.0125	0.0126	0.0125	—	0.0874	29.69
辽宁	0.0123	0.0123	0.0122	0.0121	0.0120	0.0119	0.0117	0.0117	0.5241	0.0845	19.74
吉林	0.0119	0.0120	0.0121	0.0123	0.0124	0.0124	0.0125	0.0125	0.3468	0.0856	34.42
黑龙江	0.0124	0.0125	0.0125	0.0125	0.0126	0.0125	0.0126	0.0125	—	0.0876	28.81
上海	0.0115	0.0113	0.0111	0.0110	0.0108	0.0106	0.0105	0.0103	—	0.0768	14.56
江苏	0.0060	0.0058	0.0057	0.0055	0.0054	0.0052	0.0051	0.0049	0.8440	0.0387	4.83
浙江	0.0023	0.0023	0.0022	0.0021	0.0020	0.0020	0.0019	0.0019	0.9442	0.0148	1.60

省份	逐年技术效率绝对增长额									总体变化情况	
	2010～2011年	2011～2012年	2012～2013年	2013～2014年	2014～2015年	2015～2016年	2016～2017年	2017～2018年	2018～2019年	2010～2017年	增幅（%）
安徽	0.0119	0.0117	0.0117	0.0115	0.0113	0.0112	0.0111	0.0109	—	0.0804	16.50
福建	0.0124	0.0124	0.0123	0.0123	0.0121	0.0120	0.0120	0.0118	0.5077	0.0855	20.83
江西	0.0125	0.0126	0.0125	0.0126	0.0125	0.0125	0.0125	0.0125	0.4263	0.0877	26.88
山东	0.0087	0.0085	0.0083	0.0081	0.0079	0.0078	0.0076	0.0074	0.7521	0.0569	8.27
河南	0.0104	0.0102	0.0100	0.0098	0.0096	0.0095	0.0092	0.0091	—	0.0687	11.44
湖北	0.0124	0.0126	0.0125	0.0126	0.0125	0.0125	0.0125	0.0125	0.4221	0.0876	27.20
湖南	0.0122	0.0123	0.0124	—		0.0125	0.0126	0.0125		0.087	31.16
广东	0.0024	0.0023	0.0022	0.0021	0.0021	0.0020	0.0019	0.0019	0.9438	0.0150	1.62
广西	0.0122	0.0123	0.0123	0.0125	0.0124	0.0126	0.0125	0.0126		0.0868	31.71
海南	0.0104	0.0106	0.0109	0.0111	0.0114	0.0115	0.0117	—	—	0.0776	45.89
重庆	0.0111	0.0112	0.0115	0.0116	0.0118	0.012	0.0121	0.0122	—	0.0813	41.31
四川	0.0123	0.0124	0.0125	0.0125	0.0125	0.0125	0.0126	0.0125		0.0873	30.06
贵州	0.0124	0.0125	0.0125	0.0126	0.0126	0.0125	0.0125	0.0125		0.0876	27.79
云南	0.0115	0.0116	—	—	0.0121	0.0122	0.0124	0.0124	0.3184	0.0837	37.65
陕西	0.0119	0.0120	0.0121	0.0123	0.0123	0.0124	0.0125	0.0125	0.3444	0.0855	34.71
甘肃	0.0113	0.0116	0.0117	0.0119	0.0120	0.0122	0.0123	0.0123		0.083	38.75
青海	0.0086	0.0089	0.0092	0.0096	0.0099	0.0101	0.0104	0.0107	0.1910	0.0667	58.82
宁夏	0.0113	0.0115	0.0117	0.0119	0.0119	0.0122	0.0122	0.0123	—	0.0827	39.31
新疆	0.0100	0.0103	0.0105	0.0108	0.0110	0.0113	0.0114	0.0117	0.2420	0.0753	48.61

从总体变化情况来看，2010～2017年技术效率绝对增长额多数省份超过了0.08，天津、江西为最大的数值（0.0877），广东的数值最小为0.0150。涨幅最大的省份是青海，达58.82%，浙江的涨幅最小为1.60%。从涨幅变化来看，一类是涨幅很大的省份，其涨幅均超过30%，这些省份

包括吉林、湖南、广西、海南、重庆、四川、云南、陕西、甘肃、青海、宁夏、新疆;一类是涨幅较大的省份,其涨幅范围在10% ~30%之间,这些省份包括北京、天津、山西、内蒙古、辽宁、黑龙江、上海、安徽、福建、河南、湖北、贵州;一类是涨幅很小的省份,其涨幅均在10%以下,这些省份包括江苏、浙江、山东、广东。

技术效率总体改善,表明资源利用效率提高,总体的生产力增长。在初期技术效率数值较小的省份,如重庆、青海、新疆、内蒙古、甘肃、青海、宁夏、新疆等,其技术效率改善幅度较大,但是就整个分析时期而言,这些省份的生产仍远离随机前沿生产面,表明资源的利用状况还有很大的改善空间。江苏、浙江、山东、广东等省份在初期的技术效率数值不低,其技术效率改善幅度尽管较小,但就整个分析时期而言,其生产非常接近随机前沿生产面,表明资源利用效率状况较好,代表了产业生产力的最高水平。

6.3.3　生产效率变化的三重分解分析

根据 SFA 模型的参数估计结果、各行业各年度的技术效率值,以及时间 t、资金变量 $\ln K_{it}$、劳动力变量 $\ln L_{it}$ 的各年度具体数值(见附表2),运用相关公式,从而得到2010 ~2019 年各省份逐年的电力、热力的生产和供应业的全要素生产率变化的三重分解计量结果(见表 A5 -2)。

6.3.3.1　投入—产出效率静态分解分析

在分析时期内(2010 ~2019 年),绝大多数省份的规模弹性维持相对稳定的状态,呈现微弱的轻微震荡变化,少数省份的规模弹性有轻微减小,各省份规模弹性分布在0.4 ~0.9 之间,数值表明在所有年度各省份规模经济特征为较小的规模报酬递减。对分析期内各省份的规模弹性取平均值(见图6 -6),海南的生产规模弹性平均值最高,数值为0.8530,表现为微小的规模报酬递减;广东的规模弹性平均值最小,数值为0.4505,表现为较大规模报酬递减趋势。

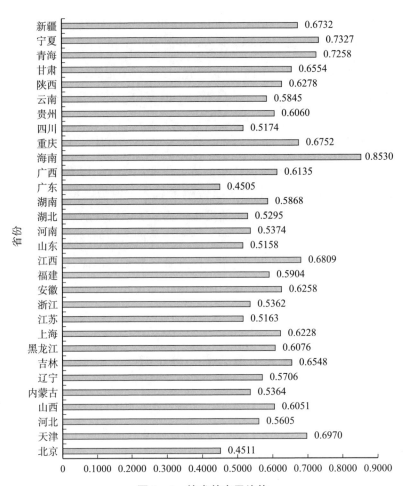

图 6-6 技术效率平均值

从区域来看，华北地区的规模弹性的平均值①为 0.5700，东北地区的规模弹性的平均值为 0.6110，华东地区的规模弹性的平均值为 0.5840，华中地区的规模弹性的平均值为 0.5512，华南地区的规模弹性平均值为 0.6390，西南地区的规模弹性的平均值为 0.5958，西北地区的规模弹性平均值为 0.6830。华南地区包括广东、广西、海南，由于海南的规模弹性平均值很高，从而拉高了区域的平均值。就全局来看，西部地区的规模弹性

① 这一数值是对华北的北京、天津、河北、山西、内蒙古等省份的规模弹性平均值再求取平均值，其他区域亦然。

平均值高于东部地区，经济发展较落后的省份的规模弹性平均值高于经济发达省份。

以下选取代表性省份，对规模弹性各省份的变化情况（见表 A5 – 1）作具体分析。

（1）北京。

在整个分析时期内，规模弹性基本保持稳定状态，规模弹性数值有轻微增加，2010 年为 0.4040，2019 年为 0.4872，平均值为 0.6051。关于资金投入的偏生产弹性数值在分析时期内呈持续微小幅度增加，从 2010 年的 0.1789 增加到 2019 年的 0.4191。关于劳动力投入的偏生产弹性数值较小且持续轻微减小，2010 年为 0.2251，到 2019 年减小为 0.0681。数值反映，资金投入效率稳定，其效应轻微提高。劳动力投入效率逐渐变小，对规模弹性数值的影响作用日渐变小。总体的投入—产出效率维持较小的规模报酬递减。

（2）山西。

在整个分析时期内，规模弹性基本保持稳定状态，规模弹性数值有轻微震荡增加，2010 年为 0.5759，到 2019 年为 0.6311，平均值为 0.6988。关于资金投入的偏生产弹性在分析时期内持续小幅增加，从 2010 年的 0.3773 增加到 2019 年的 0.5794。关于劳动力投入的偏生产弹性数值较小且持续小幅减小，2010 年为 0.1986，到 2019 年减小为 0.0571。资金投入效率持续增高，对规模弹性起到了显著的拉动作用。劳动力投入效率则持续降低，对规模弹性数值的影响作用日渐变小。总体的投入—产出效率维持较小的规模报酬递减。

（3）黑龙江。

在整个分析时期内，规模弹性基本保持稳定状态，规模弹性数值有轻微震荡增加，2010 年为 0.5786，到 2018 年为 0.6318，平均值为 0.6076。关于资金投入的偏生产弹性在分析时期内持续小幅增加，从 2010 年的 0.3972 增加到 2018 年的 0.5779。关于劳动力投入的偏生产弹性数值较小且持续小幅减小，2010 年为 0.1814，到 2018 年减小到 0.0539。资金投入效率持续增高，对规模弹性起到了显著的拉动作用。劳动力投入效率则持续降低，对规模弹性数值的影响作用日渐变小。总体的投入—产出效率维持较小的规模报酬递减。

（4）上海。

在整个分析时期内，规模弹性基本保持微小幅度稳定增加状态，从2010年的0.5862增加到2018年的0.6699，平均值为0.6228。关于资金投入的偏生产弹性在分析时期内持续小幅增加，从2010年的0.3519增加到2018年的0.5678。关于劳动力投入的偏生产弹性数值持续轻微减小，2010年为0.2343，到2018年为0.1022。资金投入效率持续增高，对规模弹性起到了显著的拉动作用。劳动力投入效率很低，对规模弹性数值的影响作用日渐变小。总体的投入—产出效率维持较小的规模报酬递减。

（5）山东。

在整个分析时期内，规模弹性基本保持微小幅度稳定增加状态，2010年为0.4798，2019年增加到0.5499，平均值为0.5158。关于资金投入的偏生产弹性在分析时期内持续以较大幅度增加，从2010年的0.2988增加到2019年的0.5158。关于劳动力投入的偏生产弹性数值持续减小，从2010年的0.1810减小到2019年的0.0341。资金投入效率持续增高，对规模弹性起到了显著的拉动作用。劳动力投入效率则持续降低，起到了拉低规模弹性数值的作用。总体的投入—产出效率维持较小的规模报酬递减。

（6）广东。

在整个分析时期内，规模弹性保持微小幅度稳定增加状态，2010年为0.4364，2019年为0.4880，平均值为0.4505。关于资金投入的偏生产弹性在分析时期内持续以较大幅度增加，从2010年的0.2427增加到2019年的0.4546。关于劳动力投入的偏生产弹性数值持续减小，2010年为0.1937，到2019年减小为0.0334。资金投入效率持续增高，对规模弹性起到了显著的拉动作用。劳动力投入效率则持续降低，起到了拉低规模弹性数值的作用。总体的投入—产出效率维持较小的规模报酬递减。

（7）四川。

在整个分析时期内，规模弹性基本保持稳定状态，规模弹性数值有极轻微震荡变化，2010年为0.5158，2016年为最大的0.5316，2018年为0.5080，平均值为0.5174。关于资金投入的偏生产弹性在分析时期内持续小幅增加，从2010年的0.3188增加到2018年的0.4597。关于劳动力投入的偏生产弹性数值持续减小，2011 年为 0. 1970，2018 年为 0. 0482。资金投入效率持续增高，对规模弹性起到了拉动作用。劳动力投入效率则持续降低，起到了显著拉低规模弹性数值的作用。总体的投入—产出效率维持较小的规模报酬递减。

（8）陕西。

在整个分析时期内，规模弹性基本保持稳定状态，规模弹性数值有轻微震荡变化，2010 年为 0. 6107，2014 年达到最大值 0. 6442，2019 年为 0. 6454，平均值为 0. 6278。关于资金投入的偏生产弹性在分析时期内持续增加，从 2010 年的 0. 4132 增加到 2019 年的 0. 5977。关于劳动力投入的偏生产弹性数值持续减小，从 2010 年的 0. 1975 减小到 2019 年的 0. 0478。资金投入效率持续增高，对规模弹性起到了显著的拉动作用。劳动力投入效率则持续降低，起到了拉低规模弹性数值的作用。总体的投入—产出效率维持较小的规模报酬递减。

（9）新疆。

在整个分析时期内，规模弹性数值呈轻微减小趋势，从 2010 年的 0. 6944 减小到 2019 年的 0. 6273，平均值为 0. 6732。关于资金投入的偏生产弹性在分析时期内持续增加，从 2010 年的 0. 4850 增加到 2019 年的 0. 5728。关于劳动力投入的偏生产弹性数值持续减小，从 2010 年的 0. 2094 减小到 2019 年的 0. 0545。关于劳动力投入的偏生产弹性数值减小速度快于关于资金投入的偏生产弹性的增长速度，造成规模弹性数值变化趋于稳定。资金投入效率持续增高，对规模弹性起到了拉动作用。劳动力投入效率则持续降低，起到了显著拉低规模弹性数值的作用。总体的投入—产出效率维持较小的规模报酬递减。

就全局来看各省份的情况，在规模弹性构成中，关于资金投入的偏生产弹性的权重大于关于劳动力投入的偏生产弹性，前者在分析时期内持续增加，后者则持续减小，两者的变化速度决定了规模弹性数值的变化情况。各省份的规模弹性数值比较稳定，大多数省份呈微小增加趋势，个别省份则呈极微小的减小趋势，规模弹性均为规模报酬递减。

6. 3. 3. 2 效率变化动态分解分析

对各省份 2010 ~ 2019 年间的电力、热力的生产和供应业生产率变化，做逐年三重效率分解（见表 A5 - 2），对全要素生产变化做历年累积处理，由此可以明确地分析在整个分析时期内，以 2010 年为基期得出以后各年对比 2010 年的全要素生产率变化情况（见表 A5 - 3）。数据分析的主要结论为：

（1）在整个分析时期内，各省份的劳动生产率整体呈微小增长趋势，部分省份有轻微震荡（如黑龙江），个别省份（如安徽）在前期有微小减小到后期开始增长，省际之间的生产率变化差异不大。

从各省份的生产率变化的平均值来看，2018 年对比 2010 年的全要素生产率总体增长了约 1.54 倍。从具体的各省份数据来看，增长最大的省份是湖北，2019 年对比 2010 年为 2.2943 倍，青海的增长也很多，2019 年对比 2010 年为 2.2739 倍，增长最小的省份是安徽，2017 年对比 2011 年为 1.1433 倍。

从具体的变化增长数值来看，大致可以分为三类情况，一类是在分析时期内生产率有一定幅度增加的省份，这些省份的 2018 年的全要素生产率对比 2010 年增长的倍数均在 1.6 倍以上，包括北京、内蒙古、上海、湖北、海南、重庆、贵州、青海；一类是在分析时期内生产率有微小增加的省份，多数省份为此种情况，这些省份的 2018 年的全要素生产率对比 2010 年增长的倍数均在 1.2 ~ 1.6 之间，包括天津、河北、山西、辽宁、吉林、黑龙江、江苏、浙江、福建、江西、山东、河南、广东、广西、四川、陕西、甘肃、宁夏、新疆；一类是在分析时期内生产率基本没有变化的省份，这些省份的 2018 年的全要素生产率对比 2010 年增长的倍数在 1.0 ~ 1.2 之间，包括安徽、湖南、云南。

（2）在整个分析时期内，所有省份的技术效率变化对生产率的提高起微小的促进作用，技术进步也起到微小的促进作用，技术进步对生产率改善所起作用的权重略微高于技术效率变化，物质投入要素变化（规模变化）在绝大多数时期对生产率的提高起阻碍作用。

为能够比较清晰地了解各效率分解因子对全要素生产率的贡献情况，对各省份在分析期间内各年度的生产率分解变化求取平均值（见表 6 - 12）。从整体情况来看，各省份总的全要素生产率变化的平均值为 1.0658，技术效率变化的年平均值约为 1.0327，技术进步变化的年平均值约为 1.0536，规模变化指数的年平均值约为 0.9692。数值清晰地表明了各效率影响因子对全要素生产率变化的贡献权重。技术效率变化的平均值大于 1，技术进步变化的平均值大于 1，规模变化的平均值小于 1，综合作用的结果使得全要素生产率的平均值略大于 1，这表明总体的生产率微弱增长。

表 6 - 12　　　　　2010 ~ 2017 年各省份生产率分解变化的平均值

省份	TFPC	TEC	TC	SEC	省份	TFPC	TEC	TC	SEC
北京	1.1174	1.0305	1.1129	0.9741	天津	1.0502	1.0350	1.0458	0.9701
河北	1.0393	1.0150	1.0533	0.9721	山西	1.0527	1.0300	1.0495	0.9736
内蒙古	1.0633	1.0372	1.0707	0.9574	辽宁	1.3937	1.0252	1.0521	0.9770
吉林	1.0431	1.0417	1.0316	0.9707	黑龙江	1.0495	1.0362	1.0370	0.9766
上海	1.0889	1.0193	1.0801	0.9891	江苏	1.0467	1.0065	1.0735	0.9686
浙江	1.0413	1.0022	1.0697	0.9711	安徽	1.0181	1.0217	1.0486	0.9504
福建	1.0415	1.0265	1.0519	0.9643	江西	1.0412	1.0335	1.0280	0.9798
山东	1.0407	1.0110	1.0579	0.9729	河南	1.0552	1.0153	1.0564	0.9840
湖北	1.0993	1.0339	1.0688	0.9950	湖南	1.0633	1.0388	1.0504	0.9745
广东	1.0409	1.0022	1.0814	0.9607	广西	1.0504	1.0395	1.0452	0.9669
海南	1.0708	1.0554	1.0179	0.9965	重庆	1.0611	1.0490	1.0411	0.9715
四川	1.0402	1.0377	1.0666	0.9397	贵州	1.0614	1.0351	1.0559	0.9712
云南	1.0256	1.0445	1.0575	0.9286	陕西	1.0514	1.0421	1.0415	0.9687
甘肃	1.0475	1.0471	1.0399	0.9619	青海	1.0968	1.0661	1.0512	0.9784
宁夏	1.0489	1.0477	1.0354	0.9668	新疆	1.0331	1.0564	1.0374	0.9424
平均值	1.0658	1.0327	1.0536	0.9692					

从代表性省份来看，天津技术效率变化各年度保持稳定，数值维持在 1.03 ~ 1.04 之间。技术进步有轻微的震荡减小趋势，技术进步从 2010 ~ 2011 年度的 1.0692 下降到 2018 ~ 2019 年度的 1.0224。规模变化有轻微震荡变化，数值均小于 1，变化幅度在 0.95 ~ 1.004 之间。综合作用的结果使全要素生产率变化呈微小减小趋势，从 2010 ~ 2011 年度的 1.1037 减小到 2018 ~ 2019 年度的 1.0097。2019 年对比 2011 年全要素生产率增大了 1.5473 倍。

山西的技术效率变化数值保持轻微震荡减小的趋势，从 2010 ~ 2011 年度的 1.0345 减小到 2018 ~ 2019 年度的 1.0260。技术进步有轻微减小的趋势，从 2010 ~ 2011 年度的 1.0736 下降到 2018 ~ 2019 年度的 1.0245。规模变化在 0.95 ~ 1.02 之间轻微震荡，2015 ~ 2016 年度为最大的 1.0186，2018 ~ 2019 年度数值为 0.9618。综合作用的结果使全要素生产率变化的数值在大部分时期保持在 1.01 以上，2016 ~ 2017 年度略微小于 1。2019 年对比 2010 年全要素生产率增大了 1.5783 倍。

内蒙古的技术效率变化数值保持稳定，在各年度维持在 1.03 ~ 1.05 之间。技术进步也保持稳定，各年度数值在 1.04 ~ 1.1 之间震荡变化。规模变化呈轻微减小趋势，2010 ~ 2011 年度为 1.0071，2017 ~ 2018 年度为 0.9474。综合作用的结果使全要素生产率变化的数值在略超 1.0 上震荡变化，2010 ~ 2011 年度为最大值 1.1497。计算可得 2018 年对比 2010 年全要素生产率增大了 1.6247 倍。

黑龙江的技术效率变化数值呈轻微减小趋势，2010 ~ 2011 年度为 1.0408，2017 ~ 2018 年度为 1.0319。技术进步持续微弱减小，技术进步从 2010 ~ 2011 年度的 1.0581 下降到 2017 ~ 2018 年度的 1.0157。规模变化数值在 1.0 左右震荡，且大部分时期小于 1，2013 ~ 2014 年度为最小值 0.8385，2014 ~ 2015 年度为最大值 1.0470。综合作用的结果使全要素生产率变化的数值呈轻微震荡变化，绝大部分年度的数值超 1.0，只有 2013 ~ 2014 年度为 0.9008。2018 年对比 2010 年全要素生产率增大了 1.4463 倍。

上海的技术效率变化数值呈轻微减小趋势，2010 ~ 2011 年度为 1.0218，2017 ~ 2018 年度为 1.0170。技术进步持续微弱减小，从 2010 ~ 2011 年度的 1.1063 下降到 2017 ~ 2018 年度的 1.0494。规模变化也呈轻微的震荡变化趋势，2010 ~ 2011 年度为 0.9954，2015 ~ 2016 年度为最大的 1.0211，2017 ~ 2018 年度为 0.9880。综合作用的结果使全要素生产率变化的数值保持在略超 1.0 上震荡变化，2014 ~ 2015 年度为最大值 1.1162。2018 年对比 2010 年全要素生产率增大了 1.9708 倍。

山东的技术效率变化数值呈轻微减小趋势，从 2010 ~ 2011 年度的 1.0126 减小到 2018 ~ 2019 年度的 1.0096。技术进步持续微弱减小，技术进步从 2010 ~ 2011 年度的 1.0881 下降到 2018 ~ 2019 年度的 1.0309。规模变化数值在绝大多数年度在 0.93 ~ 1.03 之间震荡变化，在 2015 ~ 2016 年为最大值 1.0289。综合作用的结果使全要素生产率变化的数值在略微大于 1 上震荡变化，在 2015 ~ 2016 年为最大值 1.0916。2019 年对比 2010 年全要素生产率增大了 1. 4239 倍。

湖北的技术效率变化数值呈轻微减小趋势,从 2010 ~ 2011 年度的 1. 0385 减小到 2018 ~ 2019 年度的 1. 0294。技术进步持续微弱减小,技术进步从 2010 ~ 2011 年度的 1. 1059 下降到 2018 ~ 2019 年度的 1. 0274。规模变化数值在绝大多数年度在 0. 95 ~ 1. 20 之间震荡变化,多数时期的数值小于 1,2010 ~ 2011 年度为 0. 9861,2018 ~ 2019 年度为 0. 9787,在 2014 ~ 2015 年为最大值 1. 0726。综合作用的结果使全要素生产率变化的数值在所有年度略大于 1,2014 ~ 2015 年度为最大 1. 3000。2019 年对比 2010 年全要素生产率增大了 2. 2943 倍。

广东的技术效率变化数值基本保持稳定,在 1. 001 ~ 1. 003 之间震荡变化。技术进步持续微弱减小,从 2010 ~ 2011 年度的 1. 1153 减小到 2018 ~ 2019 年度的 1. 0476。规模变化的数值在多数年度小于 1,在 0. 85 ~ 1. 02 之间震荡变化。综合作用的结果使全要素生产率变化的数值在 0. 95 ~ 1. 12 之间震荡变化,2015 ~ 2016 年度为最大值 1. 0854。2019 年对比 2010 年全要素生产率增大了 1. 4216 倍。

重庆的技术效率变化数值呈轻微减小趋势,从 2010 ~ 2011 年度的 1. 0564 减小到 2018 ~ 2019 年度的 1. 0424。技术进步持续微弱减小,技术进步从 2010 ~ 2011 年度的 1. 0667 下降到 2018 ~ 2019 年度的 1. 0162。规模变化数值在绝大多数时期略小 1 震荡变化,2014 ~ 2015 年度为最大值 1. 0250。综合作用的结果使全要素生产率变化的数值在 1. 01 ~ 1. 12 之间震荡变化。计算可得 2019 年对比 2010 年全要素生产率增大了 1. 6970 倍。

四川的技术效率变化数值呈轻微减小趋势,从 2010 ~ 2011 年度的 1. 0424 减小到 2017 ~ 2018 年度的 1. 0331。技术进步持续微弱减小,技术进步从 2010 ~ 2011 年度的 1. 0890 下降到 2017 ~ 2018 年度的 1. 0430。规模变化数值在各年度均小于 1,在 0. 89 ~ 0. 98 之间震荡变化。综合作用的结果使全要素生产率变化的数值呈轻微震荡减小趋势,2010 ~ 2011 年度为 1. 0740,2017 ~ 2018 年度为 0. 9666,2015 ~ 2016 年度为最大的 1. 0836。2018 年对比 2010 年全要素生产率增大了 1. 3608 倍。

陕西的技术效率变化数值呈轻微减小趋势,从 2010 ~ 2011 年度的 1. 0483 减小到 2018 ~ 2019 年度的 1. 0366。技术进步持续微弱减小,技术进步从 2010~2011 年度的 1.0647 下降到 2018~2019 年度的 1.0170。规模变化数值在 0.87~1.01 之间震荡变化，2015~2016 年度为最大值 1.0154。综合作用的结果使全要素生产率变化的数值在绝大多数年度在 1.00~1.11 之间震荡变化，2014~2015 年度跳跃减小为 0.9536。2019 年对比 2010 年全要素生产率增长了 1.5552 倍。

新疆的技术效率变化数值轻微减小，技术进步从 2010~2011 年度的 1.0646 下降到 2018~2019 年度的 1.0488。技术进步数值轻微减小，技术进步数值从 2010~2011 年度的 1.0511 下降到 2018~2019 年度的 1.0266。规模变化数值在各年度均小于 1，在 0.89~0.99 之间震荡变化。综合作用的结果使全要素生产率变化的数值在绝大多数时期略微大于 1，从 2010~2011 年度的 1.0951 减小到 2018~2019 年度的 0.9646。2019 年对比 2010 年全要素生产率增大了 1.3296 倍。

（3）在分析时期内，各省份的技术效率变化数值基本保持轻微减小趋势，差异较小，技术进步数值为轻微减小趋势，差异也较小，各省份的规模变化数值差异较大。对全要素增长变化的影响，规模变化作用最大，其次是技术进步和技术效率变化。简单计算可得，技术效率变化的差异系数约为 0.0157，技术进步的差异系数约为 0.0244，规模变化的差异系数为 0.0385，数值表明了各影响因子对全要素生产率变化的贡献作用大小。

在分析时期内，各省份的技术效率变化数值在整个分析期内都大于 1，且呈轻微减小趋势。各省份的技术进步数值在整个分析时期内都大于 1，且呈轻微减小趋势。规模变化数值除极少年度大于 1 或略小于 0.9 外，绝大多数时期在 0.9~1.0 之间震荡变化。总体来看，多数时期规模变化（物质投入）对全要素生产率改善起阻碍作用，技术进步和技术效率变化对全要素生产率改善起到促进作用。

6.4　石油加工、炼焦及核燃料加工业效率区际比较分析

西藏没有纳入计量比较，《福建统计年鉴》中缺少行业从业人员数，也没能纳入计量，这里对 29 个省份（港澳台除外）的投入产出数据进行

计量分析。

6.4.1 模型估计

运用 Stata 17 计量软件对式（4.5）使用极大似然估计法，得出参数估计结果（见表 6 – 13）。

表 6 – 13 模型估计结果

变量	参数	估计值	t 比率	参数	估计值	t 比率
常数项	β_0	8.0200 *	7.5980	σ^2	1.1201	1.0831
t	β_t	– 0.3321 *	– 2.9246	γ	0.9584 *	24.7407
$\frac{1}{2}t^2$	β_{tt}	– 0.0135 ***	– 1.5554	μ	– 0.3962	– 0.2716
$\ln K_{it}$	β_k	– 0.5874 ***	– 1.3568	η	0.1045 *	6.2710
$\ln L_{it}$	β_l	1.0689 **	2.5183	似然函数对数值（LLF）	37.8166	
$\frac{1}{2}(\ln K_{it})^2$	β_{kk}	0.1039	1.0903	单边偏误似然比（LR）检验值	228.8710	
$\frac{1}{2}(\ln L_{it})^2$	β_{ll}	0.0310	0.3911			
$\ln K_{it}\ln L_{it}$	β_{kl}	– 0.0638	– 0.8078		—	
$t\ln K_{it}$	β_{kt}	0.0839 *	4.4861			
$t\ln L_{it}$	β_{lt}	– 0.0940 *	– 7.0728			

注：*、**、*** 分别表示 1%、5%、10% 的显著性水平下显著。

从检验结果来看，多数变量在 5% 的置信水平下显著，单边偏误似然比（LR）符合混合卡方分布。其中与时间变量 t 相关项估计值的显著性水平较高，表明时间变量对劳动生产率的影响作用较大，生产技术随时间变化的改进作用明显。与劳动力投入 L_{it} 相关项估计值的显著性水平较高，但是与资本投入 K_{it} 相关项估计值显著性水平较低，这反映资金投入上的粗放型增长特征，资金投入利用效率低。γ 是前沿函数的技术无效率项在随机变量总方差中所占比例，$\gamma = 0.9584$，并且在 1% 的置信水平下显著不等于零，这表明前沿生产函数的误差主要源于无效率项 u_{it}，即在统计时期内能源产业存在普遍的技术无效率，从 2010~2017 年对能源产业使用随机前沿分析是必要的。η 的估计值为 0.1045，并且在 1% 的水平下显著，数值表明在分析时期内我国能源产业的技术效率水平值，以递增速度呈不断增长的趋势。

技术效率 TE_{it} 的检验值如表 6-14 所示，由于统计数据缺省，从而造成部分省（自治区）在某些年份没有技术效率检验值结果，但是对较长期间的比较分析而言，缺省部分检验值影响有限。

表 6-14　　　　　　　　　　技术效率检验值

地区和省份		2010 年	2011 年	2012 年	2013 年	2014 年	2015 年	2016 年	2017 年
华北	北京	—	—	0.5600	0.5928	0.6241	0.6537	0.6817	0.7079
	天津	—	0.4048	0.4426	0.4797	0.5158	0.5507	0.5841	0.6160
	河北	—	—	—	—	0.6014	0.6320	0.6610	—
	山西	0.1567	0.1883	0.2221	0.2578	0.2948	0.3327	0.3710	0.4093
	内蒙古	0.0891	0.1132	0.1404	0.1706	0.2032	0.2380	0.2744	0.3119
东北	辽宁	—	0.8755	0.8868	0.8973	0.9068	0.9155	0.9234	0.9306
	吉林	—	0.1351	0.1647	0.1969	0.2313	0.2674	0.3047	0.3427
	黑龙江	0.3869	0.4249	0.4624	0.4990	0.5345	0.5687	0.6013	0.6323
华东	上海	0.6502	0.6782	0.7046	0.7293	0.7523	0.7737	0.7935	0.8118
	江苏	—	0.7182	0.7418	0.7638	0.7842	0.8031	0.8206	0.8367
	浙江	—	—	—	—	0.8229	0.8386	0.8530	0.8663
	安徽	—	0.3039	0.3418	0.3801	0.4182	0.4559	0.4927	0.5285
	江西	—	—	0.2909	0.3286	0.3668	0.4051	0.4429	0.4801
	山东	0.7657	0.7858	0.8046	0.8218	0.8378	0.8525	0.8659	0.8783
华中	河南	—	—	—	0.5737	0.6059	0.6365	0.6654	0.6926
	湖北	—	0.4753	0.5114	0.5464	0.5799	0.6120	0.6424	0.6711
	湖南	—	—	—	—	—	0.4978	0.5329	

续表

地区和省份		2010 年	2011 年	2012 年	2013 年	2014 年	2015 年	2016 年	2017 年
华南	广东	—	0.9362	0.9422	0.9477	0.9527	0.9572	0.9613	0.9650
	广西	—	0.1777	0.2107	—	0.2824	0.3201	0.3583	0.3966
	海南	—	0.8253	0.8408	—	0.8682	0.8802	0.8913	0.9013
西南	重庆	0.0244	0.0352	0.0491	0.0662	0.0866	0.1104	0.1374	0.1672
	四川	—	0.1605	0.1923	0.2264	0.2622	0.2994	0.3374	0.3757
	贵州	0.0281	0.0400	0.0550	0.0733	0.0950	0.1199	0.1480	—
	云南	—	0.7118	0.9246	—	0.1447	0.1753	0.2083	0.2433
西北	陕西	0.3177	0.3558	0.3941	0.4321	0.4695	0.5060	0.5412	0.5752
	甘肃	0.3306	0.3688	0.4070	0.4448	0.4819	0.5180	0.5528	0.5862
	青海	—	0.0161	0.0242	0.0350	0.0488	0.0658	0.0862	0.1099
	宁夏	—	0.0940	0.1188	0.1467	0.1774	0.2106	0.2457	0.2824
	新疆	0.4050	0.4427	0.4799	0.5160	0.5508	0.5843	0.6162	0.6464
平均值		0.3154	0.3751	0.4032	0.4403	0.4822	0.5097	0.5378	0.5756

6.4.2 技术效率比较

在分析时期内（2010～2017 年），从各省份在各个时期的技术效率平均值变化情况，能够对技术效率的总体变化趋势作出大致的分析。技术效率平均值持续增长，从 2010 年基期的 0.3154 增长到 2017 年的 0.5756，绝对增长值为 0.2602，增幅达 82.50%。增长速度前期较快，后期相对变慢。总体来看，生产以递减的速度接近随机前沿面，并且在远离随机前沿面的位置进行，到 2017 年最后一期生产运行在离随机前沿面略超半程的位置。

为比较各个省份的技术效率差异情况，对各个时期各省份的技术效率求取平均值，计算结果表明各省份之间的生产技术效率差异很大，具体情况如图 6－7 所示。其中技术效率平均值最高的省区是广东，达 0.9518，技术效率平均值最低的省区是青海，为 0.0551。从区域来看，华北地区的技术效率平均值为 0.4506，东北地区的技术效率平均值为 0.5512，华东地区的技术效率平均值为 0.6654，华中地区的技术效率平均值为

0.5757，华南地区的技术效率平均值为0.7035，西南地区的技术效率平均值为0.2077，西北地区的技术效率平均值为0.3355。显然就技术效率代表的生产力而言，东部沿海地区最高，其次为中部内陆地区，西部地区最低。

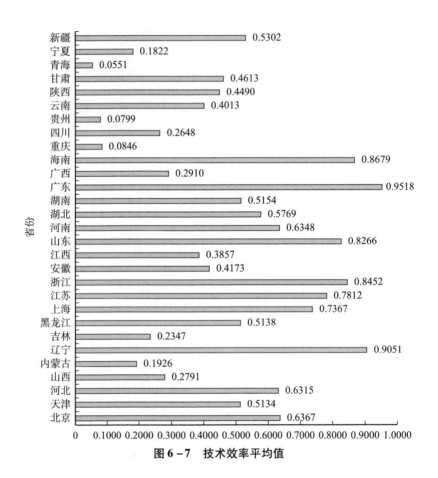

图6-7　技术效率平均值

就具体的技术效率平均值的数值而言，一类是技术效率水平很高的省份，其数值在0.8以上，这些省份由高到低排列为广东、辽宁、海南、浙江、山东；一类是技术效率水平较高的省份，其数值在0.6以上，这些省份包括北京、河北、上海、江苏、河南；一类是技术效率水平一般的省份，其数值在0.5以上，这些省份包括天津、黑龙江、湖北、湖南、新疆；一类是技术效率水平较低的省份，其数值在0.3以上，这些省份包括安徽、

江西、云南、陕西、甘肃；一类是技术效率水平很低的省份，其数值在
0.1 以上，这些省份包括山西、吉林、广西、四川、宁夏；一类是技术效
率水平极低的省份，其数值均在 0.1 以下，这些省份由高到低排列为重庆、
贵州、青海。

　　石油加工、炼焦以化石能源矿物为原材料（石油、煤炭）。油气资源
禀赋丰富省份的产业技术效率的平均值较高，如河北（0.6315）、山东
（0.8266）、辽宁（0.9051）、广东（0.9518）、新疆（0.5302），广东和辽
宁代表了产业生产力的最高水平。煤炭资源禀赋丰富省份的产业技术效率
的平均值则较低，如山西（0.2791）、内蒙古（0.1926）。值得注意是油气
资源大省黑龙江的产业技术效率的平均值仅为 0.5138，长三角地区产业技
术效率的平均值也较高，上海（0.7367）、江苏（0.7812）、浙江
（0.8452）的数值均在 0.7 以上。[①]

　　为比较各省份的技术效率历年变化情况，剔除缺省值，从而获得 2011 ~
2017 年连续的技术效率变化情况，具体情况如表 6 – 15 所示。

表 6 – 15　　　　　　　　　　技术效率逐年变化情况

省份	逐年技术效率绝对增长额						总体变化情况	
	2011 ~ 2012 年	2012 ~ 2013 年	2013 ~ 2014 年	2014 ~ 2015 年	2015 ~ 2016 年	2016 ~ 2017 年	2011 ~ 2017 年	增幅 （%）
天津	0.0378	0.0371	0.0361	0.0349	0.0334	0.0319	0.2112	52.17
山西	0.0338	0.0357	0.0370	0.0379	0.0383	0.0383	0.2210	117.37
内蒙古	0.0272	0.0302	0.0326	0.0348	0.0364	0.0375	0.1987	175.53
辽宁	0.0113	0.0105	0.0095	0.0087	0.0079	0.0072	0.0551	6.29
吉林	0.0296	0.0322	0.0344	0.0361	0.0373	0.0380	0.2076	153.66
黑龙江	0.0375	0.0366	0.0355	0.0342	0.0326	0.0310	0.2074	48.81
上海	0.0264	0.0247	0.0230	0.0214	0.0198	0.0183	0.1336	19.70
江苏	0.0236	0.0220	0.0204	0.0189	0.0175	0.0161	0.1185	16.50

①　括号内数值为该省份在分析时期内技术效率的平均值。

省份	逐年技术效率绝对增长额						总体变化情况	
	2011 ~ 2012 年	2012 ~ 2013 年	2013 ~ 2014 年	2014 ~ 2015 年	2015 ~ 2016 年	2016 ~ 2017 年	2011 ~ 2017 年	增幅 (%)
安徽	0.0379	0.0383	0.0381	0.0377	0.0368	0.0358	0.2246	73.91
山东	0.0188	0.0172	0.0160	0.0147	0.0134	0.0124	0.0925	11.77
湖北	0.0361	0.0350	0.0335	0.0321	0.0304	0.0287	0.1958	41.20
广东	0.0060	0.0055	0.0050	0.0045	0.0041	0.0037	0.0288	3.08
重庆	0.0139	0.0171	0.0204	0.0238	0.0270	0.0298	0.1320	375.00
四川	0.0318	0.0341	0.0358	0.0372	0.0380	0.0383	0.2152	134.08
陕西	0.0383	0.0380	0.0374	0.0365	0.0352	0.0340	0.2194	61.66
甘肃	0.0382	0.0378	0.0371	0.0361	0.0348	0.0334	0.2174	58.95
青海	0.0081	0.0108	0.0138	0.0170	0.0204	0.0237	0.0938	582.61
宁夏	0.0248	0.0279	0.0307	0.0332	0.0351	0.0367	0.1884	200.43
新疆	0.0372	0.0361	0.0348	0.0335	0.0319	0.0302	0.2037	46.01

从逐年绝对增长额的情况来看，各省份的技术效率数值以比较均匀的速率缓慢增加。多数省份的逐年绝对增长额在 0.03 以上，部分省份的年绝对增长额在 0.02 ~ 0.03 之间。其中吉林和广东的技术效率值的起始值很高，逐年的绝对增长额很小，重庆和青海的技术效率值的起始值很低，逐年的绝对增长额也很小，这体现了省份之间技术效率差异的两极分布。

从总体变化情况来看，有不少省份 2011 ~ 2017 年技术效率绝对增长额超过了 0.2，增长最大的是山西，其数值为 0.2210；涨幅最大的省份是青海，达 582.61%。辽宁的绝对增长额最小，数值为 0.0551，涨幅为 6.29%。从涨幅变化来看，一类是涨幅很大的省份，其涨幅均超过 100%，这些省份包括山西、内蒙古、吉林、重庆、四川、青海、宁夏；一类是涨幅较大的省份，其涨幅范围在 50% 左右，这些省份包括天津、黑龙江、安徽、湖北、陕西、甘肃、新疆；一类是涨幅很小的省份，其涨幅均在 10% ~ 20% 之间，这些省份包括上海、江苏、山东；一类是涨幅很小的省份，其涨幅均在 10% 以下，这些省份包括辽宁、广东。

在分析时期内各省份的技术效率改善趋势明显，表明资源利用效率提高，总体的生产力增长。在初期技术效率数值较小的省份，如山西、内蒙古、重庆、四川、青海，技术效率改善幅度也较大，但是这些省份的生产仍远离随机前沿生产面，表明资源的利用状况还有很大的改善空间。辽宁、广东等省份在初期的技术效率数值较高，尽管技术效率改善幅度较小，但是技术效率数值表明其生产非常接近随机前沿生产面，表明资源利用状况很好，代表了产业生产力的最高水平。

6.4.3 生产效率变化的三重分解分析

根据 SFA 模型的参数估计结果、各行业各年度的技术效率值，以及时间 t、资金变量 $\ln K_{it}$、劳动力变量 $\ln L_{it}$ 的各年度具体数值，运用相关公式，从而得到 2010～2017 年各省份逐年的石油加工、炼焦及核燃料加工业的全要素生产率变化的三重分解计量结果（计量结果见表 A6-1）。

6.4.3.1 投入—产出效率静态分解分析

在分析时期内（2010～2017 年），绝大多数省份的规模弹性维持相对稳定的状态，呈现微弱减小趋势，少数省份的规模弹性有轻微震荡变化，各省份规模弹性分布的极小值为 0.5486，极大值为 0.7418，数值表明在所有年度各省份规模经济特征为规模报酬递减。对分析期内各省份的规模弹性取平均值（见图 6-8），海南的生产规模弹性平均值最高，数值为 0.7024，表现为较小的规模报酬递减；重庆的规模弹性平均值最小，数值为 0.5703，表现为规模报酬递减趋势。

从区域来看，华北地区的规模弹性的平均值[①]为 0.6324，东北地区的规模弹性的平均值为 0.6213，华东地区的规模弹性的平均值为 0.6393，华中地区的规模弹性的平均值为 0.6115，华南地区的规模弹性平均值为 0.6820，

---

① 这一数值是对华北的北京、天津、河北、山西、内蒙古等省份的规模弹性平均值再求取平均值，其他区域亦然。

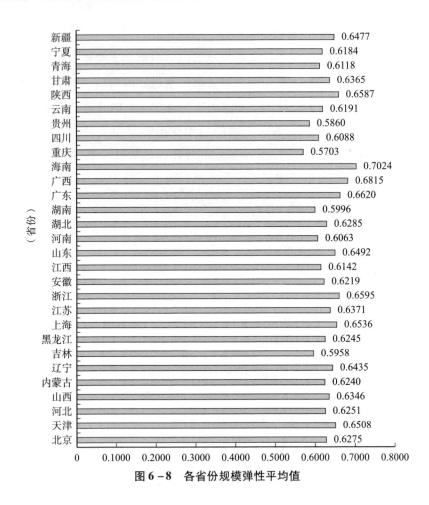

图 6-8　各省份规模弹性平均值

西南地区的规模弹性的平均值为 0.5961，西北地区的规模弹性平均值为 0.6346。西南地区的规模弹性平均值最小，华南地区的规模弹性平均值最高，就全局来看，各省份的规模弹性差异较小。

以下选取代表性省份，对规模弹性各省份的变化情况作具体分析。

（1）北京。

在整个分析时期内，规模弹性呈轻微下降趋势，从 2012 年的 0.6530 减小到 2017 年的 0.6034。关于资金投入的偏生产弹性数值在分析时期内持续增加，从 2012 年的 0.2013 增加到 2017 年的 0.6206。关于劳动力投入的偏生产弹性数值则持续减小，从 2012 年的 0.4522 减小到 2017 年的 -0.0172。数值反映，资金投入效率持续增加，规模递减效应持续降低，起到了拉高规模弹性的作用。劳动力投入效率持续降低，在前期为规模报酬递减，到最后一期成为负向的规模报酬递减，起到了降低规模弹性的作用。总体的投入—产出效率较低，且轻微下降。

（2）山西。

规模弹性呈轻微下降趋势，从 2010 年的 0.6492 减小到 2017 年的 0.6172。关于资金投入的偏生产弹性数值在分析时期内持续增加，从 2010 年的 0.0175 增加到 2017 年的 0.6992。关于劳动力投入的偏生产弹性数值则持续减小，从 2010 年的 0.6317 减小到 2017 年的 - 0.0820。数值反映，资金投入效率持续增加，规模递减效应持续降低，起到了拉高规模弹性的作用。劳动力投入效率持续降低，在前期为规模报酬递减，到最后一期成为负向的规模报酬递减，起到了降低规模弹性的作用。总体的投入—产出效率较低，且轻微下降。

（3）辽宁。

规模弹性呈轻微下降趋势，从 2011 年的 0.6617 减小到 2017 年的 0.6234。关于资金投入的偏生产弹性数值在分析时期内持续增加，从 2011 年的 0.1427 增加到 2017 年的 0.7071。关于劳动力投入的偏生产弹性数值则持续减小，从 2011 年的 0.5190 减小到 2017 年的 - 0.0837。数值反映，资金投入效率持续增加，规模递减效应持续降低，起到了拉高规模弹性的作用。劳动力投入效率持续降低，在前期为规模报酬递减，到最后一期成为负向的规模报酬递减，起到了降低规模弹性的作用。总体的投入—产出效率较低，且轻微下降。

在分析时期内各省份的规模弹性变化情况完全一致，一方面关于资金投入的偏生产弹性数值在分析时期内持续增加；另一方面关于劳动力投入的偏生产弹性数值持续减小，综合作用使得规模弹性呈现轻微减小趋势。少数省份的偏生产弹性在个别时期为负值，其中负值最多的省份是重庆，其 2010 ~ 2012 年关于资金投入的偏生产弹性数值均为负值。各省份的规模弹性到 2017 年最后一期数值呈明显收敛于 0.6 的状态，数值表明投入—产出效率较低，表现为规模报酬递减。

6.4.3.2　效率变化动态分解分析

对各省份 2010 ~ 2017 年间的石油加工、炼焦及核燃料加工业产业生产率变化做逐年三重效率分解（见表A6-2），对全要素生产变化做历年累积处理，由此可以明确地分析在整个分析时期内，以2011年为基期，以后各年对比2011年的全要素生产率变化情况（见表A6-3）。数据分析结论表明：

（1）在整个分析时期内，省级之间的生产率变化差异较大，多数省份的生产率有微小增长或保持稳定，少数省份的生产率有微小减小。

从各省份的生产率变化的平均值来看，2017年对比2011年的全要素生产率总体增长了约1.4482倍。从具体的各省份数据来看，2017年对比2011年的全要素变化情况，增长最高的省份是青海，2017年对比2011年为2.4555倍；减小最多的省份是山东，2017年对比2011年缩小了0.8003倍。

从具体的变化增长数值来看，大致可以分为三类情况，一类是在分析时期内生产率有一定幅度增加的省份，这些省份的2017年的全要素生产率对比2011年增长的倍数均在1.6倍以上，包括天津（1.7567）、山西（1.9864）、内蒙古（1.6496）、吉林（1.6772）、重庆（1.7838）、贵州（2.3346）、青海（2.4555）；一类是在分析时期内生产率有微小增加或保持不变的省份，这些省份的2017年的全要素生产率对比2011年增长的倍数均在1.0~1.6之间，包括上海（1.4831）、安徽（1.4996）、湖北（1.0824）、广东（1.2737）、四川（1.5461）、陕西（1.5481）、甘肃（1.4781）、宁夏（1.4093）、新疆（1.2526）；一类是在分析时期内生产率有微小减小的省份，这些省份的2017年的全要素生产率对比2011年增长的倍数均在0.8~1.0之间，包括辽宁（0.8737）、黑龙江（0.9771）、江苏（0.9828）、山东（0.8003）。[①] 值得注意是，生产率下降的省份均为油气和煤炭资源比较丰富的省份。

（2）在整个分析时期内，所有省份的技术效率变化都对生产率的提高起到促进作用，但促进作用的大小存在明显差异，过半数省份的技术进步则起到阻碍作用，其他省份的技术进步则起到极微小的促进作用，物质投入要素变化（规模变化）在绝大多数时期对生产率的提高起阻碍作用。

---

① 括号内的数据为各省份2012年的全要素生产率对比2006年的增长倍数，贵州为2011年的全要素生产率对比2006年的增长倍数。

　　为能够比较清晰地了解各效率分解因子对全要素生产率的贡献情况，对各省份在分析期间各年度的生产率分解变化求取平均值（见表 6 - 16）。从整体情况来看，各省份总的全要素生产率变化的平均值为 1.0755，技术效率变化的年平均值约为 1.1114，技术进步变化的年平均值约为 1.0086，规模变化指数的年平均值约为 0.9617。通过解读以上数值，能够清楚地了解各分解因子对生产率变化的贡献权重。技术效率变化的平均值大于 1，技术进步的平均值接近 1，规模变化的平均值均小于 1，主要在技术效率变化的拉动作用下，全要素生产率的年平均值略微大于 1，这表明总体上生产率获得提高。

表 6 - 16　　　　　　　　2010 ~ 2017 年各省份生产率分解变化的平均值

省份	TFPC	TEC	TC	SEC	省份	TFPC	TEC	TC	SEC
北京	1.0545	1.0480	1.0011	1.0046	天津	1.0987	1.0726	1.0501	0.9761
河北	0.9323	1.0484	0.9678	0.9189	山西	1.1304	1.1475	0.9524	0.9853
内蒙古	1.1160	1.1968	0.9852	0.9468	辽宁	0.9791	1.0102	0.9947	0.9744
吉林	1.1019	1.1683	0.9541	0.9882	黑龙江	1.0133	1.0728	0.9584	0.9847
上海	1.0771	1.0322	1.0416	1.0015	江苏	0.9978	1.0258	1.0081	0.9646
浙江	1.1079	1.0173	1.0938	0.9958	安徽	1.0712	1.0968	1.0059	0.9705
江西	1.0287	1.1055	0.9851	0.9437	山东	0.9713	1.0198	0.9973	0.9548
河南	0.9288	1.0482	0.9459	0.9366	湖北	1.0147	1.0593	1.0093	0.9487
湖南	0.9896	1.0705	0.9449	0.9783	广东	1.0418	1.0051	1.0621	0.9761
广西	1.2607	1.1364	1.1641	0.9501	海南	1.2574	1.0141	1.2590	0.9847
重庆	1.1426	1.3186	0.9066	0.9557	四川	1.0911	1.1526	0.9556	0.9918
贵州	1.2417	1.3210	0.9279	1.0136	云南	1.0905	1.2167	0.9838	0.9143
陕西	1.0652	1.0887	1.0469	0.9346	甘肃	1.0764	1.0854	0.9940	0.9966
青海	1.1905	1.3799	1.0475	0.8323	宁夏	1.0652	1.2019	0.9840	0.9003
新疆	1.0544	1.0692	1.0211	0.9661	平均值	1.0755	1.1114	1.0086	0.9617

分省份来看：天津的技术效率变化轻微减小，从 2011～2012 年度的 1.0934 减小到 2016～2017 年度的 1.0546；技术进步也轻微减小，从 2011～2012 年度的 1.0726 减小到 2016～2017 年度的 1.0192；规模变化则轻微震荡增加，2011～2012 年度为 0.9214，2016～2017 年度为 0.9940，2014～2015 年度为峰值 1.0204。综合作用的结果使全要素生产率变化呈轻微震荡变化，2011～2012 年度为 1.0806，2016～2017 年度为 1.0684，2014～2015 年度为峰值 1.1461。计算可得 2017 年对比 2011 年全要素生产率增长了 1.7567 倍。

山西的技术效率变化轻微减小，从 2010～2011 年度的 1.2017 减小到 2016～2017 年度的 1.1032；技术进步则在 0.95 左右轻微震荡变化；规模变化在超 0.96 的数值上震荡变化，2010～2011 年度为 0.9855，最后一期的 2016～2017 年度数值为 1.0242，2014～2015 年度为最小值 0.9678。综合作用的结果使全要素生产率变化在 1.1 左右震荡变化，2010～2011 年度为 1.1843，此后持续减小，2015～2016 年度为 1.0825，到最后一期的 2016～2017 年度数值为 1.1299。计算可得 2017 年对比 2010 年全要素生产率增长了 2.3525 倍。

内蒙古的技术效率变化轻微减小，从 2010～2011 年度的 1.2705 减小到 2016～2017 年度的 1.1367；技术进步呈增长趋势，2010～2011 年度为 0.9391，此后持续增长，2015～2016 年度为 1.0049，到最后一期的 2016～2017 年度为 1.0037；规模变化呈震荡减小趋势，2010～2011 年度为 1.0631，2016～2017 年度为 0.9597，2014～2015 年度为最小值 0.7988。综合作用的结果使全要素生产率变化呈现先震荡减小再微小增长趋势，2010～2011 年度为 1.2684，2014～2015 年度为最小值 0.9363，2016～2017 年度为 1.0949。计算可得 2017 年对比 2010 年全要素生产率增长了 2.0924 倍。

辽宁的技术效率变化轻微减小，从 2011～2012 年度的 1.0129 减小到 2016～2017 年度的 1.0078；技术进步轻微减小，从 2011～2012 年度的 1.0030 减小到 2016～2017 年度的 0.9865；规模变化数值呈震荡变化，2011～2012 年度为 1.0073，2016～2017 年度为 1.0021，2015～2016 年度为最小值 0.8793。综合作用的结果使全要素生产率变化的数值呈震荡减小趋势，2011～2012 年度为 1.0234，2016～2017 年度为 0.9963，2013～

2014 年度为最大值 1.0390，2015 ~ 2016 年度为最小值 0.8817。计算可得 2017 年对比 2011 年全要素生产率缩小了 0.8737 倍。

黑龙江的技术效率变化轻微减小，从 2010 ~ 2012 年度的 1.0982 减小到 2016 ~ 2017 年度的 1.0516；技术进步轻微减小，从 2010 ~ 2012 年度的 1.0028 减小到 2016 ~ 2017 年度的 0.9140；规模变化数值在震荡变化，2010 ~ 2012 年度为 1.0056，2016 ~ 2017 年度为 1.0242，2015 ~ 2016 年度为最小值 0.9429。综合作用的结果使全要素生产率变化的数值持续减小，从 2010 ~ 2012 年度的 1.1074 减小到 2015 ~ 2016 年度的 0.9237，2016 ~ 2017 年度轻微增长到 0.9844。计算可得 2017 年对比 2010 年全要素生产率增加了 1.0821 倍。

上海的技术效率变化轻微减小，从 2010 ~ 2012 年度的 1.0431 减小到 2016 ~ 2017 年度的 1.0231；技术进步轻微减小，从 2010 ~ 2012 年度的 1.0737 减小到 2016 ~ 2017 年度的 1.0075；规模变化在 1.0 左右轻微震荡变化，2010 ~ 2012 年度为 1.0086，2016 ~ 2017 年度为 1.0023，2012 ~ 2013 年度达到最大值 1.0104，2015 ~ 2016 年度取得最小值 0.9938。综合作用的结果使全要素生产率变化持续减小，从 2010 ~ 2012 年度的 1.1296 减小到 2015 ~ 2016 年度的 1.0331。计算可得 2017 年对比 2010 年全要素生产率增加了 1.6753 倍。

江苏的技术效率变化轻微减小，从 2011 ~ 2012 年度的 1.0329 减小到 2016 ~ 2017 年度的 1.0196；技术进步尽管有轻微起伏，但总体呈减小趋势，2011 ~ 2012 年度为 1.0295，到 2016 ~ 2017 年度减小到 0.9920；规模变化呈震荡减小趋势，在 2011 ~ 2012 年度为 1.0011，2016 ~ 2017 年度为 0.9570。综合作用的结果使全要素生产率变化震荡减小，2011 ~ 2012 年度为 1.0645，到 2016 ~ 2017 年度减小到 0.9680。计算可得 2017 年对比 2011 年全要素生产率缩小了 0.9828 倍。

安徽的技术效率变化轻微减小，从 2011 ~ 2012 年度的 1.1247 减小到 2016 ~ 2017 年度的 1.0727；技术进步总体呈减小趋势，在最后一期有轻微反弹，2011 ~ 2012 年度为 1.0285，到 2015 ~ 2016 年度减小到 0.9836，2016 ~ 2017 年度为 1.0001；规模变化震荡变化，2011 ~ 2012 年度为 0.9658，2016 ~ 2017 年度为 0.9741，2012 ~ 2013 年度为最大值 1.0043，

2014～2015 年度为最小值 0.9103。综合作用的结果使全要素生产率变化的数值震荡减小，2011～2012 年度为 1.1172，2016～2017 年度为 1.0450，2012～2013 年度为最大值 1.1413，2014～2015 年度为最小值 0.9825。计算可得 2017 年对比 2011 年全要素生产率增长了 1.4996 倍。

山东的技术效率变化持续轻微减小，从 2010～2011 年度的 1.0263 减小到 2016～2017 年度的 1.0143；技术变化持续轻微减小，2010～2011 年度为 1.0067，2016～2017 年度为 0.9788；规模变化数值整体呈震荡减小，2010～2011 年度为 0.9826，2016～2017 年度为 0.9200。综合作用的结果使全要素生产率变化的数值震荡减小，2010～2011 年度为 1.0152，2016～2017 年度为 0.9134。计算可得 2017 年对比 2010 年全要素生产率缩小了 0.8125 倍。

湖北的技术效率变化持续轻微减小，从 2011～2012 年度的 1.0760 减小 2016～2017 年度的 1.0447；技术进步则先减小后增加，2011～2012 年度为 1.0176，到 2014～2015 年度减小到最小值 0.9968，2016～2017 年度增长到 1.0211；规模变化持续减小，到最后一期有轻微反弹，2011～2012 年度为 1.0013，2015～2016 年度为 0.8963，2016～2017 年度为 0.9013。综合作用的结果使全要素生产率变化的数值持续减小，到最后一期有轻微反弹，从 2011～2012 年度的 1.0964 减小到 2015～2016 年度的 0.9477，2016～2017 年度为 0.9615。计算可得 2017 年对比 2011 年全要素生产率轻微增长了 1.0824 倍。

广东的技术效率变化持续轻微减小，从 2011～2012 年度的 1.0064 减小到 2016～2017 年度的 1.0038；技术进步在 1.06 左右轻微震荡变化，2011～2012 年度为 1.0669，2016～2017 年度为 1.0464，2014～2015 年度为最大值 1.0810；规模变化呈震荡变化，2011～2012 年度为 0.9885，2016～2017 年度为 1.0036，2013～2014 年度为最小值 0.8988。综合作用的结果使全要素生产率变化的数值在 0.96～1.09 之间震荡变化，2014～2015 年度为最大值 1.0841。计算可得 2017 年对比 2011 年全要素生产率增加了 1.2737 倍。

重庆的技术效率变化持续轻微减小，从 2010～2011 年度的 1.4426 减小到 2016～2017 年度的 1.2169；技术进步持续轻微减小，从 2010～2011 年度的 0.9443 减小到 2016～2017 年度的 0.8825；规模效率变化幅度较大，

2010～2011 年度为 0.9950，2016～2017 年度为 0.8742，2011～2012 年度为最小值 0.7766，2015～2016 年度为最大值 1.0163。综合作用的结果使全要素生产率变化的数值呈较大幅度的震荡变化，2010～2011 年度为最大值 1.3554，2016～2017 年度为最小值 0.9388。计算可得 2017 年对比 2010 年全要素生产率增加了 2.4177 倍。

四川的技术效率变化持续轻微减小，从 2011～2012 年度的 1.1981 减小到 2016～2017 年度的 1.1135；技术进步则先微小增长后微小减小，2011～2012 年度为 0.9596，2013～2014 年度增长到最大值 0.9739，到 2016～2017 年度减小到 0.9305；规模变化数值则在 0.70～1.3 之间震荡变化，2011～2012 年度为 0.9707，2012～2013 年度为最小值 0.7065，2013～2014 年度为最大值 1.2369，2016～2017 年度为 0.9863。综合作用的结果使全要素生产率变化的数值在 0.8～1.21 之间震荡变化，2011～2012 年度为 1.1160，2012～2013 年度为最小值 0.8042，2013～2014 年度为最大值 1.3981，2016～2017 年度为 1.0219。计算可得 2017 年对比 2011 年全要素生产率增加了 1.5461 倍。

陕西的技术效率变化持续轻微减小，从 2010～2011 年度的 1.1199 减小到 2016～2017 年度的 1.0628；技术进步在 1.04 左右轻微震荡变化，2010～2011 年度为最小值 1.0234，2016～2017 年度为 1.0346，2014～2015 年度为最大值 1.0663；规模变化在 0.87～1.0 之间震荡变化，2010～2011 年度为最小值 0.8701，2016～2017 年度为 0.9322，2011～2012 年度为最大值 0.9991。综合作用的结果使全要素生产率变化的数值呈先跳跃增加后微小减小，2010～2011 年度为 0.9972，2011～2012 年度增加到 1.1511，此后持续减小，到 2016～2017 年度为 1.0250。计算可得 2017 年对比 2010 年全要素生产率增加了 1.5438 倍。

青海的技术效率变化持续轻微减小，从 2011～2012 年度的 1.5059 减小到 2016～2017 年度的 1.2749；技术进步在 1.02～1.07 之间震荡变化；规模变化在前期跳跃增加，在后期则为震荡增加，2011～2012 年度为 0.4435，2015～2016 年度为 0.8567，2016～2017 年度为最大值 0.9860。综合作用的结果使全要素生产率变化的数值在前期跳跃增加，在后期则为震荡增加，2011～2012 年度为 0.6942，2014～2015 年度为最大值 1.3773，

2015～2016 年度为 1.1905，2016～2017 年度为 1.2846。计算可得 2017 年对比 2011 年全要素生产率增加了 2.4555 倍。

新疆的技术效率变化轻微减小，从 2010～2011 年度的 1.0931 减小到 2016～2017 年度的 1.0490；技术进步轻微减小，从 2010～2011 年度的 1.0617 减小到 2016～2017 年度的 0.9777；规模变化在 0.89～1.01 之间震荡变化，2010～2011 年度为 0.9909，2016～2017 年度为最大值 1.0088，2011～2012 年度为最小值 0.8916，其他多数时期数值在 0.96 上变化。综合作用的结果使全要素生产率变化的数值先跳跃减小，然后在 1.05 左右震荡变化，2010～2011 年度为 1.1500，2011～2012 年度为 1.0134，2016～2017 年度为 1.0346。计算可得 2017 年对比 2010 年全要素生产率增加了 1.4405 倍。

（3）在分析时期内，各省份的技术效率变化数值均呈现轻微减小趋势，差异较大，技术进步数值同样呈轻微减小趋势，差异较小，各省份的规模变化数值呈震荡变化，且差异较大。对全要素增长变化的影响，技术效率变化最大，其次是规模变化作用和技术进步。简单计算可得，技术效率变化的差异系数约为 0.0945，技术进步的差异系数约为 0.0663，规模变化的差异系数为 0.0873，数值表明了各影响因子对全要素生产率变化的贡献作用大小。

在分析时期内，各省份的技术效率变化数值都大于 1。各省份的技术进步数值在整个分析时期在 1.0 左右变化，规模变化数值同样在 1.0 左右变化。总体来看，技术效率变化对全要素生产率改善起到拉动作用，技术进步在多数时期对全要素生产率改善起到拉动作用，规模变化则在多数时期对全要素生产率改善起到阻碍作用。

6.5 我国能源主体产业效率区际优化

基于我国省级能源主体产业效率的差异和变化特征，以生产最优化模型为理论工具，分析不同区域最优生产资源配置结构，为探索以效率为核心的现代能源产业体系实现路径提供支撑。

6.5.1　生产最优化模型建构

技术效率测算值是存在技术非效率的实际产出期望值与完全技术有效假设下产出（生产前沿边界）的期望值之间的比值。这一比值体现了产出—投入比，原因在于生产前沿边界由要素投入量决定，即生产前沿边界值为投入的函数，表示为 $Y = f(X)$，其中 X 为要素投入量，Y 为生产前沿值，考虑技术效率 TE，则产出函数表达式为 $Y' = TE \times f(X)$。

实际上这一产出函数能够用柯布—道格劳斯生产函数完整表达，即 $Q = AK^{\alpha}L^{\beta}$，其中 Q 为产出量，A 为效率参数，K 为资本投入，L 为劳动投入，α 是资本生产弹性，β 是劳动生产弹性。在一定资本和劳动投入预算约束之下，这里设 w 为劳动价格，r 为资本价格，最优生产模型为：$\max Q = AK^{\alpha}L^{\beta}$，满足约束 $wL + rK = C_0$。

最优生产要求两要素的边际产品比等于两要素的价格比，即 $\dfrac{MP_L}{MP_K} = \dfrac{w}{r}$，由 $MP_L = A\beta K^{\alpha}L^{\beta-1}$，$MP_K = A\alpha K^{\alpha-1}L^{\beta}$，计算整理得到：$\dfrac{K}{L} = \dfrac{\alpha}{\beta} \times \dfrac{w}{r}$。$\dfrac{w}{r}$ 为劳动价格与资本价格之比，由于投资以货币体现，这一比值为行业工资率，记为 w_0。最终得到行业最优生产的资源配置结构，公式如下：

$$\frac{K}{L} = \frac{\alpha}{\beta} \times w_0$$

6.5.2　最优化资源配置实证分析

根据行业最优生产的人均资源配置公式，需要的参数包括当年度的资本生产弹性 α、劳动生产弹性 β，以及当年度的年工资率 w_0。以电力、热力的生产和供应业为例，其中资本和劳动的生产弹性测算值由前面作出的行业投入—产出效率静态分解分析给出，行业年工资率 w_0，可由《中国统计年鉴》按行业分城镇单位就业人员平均工资获得（见表 6 – 17）。

表6-17   电力、热力的生产和供应业的各省份年平均工资   单位：元

年份	北京	天津	河北	山西	内蒙古	辽宁	吉林	黑龙江	上海
2010	48 503	47 213	33 200	17 388	39 710	25 820	19 041	20 891	49 084
2011	55 727	53 764	26 282	21 918	32 959	26 112	21 489	21 004	49 670
2012	60 676	63 291	32 358	27 844	36 701	31 145	25 604	24 826	62 211
2013	72 962	74 912	39 922	34 196	41 241	34 575	28 901	28 865	74 089
2014	77 875	71 632	39 846	37 103	44 207	36 322	29 419	32 767	83 958
2015	85 178	82 607	45 478	43 023	48 860	42 658	33 044	36 613	93 049
2016	83 059	86 265	51 664	50 878	52 587	46 134	35 601	40 677	101 211
2017	91 768	93 283	58 708	57 327	59 148	51 600	41 850	46 604	113 596
2018	99 743	101 131	63 938	63 435	64 325	55 207	53 553	54 211	125 279
2019	11 2136	107 275	69 985	68 142	69 403	59 557	59 153	58 085	143 613

年份	江苏	浙江	安徽	福建	江西	山东	河南	湖北	湖南
2010	36 106	32 963	17 363	26 695	18 934	23 403	18 971	22 722	20 451
2011	39 066	62 318	21 491	29 909	19 766	25 251	21 878	21 272	20 269
2012	45 922	59 108	26 457	36 546	24 444	29 553	26 230	26 499	24 528
2013	54 494	68 050	31 383	40 196	27 894	34 060	31 503	29 151	30 274
2014	59 577	68 464	35 680	42 466	30 908	37 911	33 310	32 294	31 894
2015	66 131	77 180	40 467	50 529	37 312	42 025	37 196	39 046	36 134
2016	74 137	82 886	47 113	57 728	43 449	45 874	40 672	46 928	39 249
2017	80 246	85 668	55 599	66 938	46 839	52 617	44 667	49 626	43 086
2018	96 912	93 793	72 363	71 123	51 676	58 181	53 634	56 047	51 793
2019	104 454	103 547	77 120	77 293	56 550	63 726	61 076	72 279	55 815

年份	广东	广西	海南	重庆	四川	贵州	云南	陕西	甘肃
2010	37 087	25 599	24 335	17 978	15 633	35 441	26 935	20 786	26 869
2011	37 480	24 938	23 741	25 079	21 469	29 359	29 105	22 539	22 326

续表

年份	广东	广西	海南	重庆	四川	贵州	云南	陕西	甘肃
2012	44 382	29 295	27 921	30 676	25 518	35 814	32 832	27 417	27 022
2013	48 944	35 162	32 845	40 270	30 819	43 636	38 297	33 268	30 797
2014	54 496	35 386	35 313	44 577	33 176	40 570	40 101	35 388	32 685
2015	58 158	39 264	40 553	50 326	39 844	47 822	44 110	39 677	37 624
2016	64 475	42 794	42 392	58 756	45 953	53 096	48 055	47 667	35 797
2017	72 974	46 784	48 513	63 028	50 484	59 344	53 087	54 069	41 118
2018	89 166	55 724	52 156	67 647	66 679	64 270	64 083	56 935	57 778
2019	94 750	62 789	58 756	70 321	74 929	68 675	69 160	62 907	58 916

年份	青海	宁夏	新疆						
2010	25 236	21 030	21 705						
2011	27 047	34 783	23 247						
2012	28 286	39 804	28 684						
2013	36 495	45 512	33 551						
2014	39 404	46 403	38 079						
2015	44 721	55 543	43 855						
2016	45 168	65 983	50 591						
2017	59 026	70 533	53 796						
2018	63 403	80 137	62 704						
2019	66 310	87 483	69 737						

注：因缺少西藏的劳动和资本的偏生产弹性值，西藏数据未列入表中。

　　根据行业最优生产的资源配置结构公式，计算可得 2010～2019 年电力、热力的生产和供应业各省份最优的人均资本（K/L）（见表 6 - 18）。

表 6-18　　电力、热力的生产和供应业生产最优的人均资本（K/L）

单位：元/人

年份	北京	天津	河北	山西	内蒙古	辽宁	吉林	黑龙江	上海	青海
2010	38 548.14	95 341.55	63 270.64	33 033.70	60 952.92	44 843.15	39 898.96	45 743.69	73 720.27	47 402.62
2011	55 806.95	123 647.00	57 105.43	49 520.28	61 969.24	54 168.67	53 734.39	53 664.27	85 287.58	57 193.01
2012	76 551.10	163 775.63	81 553.02	68 705.11	76 385.30	77 448.55	76 687.41	68 182.34	123 717.15	69 031.47
2013	124 472.22	223 593.27	122 361.37	100 500.39	100 013.49	105 243.17	101 417.30	102 964.61	167 176.20	102 285.57
2014	146 964.10	235 927.23	142 194.24	125 083.11	134 864.84	124 803.08	113 292.08	146 357.21	213 881.28	125 499.67
2015	195 174.05	319 574.10	199 851.27	179 553.69	188 735.44	180 202.71	159 936.54	195 104.75	286 678.38	164 766.14
2016	255 989.87	406 035.59	295 445.99	265 857.58	245 918.33	253 282.73	213 908.67	233 055.28	385 111.98	182 069.56
2017	347 260.58	520 866.44	414 804.36	367 232.01	358 551.36	353 683.46	317 471.48	373 099.84	519 831.44	297 607.28
2018	475 799.44	692 859.72	548 411.30	511 599.16	529 219.32	475 588.11	548 019.71	581 234.45	696 021.68	396 268.75
2019	690 105.69	916 555.28	—	763 664.89	—	733 699.98	876 539.91	—	—	502 727.75

年份	江苏	浙江	安徽	福建	江西	山东	河南	湖北	湖南	宁夏
2010	52 450.43	47 373.23	38 028.37	47 953.11	41 537.23	38 634.34	32 457.40	31 238.51	38 307.55	49 242.14
2011	66 936.78	105 268.25	53 254.36	61 857.25	50 549.11	48 249.35	44 545.68	35 121.92	43 303.51	91 091.96
2012	90 422.60	121 083.06	72 205.56	87 623.90	73 242.35	69 721.93	61 922.51	50 471.28	60 316.24	114 501.52
2013	129 927.66	168 192.27	91 277.35	118 673.90	98 339.13	99 328.59	94 818.09	66 780.18	88 579.48	152 377.78
2014	165 890.74	198 611.87	120 014.55	146 123.42	125 052.79	129 537.50	118 243.41	91 449.13		169 293.81
2015	230 248.79	282 772.69	166 626.84	212 363.14	185 661.69	185 042.71	166 012.82	140 889.33	160 342.56	238 802.61

续表

年份	江苏	浙江	安徽	福建	江西	山东	河南	湖北	湖南	宁夏
2016	326 595.38	381 010.89	245 006.39	310 843.08	256 674.11	248 136.64	230 259.21	233 293.50	223 749.52	321 378.55
2017	446 552.31	492 181.11	362 333.58	453 467.20	339 136.02	380 350.33	339 509.56	326 452.20	318 250.20	419 302.28
2018	799 274.23	723 546.00	622 699.73	583 424.12	445 351.91	592 508.57	589 315.91	487 163.49	539 827.78	563 802.00
2019	1 050 237.49	1 100 856.82	—	862 583.62	682 503.64	963 925.83	—	954 670.72	—	—

年份	广东	广西	海南	重庆	四川	贵州	云南	陕西	甘肃	新疆
2010	46 468.84	50 995.54	58 030.41	37 017.96	25 298.48	65 872.91	54 276.12	43 487.47	60 291.41	50 271.85
2011	51 177.51	59 848.50	65 594.70	58 762.30	42 422.15	59 767.64	63 515.84	53 687.42	58 025.85	60 970.60
2012	74 035.09	73 823.40	88 064.94	81 966.14	60 542.71	86 688.25	80 925.82	76 018.34	78 906.16	85 149.47
2013	107 498.17	105 648.89	118 554.64	121 831.34	82 373.97	119 944.32	—	108 245.13	105 993.70	109 891.68
2014	146 830.04	131 805.00	138 926.36	161 021.13	102 744.58	128 674.56	132 336.22	134 484.95	124 568.88	139 649.61
2015	203 260.45	186 122.53	185 292.00	209 901.84	150 127.81	186 494.39	164 910.84	170 918.94	165 984.49	190 512.50
2016	299 785.22	252 677.20	233 359.96	301 866.17	222 788.64	299 445.40	223 208.31	249 994.22	181 802.36	264 622.75
2017	453 592.19	351 863.92	297 063.37	395 490.71	362 559.66	392 893.25	302 093.23	359 191.39	257 078.07	334 529.26
2018	795 916.18	567 229.19	—	533 370.58	635 940.59	572 164.69	437 915.56	506 616.06	452 970.19	471 721.94
2019	1 289 621.26	—	535 798.76	695 249.13	—	—	638 780.00	786 600.71	—	732 942.27

各年度最优人均资本的平均值呈逐年增加的趋势，从 2010 年的 48 399.63 元增加到 2019 年的 807 460.31 元，增长了约 16.7 倍。这一增长的原因在于，各省份的资本弹性逐年增长，而劳动弹性则逐年显著减小，从而导致两者的比值迅速增大，年度最优的人均资本值迅猛增加。这表明仅仅依靠物资资本投入以获得更大产出越来越变得不可持续。部分省份出现最优人均资本负值，充分说明提高劳动弹性已相当迫切。

6.5.3 资源最优配置路径分析

最优的人均资本结构显然是在既定资本生产弹性和劳动生产弹性前提下，能够获得最大产出的理想状态。在现实生产中，理想的人均资本结构必然受制于实际资本数量和劳动数量。对最优人均资本和实际人均资本的年度数据作对比分析，其中实际人均资本为当年度的产业资产总计①除以劳动力数量获得（实际人均资本所需数据来自各省《统计年鉴》），进而计算最优人均资本与实际人均资本的比值，这里设最优人均资本为 K/L'，实际人均资本为 K/L^0，则最优配置可行要求：$\dfrac{K/L'}{K/L^0} \leqslant 1$。以重庆为例作最优配置的可行分析，对比结果如表 6-19 所示。

表 6-19   重庆最优人均资本和实际资本的对比

年份	最优人均资本（元）	实际人均资本（元）	比值
2010	37 017.96	1 271 413.86	0.0291
2011	58 762.30	1 469 716.63	0.0400
2012	81 966.14	1 695 863.53	0.0483
2013	121 831.34	2 216 625.86	0.0550
2014	161 021.13	1 880 011.53	0.0856
2015	209 901.84	2 546 209.64	0.0824
2016	301 866.17	2 641 405.14	0.1143

① 资产总计为当年名义价格。

年份	最优人均资本（元）	实际人均资本（元）	比值
2017	395 490.71	2 854 799.38	0.1385
2018	533 370.58	3 079 035.88	0.1732
2019	695 249.13	3 825 636.06	0.1817

重庆的情况表明，2010～2019 年最优人均资本方案是可行的。其最优人均资本和实际人均资本比值，从 2010 年到 2019 年逐渐增大，从 0.0291 增加到 0.1817，表明资本投入存在巨大浪费。各省份最优资本和实际人均资本的对比可行情况如表 6-20 所示。

表 6-20　　　各省份年度最优人均资本（K/L）与实际人均资本的比值

年份	北京	天津	河北	山西	内蒙古	辽宁
2010	0.0028	0.0546	0.0765	0.0289	0.0256	0.0354
2011	0.0037	0.0617	0.0519	0.0454	0.0265	0.0393
2012	0.0056	0.0688	0.0623	0.0391	0.0248	0.0536
2013	0.0099	0.0817	0.0855	0.0504	0.0271	0.0679
2014	0.0089	0.0729	0.0888	0.0549	0.0451	0.0650
2015	0.0102	0.0865	0.1074	0.0757	0.0632	0.0830
2016	0.0163	0.1054	0.1539	0.1051	0.0642	0.1169
2017	0.0197	0.1193	0.1746	0.1257	0.0922	0.1421
2018	0.0243	0.1465	0.1680	0.1494	0.1303	0.1482
2019	0.0311	0.1675	—	0.2128	—	0.2175
年份	吉林	黑龙江	上海	江苏	浙江	安徽
2010	0.0407	0.0879	0.0143	0.0227	0.0177	0.0462
2011	0.0632	0.0871	0.0136	0.0252	0.0356	0.0527
2012	0.0895	0.0624	0.0178	0.0272	0.0393	0.0528
2013	0.1005	0.1229	0.0189	0.0351	0.0489	0.0428
2014	0.0842	0.2176	0.0221	0.0421	0.0552	0.0516
2015	0.1225	0.2140	0.0283	0.0540	0.0764	0.0660

年份	吉林	黑龙江	上海	江苏	浙江	安徽
2016	0.1448	0.1289	0.0392	0.0695	0.0932	0.0948
2017	0.1970	0.2484	0.0513	0.0876	0.1094	0.1303
2018	0.3364	0.3448	0.0648	0.1925	0.1603	0.2140
2019	0.5159	—	—	0.1705	0.2104	—
年份	福建	江西	山东	河南	湖北	湖南
2010	0.0333	0.0555	0.0357	0.0292	0.0117	0.0352
2011	0.0369	0.0618	0.0351	0.0355	0.0119	0.0325
2012	0.0445	0.0866	0.0500	0.0395	0.0140	0.0374
2013	0.0637	0.0998	0.0656	0.0665	0.0160	0.0470
2014	0.0733	0.1126	0.0753	0.0751	0.0261	—
2015	0.0936	0.1603	0.1035	0.0961	0.0357	0.0880
2016	0.1358	0.1715	0.1047	0.1126	0.0754	0.1191
2017	0.1834	0.2056	0.1567	0.1712	0.1104	0.1652
2018	0.1684	0.2036	0.2253	0.3091	0.1523	0.2898
2019	0.2110	0.2958	0.3164	—	0.3104	—
年份	广东	广西	海南	重庆	四川	贵州
2010	0.0176	0.0475	0.0528	0.0291	0.0151	0.0452
2011	0.0150	0.0569	0.0608	0.0400	0.0277	0.0304
2012	0.0188	0.0431	0.0781	0.0483	0.0402	0.0402
2013	0.0304	0.0569	0.0930	0.0550	0.0360	0.0421
2014	0.0431	0.0927	0.0849	0.0856	0.0396	0.0420
2015	0.0565	0.1316	0.1031	0.0824	0.0474	0.0582
2016	0.0781	0.1552	0.1355	0.1143	0.0658	0.1546
2017	0.1131	0.1975	0.1234	0.1385	0.1399	0.1499
2018	0.1937	0.3045	—	0.1732	0.1895	0.2175
2019	0.2722	—	0.2149	0.1817	—	—
年份	云南	陕西	甘肃	青海	宁夏	新疆
2010	0.0487	0.0521	0.0849	0.0155	0.0560	0.0671
2011	0.0411	0.0534	0.0727	0.0160	0.0797	0.0694

续表

年份	云南	陕西	甘肃	青海	宁夏	新疆
2012	0.0423	0.0684	0.0785	0.0184	0.0771	0.0827
2013	—	0.0810	0.0959	0.0237	0.0962	0.0738
2014	0.0533	0.0934	0.0877	0.0292	0.0826	0.0785
2015	0.0460	0.0821	0.0865	0.0325	0.1038	0.0906
2016	0.0561	0.1005	0.0648	0.0210	0.0971	0.1076
2017	0.0661	0.1390	0.0852	0.0450	0.1246	0.1097
2018	0.0684	0.1995	0.1314	0.0630	0.1356	0.1186
2019	0.0904	0.2905	—	0.0678	—	0.1748

分析可得：

（1）资本利用效率普遍较低，表现为在多数时期各省份的最优人均资本与实际人均资本的比值较小。

（2）部分省份的实际人均资本保有量过高，资本投入效率损失显著。其中北京、上海、云南、青海最优人均资本与实际人均资本的比值均在0.1以下，数值表明资本投入饱和。

（3）所有省份在计量时期内均能实现最优资源配置，但是存在资本过量投入问题。最优人均资本占比实际人均资本数值较小，最大的吉林省在2019年的数值为0.5159。

（4）最优人均资本与实际人均资本比值在各个省份均呈现逐年增加趋势，表明资源配置效率呈改善趋势。

（5）不同区域之间的最优人均资本与实际人均资本比值差异很大。最小的为北京，到2019年仅为0.0311，多数省份的占比在0.1~0.3之间分布，整体来看东部地区省份明显高于西部地区省份，表明东部地区资源配置结构优于西部地区。

第7章
我国能源区域协调发展现状分析

7.1 优化国土空间开发战略布局下的我国能源消费新格局

伴随着经济的快速增长，我国的经济空间格局已基本实现区域平衡。但是，我们必须清醒地认识到，经济的空间格局随着生产力的变化在不断调整，是一个不断"均衡—非均衡—再均衡"的动态过程。随着我国生产力的快速提升，我国正逐步参与到国际化分工当中，同时，全球对一次化石能源的利用引起各种气候问题，资源枯竭问题的呼声日益高涨，如果继续依靠对一次化石能源的高消耗取得高速的经济增长，我国将走上一条难以持续的"发展"之路。因此，生产方式的变革将不可避免。相应地，随着生产方式的变革，现有的区域经济格局将随之变化，而与之对应的能源消费格局也将发生变化。

7.1.1 我国能源消费中心的空间演变及其现状

新中国成立以来，我国空间发展战略经历了多次变革，总体上可以分为三个发展阶段，并且每一个阶段都对我国经济、能源消费格局的形成产生了重大影响。三次调整分别是：（1）1949～1978 年的区域经济均衡发展阶段；（2）1978～1989 年的非均衡发展阶段；（3）从 1990 年至今的区域经济协调发展阶段。

7.1.1.1　区域经济均衡发展阶段

新中国成立后，为了尽快恢复经济秩序和生产力，党中央在 1950 年的"全国计划工作会议"上提出了当时的首要经济任务就是恢复与调整，并确定了以重工业优先发展为核心的工业化发展战略。同时，根据当时的经济和生产力状况，在空间上将我国划分为以老工业基地改造为主的沿海经济带和以新工业基地建设为主的内地经济带，这一决定成为我国"一五""二五"期间的基本发展思路，也标志着我国工业基地的内迁。

之后在 1958 年 6 月，党中央提出了加强区域协作的决定，将我国区域划分为华北、华中、华东、华南、东北、西南、西北七大协作区，推动了区域性经济中心的形成，加快了我国工业体系构建的步伐。

在"四五"计划中，我国再一次对经济区进行了重新划分，确定了包括西南、西北、中原、华南、华东、华北、东北、山东、闽赣、新疆在内的十个经济区。并提出发展"五小工业"①，构建为农业服务的地方工业体系。

7.1.1.2　非均衡发展阶段

1986 年，"七五"计划将全国划分为东部、中部、西部三大经济带，并明确提出优先发展东部沿海经济带、进一步做好开发西部地带准备工作的战略思想。这一决定宣告了我国区域经济"均衡发展"的结束，同时迎来了以"效率优先"为标志的非均衡发展阶段的开始。国家政策和投资逐渐从内地向沿海转移，东部沿海地区的经济增长速度远高于内地。

但是随着东、中、西三大经济带发展差距的日益扩大，差异所引发的矛盾和问题逐渐显现。党中央迅速决策提出了促进区域合理分工和协调发展的思路。由此，我国的区域经济发展开始向区域分工协作转化。

---

① 五小工业指小钢铁、小煤矿、小机械、小水泥、小化肥五种工业企业。

在接下来的"九五"计划中，我国的经济区划又一次进行了重新划分，将全国划分为七大各具特色的经济区，包括长江三角洲及沿江地区、环渤海地区、东南沿海地区、西南和华南部分省区、东北地区、中部地区、西北地区。

7.1.1.3 区域经济协调发展阶段

2005 年国务院发展研究中心认为，东、中、西三大经济带的区域划分方式已不再适合当前我国的发展，应将我国区域划分为东、中、西、东北四大板块，以及东北综合经济区、北部沿海综合经济区、东部沿海综合经济区、南部沿海经济区、黄河中游综合经济区、长江中游综合经济区、大西南综合经济区、大西北综合经济区八大综合经济区。

在 2006 年 3 月的"十一五"规划中，"主体功能区"战略构想的出现引发了激烈的争论，最后在历经了漫长的调研、博弈等过程后，国务院最终于 2010 年 12 月正式发布了《关于印发全国主体功能区规划的通知》。规划中将全国区域划分为优化开发区、重点开发区、限制开发区三大区域，这一规划的颁布标志着我国国土开发方式由无序开发向空间管制的过渡，预示着我国人口、经济、资源环境协调发展的空间开发格局的形成，彰显了我国规范空间开发秩序的决心。

然而，在我国经济高速发展的过程中，东、中、西三大板块的发展格局已经根深蒂固，东部地区长期以来形成的区位优势难以在短时间内改变。目前，东部地区依然是当前我国的经济中心和能源消费中心。

从统计数据看，东部地区是我国能源消费和调入规模最大的区域，该区域占全国国土面积的 9.5%，2020 年人口数量占全国的 39.01%，地区生产总值占全国的 51.75%，一次能源生产量占全国的 18.49%，能源消费总量占全国总量的 42.96%。而中部、西部和东北地区，国土面积分别占全国面积的 10.7%、71.5% 和 8.3%，2020 年人口分别占全国的 25.29%、26.54% 和 6.86%，地区生产总值分别占全国的 21.87%、20.99% 和 5.03%，一次能源生产量分别占全国的 25.5%、51.73%、4.29%，能源消费总量分别占全国的 20.44%、27.85%、8.75%（见表 7-1）。

表 7-1　　　　　　　我国区域发展四大板块基本状况（2020 年）

区域划分	国土面积（万平方千米）	人口数量（亿人）	地区生产总值		一次能源生产量		能源消费总量	
			单位（亿元）	占全国比重（%）	单位（万吨标准煤）	占全国比重（%）	单位（万吨标准煤）	占全国比重（%）
东部地区	91	5.63	525 752	51.75	75 426.92	18.49	213 943.44	42.96
中部地区	103	3.65	222 246	21.87	104 034.68	25.50	101 804.53	20.44
西部地区	686	3.83	213 292	20.99	211 050.43	51.73	138 691.77	27.85
东北地区	80	0.99	51 125	5.03	17 487.96	4.29	43 560.26	8.75
总计	960	14.43	1 015 986	100	408 000.00	100	498 000.00	100

资料来源：根据《中国统计年鉴 2021》和《中国能源统计年鉴 2021》有关数据整理。

从以上数据可以看出，东部地区依然是我国经济活动最频繁、产业最集中、能源消耗最多的区域。其以不到 10% 的国土面积，消耗了全国近一半的能源。因此，当前只要把握住东部地区的能源消费趋势，就能够把握住我国能源消费的总体趋势。

7.1.2　主体功能区战略对我国能源消费格局的影响

主体功能区是当前指导我国空间发展的重要理念，其目的是构建高效、协调、可持续的国土空间开发格局，是我国第一个也是唯一一个国家层面的国土空间开发规划；是推动形成"两横三纵"城市化战略格局、"七区二十三带"农业战略格局、"两屏三带"生态安全战略格局①的重要支撑；是在我国当前的自然资源禀赋分布状况、生态环境承载力状况以及产业发展状况的基础上通过充分的分析论证和科学的趋势判断后根据不同区域的特点，结合我国整体空间发展情况所提出的具有前瞻性的空间理

---

① "两横三纵"城镇化战略格局是指以陆桥通道、沿长江通道为两条横轴，以沿海、京哈京广、包昆和西部陆海新通道为三条纵轴，以轴线上城市群和节点城市为依托、其他城镇化地区为重要组成部分的城镇化战略格局。"七区二十三带"是指中国"十二五"期间的优势农业布局，包括水稻、小麦、玉米等作物的分布。"两屏三带"生态安全战略格局，指"青藏高原生态屏障""黄土高原—川滇生态屏障"和"东北森林带""北方防沙带""南方丘陵山地带"。

念。主体功能区规划的出台打破了原有的行政区划边界，全国土地划分为四类不同的功能区域：优化开发区、重点开发区、限制开发区和禁止开发区四类。

7.1.2.1 优化开发区

优化开发区是我国经济发达地区，是提升我国综合竞争实力、带动区域创新、参与国际分工的示范性区域，是我国重要的人口和经济密集区。由于其对要素超强的吸聚能力造成了人口、资本、产业的过度密集，存在集聚性衰退的隐患，从而有必要对其发展的内涵进行优化。因此，优化开发区应具有以下特点：综合实力较强，能够体现国家竞争力；经济规模较大，能支撑并带动全国经济发展；城镇体系比较健全，有条件形成具有全球影响力的特大城市群；内在经济联系紧密，区域一体化基础较好；科学技术创新实力较强，能引领并带动全国自主创新和结构升级。① 在空间上包括环渤海地区、长江三角洲地区和珠江三角洲地区三大区域。

优化开发区所包括的三大区域均位于我国"两横三纵"城市化战略格局的沿海通道上，是我国贯通南北的重要交通、经济节点，是我国先进制造业、现代服务业和科技创新与技术研发基地，是推动我国经济发展的重要引擎。环渤海地区由以京津冀为中心的京津冀、辽中南和山东半岛三个地区组成。其功能定位是：我国北方地区的对外开放门户；"三北"② 地区发展的龙头。长江三角洲地区由上海市、江苏省、浙江省部分地区组成，其功能定位是：长江流域对外开放门户；世界级大城市群；长江流域发展的龙头。珠江三角洲地区由广东省中部和南部的部分地区组成，其功能定位是：粤港澳经济融合和经济一体化发展的中心；南方地区对外开放的门户；华南、中南和西南地区发展的龙头（见表7-2）。

---

① 全国主体功能区规划——构建高效、协调、可持续的国土空间开发格局 [EB/OL]. 中华人民共和国中央人民政府网站，http：//www. gov. cn/zwgk/2011 – 06/08/content_1879180. htm，2011 – 06 –08.

② "三北"地区指的是我国的东北、华北北部和西北地区。

表 7-2   国家层面优化开发区的名称及范围

地区	范围
环渤海地区	京津冀地区：北京市、天津市、秦皇岛市、唐山市、沧州市（8）、廊坊市（7）、保定市（3）； 辽中南地区：沈阳市、大连市、丹东市、锦州市、营口市、盘锦市、葫芦岛市； 山东半岛地区：青岛市（7）、烟台市（7）、威海市（3）、潍坊市（5）、东营市（2）、滨州市（1）
长江三角洲地区	上海市； 江苏省：南京市、苏州市、无锡市、常州市、镇江市、扬州市、泰州市、南通市； 浙江省：杭州市、宁波市、嘉兴市、湖州市、绍兴、舟山市
珠江三角洲地区	广州市、深圳市、珠海市、佛山市、东莞市、中山市、惠州市、江门市、肇庆市

注：表中括号部分为涉及的部分区域数量。划分依据：《全国主体功能区规划》《河北省主体功能区规划》《辽宁沿海经济带发展规划》《山东省主体功能区规划》《浙江省主体功能区规划》《广东省主体功能区规划》。

7.1.2.2 重点开发区

重点开发区既是缓解优化开发区发展压力，又是解决限制开发区和禁止开发区人口、资源、环境矛盾的重要区域。其具备较强经济基础，具有一定科技创新能力和较好发展潜力；城镇体系初步形成，具备经济一体化条件，中心城市有一定辐射带动能力，有可能发展成为新的大城市群或区域性城市群；能够带动周边地区发展，且对促进全国区域协调发展具有重大意义。[1] 在空间上包括冀中南地区、太原城市群、呼包鄂榆地区、哈长地区、东陇海地区、江淮地区、海峡西岸经济区、中原经济区、长江中游地区、北部湾地区、成渝经济区、黔中地区、滇中地区、藏中南地区、关中—天水地区、兰州—西宁地区、宁夏沿黄经济区、天山北坡地区共18个区域（见表7-3）。

除藏中南地区外，其余17个重点开发区与优化开发区相同均位于我国"两横三纵"城市化战略格局的各大通道中，均是我国重要的交通、经济节点。

---

[1] 全国主体功能区规划——构建高效、协调、可持续的国土空间开发格局 [EB/OL]. 中华人民共和国中央人民政府网站，http：//www.gov.cn/zwgk/2011-06/08/content_1879180.htm，2011-06-08.

表7-3   国家层面重点开发区的名称及范围

区域名称	范围
冀中南地区	河北省：石家庄市（15）、保定市（8）、邢台市（8）、邯郸市（9）
太原城市群	山西省：太原市、汾阳市、长治市、临汾市、忻州市
呼包鄂榆地区	内蒙古：呼和浩特市、包头市、鄂尔多斯市； 陕西省：榆林市（6）
哈长地区	黑龙江省：哈尔滨市、大庆市、齐齐哈尔市、牡丹江市、绥芬河市； 吉林省：长春市（5）、吉林市（4）、延边市（3）、珲春市、松原市（1）
东陇海地区	江苏省：徐州市、连云港市； 山东省：枣庄市（2）、潍坊市（1）、日照市（2）、临沂市（4）
江淮地区	安徽省：合肥市（6）、芜湖市（6）、马鞍山市（5）、铜陵市（4）、池州市（1）、滁州市（2）、宣城市（1）
海峡西岸经济区	福建省：福州市、厦门市、泉州市、宁德市、莆田市、漳州市； 浙江省：温州市； 广东省：汕头市（6）、汕尾市（2）、潮州市（2）、揭阳市（4）
中原经济区	河南省：郑州市、开封市、洛阳市、平顶山市、新乡市、焦作市、许昌市、漯河市、济源市、安阳市、濮阳市、鹤壁市、商丘市、周口市、驻马店市、三门峡市、南阳市、信阳市
长江中游地区	湖北省：武汉市（13）、黄石市（5）、鄂州市（2）、孝感市（3）、黄冈市（1）、咸宁市（1）、直管市（3）； 湖南省：长沙市（9）、株洲市（7）、湘潭市（2）、衡阳市（4）、岳阳市（2）、常德市（1）、益阳市（2）、娄底市（3）； 江西省：南昌市（6）、景德镇市（3）、九江市（5）、新余市（1）、鹰潭市（2）、抚州市（1）
北部湾地区	广东省：湛江市（6）； 广西壮族自治区：南宁市（7）、北海市（3）、防城港市（3）、钦州市（3）； 海南省：海口市、三亚市、洋浦经济开发区、文昌市（3）、琼海市（2）、陵水县（1）、乐东县（1）、东方市（1）、昌江县（2）、儋州市（3）、临高县（2）、澄迈县（1）、定安县（1）
成渝经济区	重庆市：渝中区、大渡口区、江北区、沙坪坝区、九龙坡区、南岸区、北碚区、巴南区、渝北区、涪陵区、万盛区、长寿区、江津区、合川区、永川区、南川区、双桥区、綦江县、潼南县、铜梁县、大足县、荣昌县、璧山县、万州区、开县、垫江县、梁平县、忠县、丰都县、黔江区； 四川省：成都市（19）、德阳市（5）、绵阳市（4）、乐山市（7）、眉山市（5）、雅安市（3）、资阳市（2）、中江县、三台县、盐亭县、梓潼县、安岳县、乐至县、井研县、汉源县、芦山县、洪雅县、沐川县、石棉县、峨边县、马边县

续表

区域名称	范围
黔中地区	贵州省：贵阳市（9）、遵义市（3）、安顺市（2）、毕节市（3）、黔东南州（2）、黔南州（5）；开阳县（9）、绥阳县（7）、仁怀市（12）、普定县（6）、金沙县（7）、大方县（18）、长顺县（12）、贵定县（10）、镇宁县（1）
滇中地区	云南省：昆明市、曲靖市、楚雄市、玉溪市
关中—天水地区	陕西省：西安市、铜川市、宝鸡市、咸阳市、渭南市、商洛市； 甘肃省：天水市（2）、陇南市（2）
兰州—西宁地区	甘肃省：兰州市（7）、白银市（2） 青海省：西宁市、海东市、格尔木市
宁夏沿黄经济区	宁夏回族自治区：银川市、石嘴山市、吴忠市、中卫市
天山北坡地区	新疆维吾尔自治区：乌鲁木齐市、克拉玛依市、石河子市、奎屯市、昌吉市、乌苏市、阜康市、五家渠市、博乐市、伊宁市、哈密市（1）、吐鲁番市（1）、鄯善县（1）、托克逊县（1）、奇台县（1）、吉木莎尔县（1）、呼图壁县（1）、玛纳斯县（1）、沙湾县（1）、精河县（1）、伊宁县（1）、察布查尔县（1）、霍城县（3）
藏中南地区	西藏自治区：拉萨市、日喀则市、那曲县、泽当镇、八一镇

注：表中括号部分为涉及的部分区域数量；划分依据：《全国主体功能区规划》《河北省主体功能区规划》《山西省国民经济和社会发展第十二个五年规划》《山西省主体功能区规划》《内蒙古主体功能区规划》《黑龙江省主体功能区规划》《吉林省主体功能区规划》《江苏省主体功能区规划》《山东省主体功能区规划》《安徽省主体功能区规划》《福建省主体功能区规划》《浙江省主体功能区规划》《广东省主体功能区规划》《河南省主体功能区规划》《湖北省主体功能区规划》《湖南省主体功能区规划》《江西省主体功能区规划》《广东省主体功能区规划》《广西壮族自治区主体功能区规划》《海南省主体功能区规划》《重庆市主体功能区规划》《四川省主体功能区规划》《贵州省主体功能区规划》《云南省国民经济和社会发展第十二个五年规划纲要》《甘肃省主体功能区规划》《宁夏沿黄城市带发展规划》《新疆主体功能区规划》。

7.1.2.3　限制开发区

限制开发区分根据其功能定位为两类：一是农产品主产区；二是重点生态功能区。农产品主产区具备较好农业生产条件，以提供农产品为主体功能，以提供生态产品、服务产品和工业品为其他功能。此类区域需要在国土空间开发中限制进行大规模高强度工业化城镇化开发，以保持并提高农产品生产能力。① 在空间上包括东北平原、黄淮海平原、长江流域、汾

---

① 全国主体功能区规划——构建高效、协调、可持续的国土空间开发格局［EB/OL］. 中华人民共和国中央人民政府网站，http：//www. gov. cn/zwgk/2011 - 06/08/content_1879180. htm，2011 - 06 - 08.

渭平原、河套灌区、华南、甘肃新疆在内的 7 大农产品主产区和以水稻、小麦、玉米等农产品生产为主的 23 个产业带；重点生态功能区是指生态系统十分重要，关系全国或较大范围区域的生态安全，目前生态系统有所退化，需要在国土空间开发中限制进行大规模高强度工业化城镇化开发，以保持并提高生态产品供给能力的区域。[①] 生态功能区包括大小兴安岭森林生态功能区、黄土高原丘陵沟壑水土保持生态功能区、塔里木河荒漠化防治生态功能区和川滇森林及生物多样性生态功能区在内的 25 个地区，根据功能可分水源涵养型、水土保持型、防风固沙型和生物多样性维护型四类。

7.1.2.4　禁止开发区

禁止开发区是指具有代表性的自然生态系统、珍稀濒危野生动植物物种的天然集中分布地、有特殊价值的自然遗迹所在地和文化遗址等，需要在国土空间开发中禁止进行工业化城镇化开发的重点生态功能区，包括国家级自然保护区、世界文化自然遗产、国家级风景名胜区、国家森林公园、国家地质公园在内的 1 443 处区域，面积占全国国土面积的 12.5%。[②]

随着主体功能区这一具有前瞻性和科学性的国家级空间发展规划的逐步实施，我国区域发展格局和空间结构将发生进一步的变化。

首先，区域非均衡发展的极化效应被进一步强化。主体功能区根据我国人口、经济、社会、环境等因素的发展现状将我国国土空间划分为四类功能区域，即优化开发区、重点开发区、限制开发区和禁止开发区，其目的是通过科学的空间功能划分规范空间开发秩序，促进区域分工协作，最终缩小区域差距。但是，目标的达成需要一个漫长的过程，从规律上看，必然会经历一个从非均衡到均衡的阶段。因此，在未来一段时间内，优化开发区和重点开发区将成为我国经济社会发展的核心区域，成为我国区域经济发展的重要增长极和经济中心。

从区域功能定位的角度来看，优化开发区具有较好的产业基础，无论

---

①② 全国主体功能区规划——构建高效、协调、可持续的国土空间开发格局［EB/OL］. 中华人民共和国中央人民政府网站，http：//www.gov.cn/zwgk/2011 – 06/08/content_1879180.htm，2011 – 06 – 08.

是现在还是未来都是带动我国经济社会发展的核心区域；重点开发区具备较好的产业发展潜力，具有成为区域性经济中心的能力，是未来我国区域性的经济中心；限制开发区和禁止开发区具有较为丰富的自然资源但资源环境承载力较弱，是为我国经济社会实现可持续发展提供资源、环境、生态支撑和保障的区域。

其次，区域间的要素流动将更加频繁。随着优化开发区和重点开发区经济中心的形成，产业政策将向这些区域倾斜，企业将向经济中心聚集。区域内的经济活动将变得更加活跃，生产、生活成本将进一步降低，从而刺激周围的要素进一步向经济中心集聚，而要素的集聚又会进一步强化中心的极化效应。我国资源丰富的地方往往都是经济欠发达的地区和生态脆弱的地区，这些地区通常被划分在限制开发区或禁止开发区内。因此，可以判断的是，在未来我国区域经济协同发展的过程中，生产要素的流动将更加频繁。

从要素流动的角度来看，优化开发区是我国当前的产业中心、创新中心和经济中心，它对要素具有极强的吸聚能力，无论是劳动力、资本还是技术都主动向其集中；重点开发区具有较好的产业发展潜力，优化开发区中因产业升级所引起的外迁产业会优先向重点开发区转移，从而强化重点开发区对要素的集聚作用，推动区域性经济中心的形成；随着优化开发区和重点开发区"中心"地位的确立，限制开发区和禁止开发区自然就成为要素流出的"外围"区域，在未来很长时间内的主要功能是辅助经济中心的发展，提供支撑与保障。因此，优化开发区和重点开发区必然是我国主要的能源消费中心。

最后，区域间的分工与协作更加密切。主体功能区对国土空间在功能上的管治，使得区域间不得不加强区域合作：一方面，优化开发区和重点开发区凭借良好的产业基础和较强的环境承载能力，在政策的推动下优先发展起来，并形成区域性的增长极。当增长极发展到一定程度后，增长极的扩散效应开始强于极化效应，推动技术和要素向外围寻优扩散，从而带动作为"外围"的限制开发区和禁止开发区的发展。另一方面，限制开发区和禁止开发区作为规划"外围"区域在经济中心的极化效应强于扩散效应时，区域内的产业发展必然会受到影响，但也会推动这些区域不得不发挥区域内的资源比较优势，因地制宜发展资源环境可承载的优势产业。同时，积极加强与中心区域间的联系，力争成为未来产业寻优转移中的最佳承接区域。

7.1.3 我国未来能源消费新格局和新态势

随着主体功能区空间战略的逐步推进，未来我国国土空间开发秩序和空间结构将得到进一步优化，并逐步形成主体功能定位明确、东中西良性互动的区域协调发展格局。在空间上形成以优化开发区和重点开发区为主导区域、限制开发区和禁止开发区为辅助区域的产业发展格局。

从2020年的数据来看，主体功能区的优化开发区和重点开发区（简称"3+18"地区）的生产总值占全国总量的78.7%，能源消费总量占全国总量的61.15%。其中，18个重点开发区的生产总值为43.3亿元，占"3+18"地区的54.25%，能源消费总量占"3+18"地区的49%（见表7-4）。

表7-4　　我国优化开发区及重点开发区基本状况（2020年）

区域划分		国土面积（万平方千米）	地区生产总值		能源消费总量	
			单位（亿元）	占全国比重（%）	单位（万吨标准煤）	占全国比重（%）
优化开发区	环渤海地区	22.7	122 886.7	12.10	94 949.74	18.12
	长江三角洲地区	12.2	164 141.77	16.16	47 510.19	9.07
	珠江三角洲地区	5.1	78 707.46	7.75	20 950.14	4.00
重点开发区	冀中南地区	6.7	15 726	1.55	7 716.28	1.47
	太原城市群	6.8	8 580.65	0.84	4 772.71[1]	0.91
	呼包鄂榆地区	17.5	13 212	1.30	12 440.65	2.37
	哈长地区	27.6	19 229.03	1.89	2 045.08[2]	0.39
	东陇海地区	6	25 013	2.46	9 994.30	1.91
	江淮地区	5.7	22 498	2.21	8 445.74	1.61
	海峡西岸经济区	8.3	50 296.51	4.95	26 356.42	5.03

续表

区域划分		国土面积（万平方千米）	地区生产总值		能源消费总量	
			单位（亿元）	占全国比重（%）	单位（万吨标准煤）	占全国比重（%）
重点开发区	中原经济区	16.7	54 989.16	5.41	13 165.14	2.51
	长江中游地区	20.5	70 038	6.89	21 094.06	0.40
	北部湾地区	8	16 221.30	1.60	12 696.49[3]	2.4
	成渝经济区	12.7	73 601.59	7.24	23 976.82	4.58
	黔中地区	13.1	13 805.75	1.36	8 473.08	1.62
	滇中地区	7.5	13 123.16	1.29	2 502.48	0.48
	关中—天水地区	11.7	18 608	1.83	4 297.26[4]	0.82
	兰州—西宁地区	18.1	5 577.53	0.55	2 621.25[5]	0.50
	宁夏沿黄经济区	5	3 568	0.35	7 691.70	1.47
	天山北坡地区	30	9 768.75	0.96	15 202.31	2.90
	藏中南地区	—	—	—	—	—
总计		261.9	799 592.35	78.70	320 469.05	61.15
全国		960	1 015 986	100	524 000	100

注：[1] 长治市、忻州市数据缺失。
[2] 大庆市、牡丹江市、珲春市数据缺失。
[3] 北海市、防城港市以及儋州市的数据缺失。
[4] 铜川市数据缺失。
[5] 白银市数据缺失。
资料来源：根据《中国统计年鉴》《中国能源统计年鉴》、各省市《统计年鉴》计算得到。

随着我国经济发展方式转变的加速，产业在不同经济区域间的转移将更加频繁，优化开发区转移出来的产业将在 18 个重点开发区中进行寻优转移。因此，可以预见，随着主体功能区规划的推进，18 个重点开发区的增长极地位将不断增强，集聚能力将得到进一步的提升。从而在空间上改变我国当前仅以东部地区为经济中心，其他区域为经济腹地的空间发展格局。

此外，优化开发区向外转移的产业多是在产业结构调整和升级中淘汰的高耗能产业，对产业承接区域的经济具有较大的拉动作用，但我们必须意识到这类产业的转移必然伴随着能源消费的转移。18 个重点开发区因为承接产业转移，在生产总值大幅增长的同时，必然也会伴随着能源消费总量的大幅增长。

因此，主体功能区的重点开发区和优化开发区将成为我国未来的经济中心，同时也是未来我国能源的消费中心。把握"3 + 18"地区的能源消费趋势，就能把握住我国未来能源消费的总体格局和方向。

7.2　我国综合能源生产基地的建设与布局

传统意义上，能源生产基地通常是指具有大规模能源生产能力和一定的跨区域能源运输服务能力且能源资源相对富集的区域，从宏观上可以分为区域性能源基地和国家级能源基地两类。近年来，随着全球能源需求、供给形势的变化，以及市场对能源资源配置的基础性作用的加强，我国传统能源生产基地已不能满足区域经济协调发展的要求。因此，传统能源生产基地的内涵与功能定位需要进行拓展和升级：首先，能源生产基地应具有较强的资源禀赋优势，拥有能够支撑较长时间开采、较大规模生产的资源储备。其次，能源生产基地应具有较强的产业优势，具有从事高效率的能源终端产品生产和组织能源技术创新活动的能力。再次，能源生产基地应具备较强的对能源初级资源和终端产品的中、远程输送能力。例如，煤炭资源生产基地通常应具有较强的公路、铁路或航空运输能力；电力资源生产基地应具有较强的变电、输电能力等。最后，能源生产基地应具备一定的区位优势。随着资源获取的多元化，能源生产基地自身应具备开采、生产和运输等能力以外，在空间上还应该具备一定的外部能源接收优势，是我国外部能源接收的重要空间节点。此外，能源生产基地和经济中心相似，还应具备突破行政区域限制的特点。

能源生产基地正是通过这样不断地拓展和升级逐渐成为具有经济辐射作用、示范作用的大型能源生产综合基地。大型能源生产综合基地的形成意味着我国能源生产格局的变化，而能源生产格局的变化又关系到我国不同能源资源间的统筹与协调以及我国区域经济协调发展的长远战略问题。因此，准确把握我国能源生产基地的演变趋势，对确保我国区域能源供需平衡、区域能源安全具有十分重要的意义。

7.2.1　我国能源生产基地的现状及特点

目前，我国在全国范围内大致有 13 大煤炭基地，6 大石油、天然气基地，12 大水电基地等多个一次能源生产基地。[①]

7.2.1.1　煤炭生产基地

我国煤炭资源主要分布在神东、黄陇、宁东、陕北、晋北、晋东、晋中、河南、两淮、鲁西、冀中、蒙东、云贵 13 个地区。

从煤炭的跨区域调配情况看，神东、晋北、晋中、晋东、陕北大型煤炭基地是我国"西电东送"北通道的电煤基地，主要向华东、华北、东北等地区供给煤炭；黄陇、宁东基地主要负责向西北、华东、中南地区供给煤炭；冀中、河南、鲁西、两淮基地负责向京津冀、中南、华东地区供给煤炭；蒙东基地负责向东北三省和内蒙古东部地区供给煤炭；云贵基地作为"西电东送"南通道的电煤基地负责向西南、中南地区供给煤炭。

7.2.1.2　石油、天然气生产基地

我国 6 大石油、天然气基地包括以大庆油田为中心的东北石油基地、以胜利油田为中心的华北石油基地、新疆石油天然气基地、陕甘青石油天然气基地、四川天然气基地以及海域油气基地。其中，石油资源主要分布在松辽、渤海湾、塔里木、准噶尔和鄂尔多斯盆地，石油储量占全国石油总量的 85% 以上。

天然气资源主要分布在鄂尔多斯、四川、塔里木、东海、莺歌海等区域，天然气剩余可采储量占全国总量的 80% 以上。[②]

7.2.1.3　水电生产基地

我国水能资源主要分布在黄河、长江、珠江以及黑龙江等几大水系的

---

① 详见《国家发展改革委关于大型煤炭基地建设规划的批复》。
② 数据源于《中国能源统计年鉴》。

干流及其主要支流上，包括金沙江流域、雅砻江流域、大渡河流域、长江上游流域、澜沧江流域、怒江流域、南盘江红水河流域、湘西地区、闽浙赣地区和东北地区、黄河上游地区、黄河中游北干流地区等。从水能资源的分布情况来看，与我国山脉和河流的总体走势相同，水能资源呈现出西多东少的状况，其中西部12省的水能资源占到全国总量的80%以上，云南、四川、贵州、重庆和西藏占比高达65%。[①]

虽然我国具有较为丰富的水能资源，但受到分布状况和开发条件等多方面因素的限制，我国水电开发的比重还较小，按照发电煤耗计算法，2011年水电生产量仅占全国一次能源生产总量的7%。[②] 因此，水电作为我国开发技术最为成熟的清洁、新能源和可再生能源具有广阔的前景。根据我国水能资源的分布和开发情况，中国水利水电规划设计总院对我国水能资源进行了总体规划布局，并设立了12大水电基地（见表7-5）。

表7-5　　　　　　我国12大水电基地布局及基本情况

基地名称	范围	代表性水电站
金沙江	云南石鼓—四川宜宾	向家坝、溪洛渡
雅砻江	两河口—河口	二滩、锦屏一级、锦屏二级
大渡河	双江口—铜街子河段	铜街子、龚嘴、沙湾、瀑布沟
乌江	干流	构皮滩、龚家渡
长江上游	宜宾—宜昌、清江	三峡、葛洲坝
南盘江红水河	贵州兴义—广西桂平	龙滩、岩滩
澜沧江干流	云南	小湾、大朝山
黄河上游	龙羊峡—青铜峡	龙羊峡、刘家峡、青铜峡
黄河中游北干流	内蒙古托克托县河口镇—山西禹门口	万家寨、天桥、龙门
湘西	沅水、资水、澧水、清水江	五强溪、拓溪、三江口
闽浙赣	福建、浙江、江西	永定、新安江、万安
东北	黑龙江、牡丹江、嫩江、松花江上游、鸭绿江	二道沟、布西、丰满、太平湾

①② 数据源于《中国能源统计年鉴》。

7.2.2 我国能源生产综合基地的布局与发展

从全国区域发展整体情况和各种能源生产基地的关系看，具备形成区域性或国家级能源生产基地的区域有 4 个：晋陕蒙综合能源生产基地、东北石油生产基地、西北综合能源生产基地和西南综合能源生产基地。

7.2.2.1 晋陕蒙综合能源生产基地

空间范围包括山西、陕西和内蒙古地区。拥有我国 13 大煤炭基地中的6 个，煤炭生产能力占 13 大煤炭基地生产能力的 45%，煤炭储量占 13 大煤炭生产基地的 70% 以上；该区域内的鄂尔多斯盆地是我国油气资源最丰富地区之一；区内的黄河中游北干流是我国 12 大水电基地之一。在未来该基地主要以煤炭开采、加工和火力发电为主。区域内煤炭资源主要集中在山西、内蒙古东部和陕北地区，已探明的煤炭资源储量为 6 540 亿吨，可开采量为 1 210 亿吨，占我国总量的 60% 以上。区内有年产量千万吨级的大型煤矿 10 处，其中山西大同、西山、朔州、阳泉、晋城和内蒙古的神东的年产规模均在 3 000 万吨以上。区内煤炭净出口量达到 8 亿吨以上，主要向长三角、环渤海、华中地区和东北地区输送煤炭，是我国"西电东送"北通道的电煤基地；天然气资源主要集中在鄂尔多斯盆地、陕西、内蒙古境内，已探明储量约为 1 万亿立方米，占全国总量的 35%，年产量约为 200 亿立方米，主要通过管道向北京、西安等地输送，是"西气东输"的重要气源[①]；此外，内蒙古地区风能资源开发条件较好，是陆地上除青藏高原、新疆和甘肃河西走廊之外的风能资源富集区。该地区地势平坦、交通便捷，与华北电网相邻，是我国最具开发潜力的大中型风电开发区域之一。

除了具有良好的资源优势以外，晋陕蒙地区充分发挥比较优势，建立了多处坑口电厂和煤化工工业、天然气化工工业，形成了以煤炭、电力为主的高耗能产业体系。近年来，通过对煤炭基地的建设，区内采取"改小建大"的资源整合方式，推动大型煤炭企业与小型煤矿的合并，基本形成

---

① 详见《中国能源统计年鉴》。

了以神华集团、大同煤矿集团有限责任公司、山西焦煤集团有限责任公司等企业集团为主体的能源产业集群。

晋陕蒙地区煤炭外运主要通过铁路完成，依托大秦铁路、朔黄铁路、京沪高速铁路、京广铁路等铁路干线形成了多条东向和南向运煤通道。由于我国2/3的煤炭由该地区生产和输送，因此，基本形成了以晋陕蒙地区为核心，以铁水联运为主要运输方式的煤炭跨区域调配格局（见表7-6）。

表7-6　　　　　　　　　2020年晋陕蒙地区煤炭调出（入）情况

区域	调出量（万吨）	调入量（万吨）	净调出（万吨）	全国排名
山西	62 093.36	8 907.59	53 185.77	2
陕西	49 350.84	3 085.06	46 265.78	3
内蒙古	57 862.38	4 598.27	53 264.11	1

注：调入调出量不包括进口出口量。
资料来源：《中国能源统计年鉴2021》。

7.2.2.2　东北石油生产基地

空间范围包括辽宁、吉林和黑龙江地区。是我国最早进行石油资源开发的地区，也是我国石油资源最多的地区，是我国原油和成品油供应的主要来源区。拥有大庆、辽河等大型油田，原油产量一度占到全国总产量的40%以上。但2000年以后，随着我国对资源的利用方式和资源稀缺性的深入认知，东北地区的原油产量逐渐减少，近年来年产量下降到占全国比重的23%左右，主要满足区内炼油企业和华北、东北部分石油化工企业的生产需求。尽管如此，东北地区依然是我国石油资源外调最多的地区（见表7-7）。

表7-7　　　　　　　　　东北地区原油产量变化　　　　　　　　　单位：万吨

区域	2000年	2005年	2010年	2015年	2020年
辽宁	1 401.1	1 261	950	1 037.1	1 049.4
吉林	348.5	550.6	702.3	665.5	404.4
黑龙江	5 306.7	4 516	4 004.9	3 838.6	3 001

续表

区域	2000 年	2005 年	2010 年	2015 年	2020 年
东北合计	7 056.3	6 327.6	5 657.2	5 541.2	4 454.8
全国	16 300	18 135.3	20 301.4	21 455.6	19 476.9
比重（%）	43.29	34.89	27.87	25.83	22.87

资料来源：《中国能源统计年鉴2021》。

围绕原油冶炼行业，东北地区形成了较为完善的油品生产、加工体系，具有良好的油品深加工基础。区内拥有大型炼油厂十余家，为进一步形成以石油产业为核心的现代能源产业集群提供了良好的条件。

东北地区是我国原油及成品油管道和铁路干线分布最密集的地区。依托发达的管道网络以及哈大线、滨洲线、京哈线等铁路干线向东部地区输出了大量的原油及成品油。

7.2.2.3　西北综合能源生产基地

空间范围包括新疆、青海、甘肃和宁夏地区，拥有丰富的石油、天然气、煤炭和水能资源。而龙羊峡以上的黄河干流理论总装机容量可达 8 620 兆瓦（MW），但受自然条件的影响，目前还不具备开发条件；此外，这一地区也是我国重要的外部能源接入点，中亚地区与俄罗斯的油气资源将通过这一区域进入我国。

西北地区受自然地理因素的影响虽然具有丰富的资源储备但并未能形成与自然资源优势相对应的能源产业体系，同时交通基础相对较弱仅依靠包昆线、兰新线等纵横通道，不足以对西北能源中心向我国经济中心和能源消费中心的供给形成支撑，能源通道建设有待进一步加强。

7.2.2.4　西南综合能源生产基地

空间上包括云南、贵州、四川、重庆和广西五省（自治区、直辖市）。以水能资源最为丰富，同时还有较为丰富的煤炭和天然气资源。

西南地区是我国资源密集且储量较大的区域之一，对我国在很长时期内的区域能源平衡问题有着决定性的作用。但是，受到环境、基础设施、开发技术、能源消费结构等多种因素的影响，区域的资源禀赋优势并没有得到充分的展现。

综上所述，我国四大能源基地中较为成熟的是晋陕蒙综合能源生产基地；东北石油生产基地受到产量下降的影响，其中心地位在逐渐下降；而西南和西北两大能源基地因为地理位置、基础设施、能源消费结构等因素其资源开发和产业体系还处于发展的初期，中心地位并不十分突出。随着日益增加的能源消费需求和全国性能源消费结构的调整，我国能源生产基地未来发展战略的调整显得十分紧迫。

7.3 我国区域能源协调发展面临的趋势与困境

7.3.1 我国区域能源协调发展新趋势

从区域能源生产来看，一方面，虽然我国存在晋陕蒙、西北、西南和东北四大能源基地，但真正具有中心地位的只有晋陕蒙地区，其他三大基地还没有形成其"中心"地位。虽然东北基地具有良好的产业基础，但由于其资源储量的减少，开发压力和成本逐年上升，已经出现明显的衰退迹象；而西南、西北两个基地由于发展较晚，其中心地位尚未真正形成，但在快速增长的能源需求及多年大量的能源资源消耗的形势下，西部地区依然是我国能源资源开发的最佳接续区域。水能资源随着广西、湖北和贵州地区开发项目的完成，将重点向四川、云南偏移；石油资源在挖掘东北和东部地区潜力的同时将进一步向内陆的新疆、西藏地区拓展；继晋陕蒙地区之后，内蒙古西部、宁夏和新疆将成为我国最大的煤炭资源储藏地区。由此可见，未来我国能源开发重心的西移是大势所趋。可以看出，我国能源生产基地的中心地位随着产量的减少和区域能源供需平衡能力的减弱正在发生动摇，旧的供应格局已不再适应需求的增长。因此，为了更好地适应新的能源发展方式，确保国际资源输入的充分利用，提高对国内消费中心能源需求的保障能力，我国能源基地的转型已经开始，而新的能源供给格局即将形成。

另一方面，仅靠自身的能源生产供给难以满足我国未来能源消费需求的增长。在很长的一段时间内，我们只有通过寻求区际间、国家间的能源合作去解决我国区域能源供需平衡问题。在这种无可选择的选择面前，我国现有的能源生产基地不得不去直视生产方式的转型问题。从目前来看，四大能源基地都面临着不同的转型问题。晋陕蒙基地产业结构过度依赖煤炭资源，产业结构不合理，经济发展与资源环境的矛盾突出，产业发展方式有待转变；东北基地产量减小，除挖掘区内资源潜力外，还需发挥国际能源的作用，中心的定位有待转变；西南基地有待发挥资源优势，由自给自足型向对外输出型转变；西北基地则需要大力发展能源产业，由资源储备型向全面发展型转变。

因此，晋陕蒙基地将向复合化发展，东北基地以潜力挖掘和振兴为主并向专业性能源生产基地发展，西南和西北能源基地的地位将得到进一步强化。从空间上，我国的能源基地将由原来的"一中心"向"四中心"的格局转变；从功能上将由单一化的资源供给功能向区域经济带动力强、辐射作用大的复合基地建设转变；从发展模式上将由依靠国内资源向充分发挥国内外资源优势、加强区际合作的模式转变。

7.3.2 我国区域能源协调发展面临的困境

区域产业结构的合理性和生态环境保护等问题都是传统能源生产基地发展过程中被长期忽视的问题。虽然随着时间的推移和经济社会的发展，很多问题已经得到了认知和重视，但一些问题依然阻碍着能源生产基地的进一步升级和优化。

7.3.2.1 传统的发展理念无法适应新的发展形势

传统的能源生产基地的职能以能源的开采和输出为主，其主要目的就是满足我国经济中心对能源的需求，区域产业的发展呈现出典型的资源指向型特征和粗放式发展特点。虽然我国已经意识到"以粗放型的能源生产和供给满足经济发展需求"的方式难以适应未来的发展，并且试图寻找大规模生产清洁可再生替代能源的方式和技术去改变当前的状况，但各种努力和尝试都不能充分地表达出我们对能源资源"稀缺性"这一概念的认知和理解。我们总是不断的在传统的思想框架下试图通过技术手段或尽可能多的供给去满足生产、生活对能源资源的需求，而忽视了能源利用效率这个重要的问题。正如我国基础能源生产能力在世界位居前列，但与国外发达国家相比在工艺和技术依然存在差距，这一差距表面看是由技术差距造成的，但归根结底是我们对能源利用效率认知程度的差距。又如，我国一些资源城市资源枯竭时所面临的产业衰退就是由于这些地区的产业发展长期处于产业价值链的中低端环节，没有完全摆脱以生产为目的的能源产业发展模式，满足于销售初级资源产品所获取的利润，产业结构单一，未能依托资源优势在区域内形成高效、集约的能源产业体系。因此，当面临资源枯竭的问题时，区域产业转型发展难度较大。

7.3.2.2 资源与环境的制约越来越明显

资源开发是一个漫长的过程，通常来说这一过程总是呈现出先易后难的特点。前期开发中出现的问题不会在第一时间暴露，在经过了一个积累的过程后才逐渐显现。我国能源基地的发展也正面临着问题显现的过程，各种矛盾制约着能源生产基地的发展与升级，其中资源与环境的矛盾愈发突出。

我国对水能资源的开发多以水电梯级开发为主，而水电梯级开发往往优先选择生态承载力强、地质灾害少和基础设施建设相对容易的地方进行。如较早进行水电开发的雅砻江二滩水电站位于四川省攀枝花市的盐边县境内、红水河龙滩水电站位于广西壮族自治区的天峨县境内，其开发条件都相对成熟。随着开发进度的推进，我国将对地理位置更偏僻、自然条件更严酷、生态承载力更加脆弱的地区进行开发，如怒江、雅砻江、澜沧江和金沙江上游横断山区地段。对这些地区的开发无论从工程施工还是生态保护的角度都将面临更多的困难与争议。

油气资源开发方面，我国五大主力油田大庆、胜利、辽河、华北、大港的可采储量已经出现衰减趋势，我国油气资源的对外依存度在逐渐攀高，1990~2011年我国原油消费量以每年平均8%的速度增长，2011年我国原油消费量为 46 264.42 吨，而当年的原油产量仅为 20 287.6 万吨[1]，其余全部需要进口。因此，传统的以产量为基础的能源基地定位亟待转变和升级。

煤炭资源的开发和生产方面，水是煤炭开采不可缺少的资源，而目前我国煤炭资源主要分布区的黄土高原和鄂尔多斯盆地属于干旱、半干旱地区，煤炭资源的开发和生产面临着水资源的严重制约。同时，前期煤炭开发忽视了对生态环境的治理，导致周边区域生态环境的恶化，进一步地开发势必会加剧区域生态环境的恶化。

7.3.2.3　国内资源难以满足能源供需平衡

随着经济社会的快速发展和能源消费结构的不断优化，我国对能源尤其是优质能源的需求在不断增加，而我国的优质能源资源储量有限，仅仅依靠国内资源的供给难以平衡供需缺口。因此，加强外部能源的补充对确保我国区域能源平衡具有重要作用。

外部能源补充有助于我国区域经济发展和区域能源供需平衡的同时也带来了新的问题，如能源安全问题、能源转化和配置问题等。例如，国内传统的能源生产基地多是以国内资源为指向的，而传统的资源指向型能源基地对外部能源的转化能力明显参差不齐，如东北石油生产基地，随着存储量的下降，资源产量和其生产能力出现严重的不匹配现象，通过外部能源的补充，能够提高其生产利用效率；而西北能源生产基地对自身能源资源的消化能力就严重不足，如果再增加外部能源供给可能会因为产能不足导致能源利用效率的降低。

7.4　我国区域能源协调发展路径

为保证能源供需缺口巨大的各能源消费中心的需求，可以在能源禀赋好的地区建立能源生产基地，进而实现区域能源协调发展。

---

[1]　详见《中国能源统计年鉴》。

7.4.1 能源生产基地建设的基本思路和原则

东北、西南、西北、晋陕蒙是我国的四大能源生产基地，建设能源基地应以其为中心。首先，振兴东北石油生产基地，加快西南、西北两地建设，增强晋陕蒙能源生产基地的复合功能，同时，建设专业性较强的区域性基地亦有积极推动作用。其次，统筹利用国外，尤其是周边国家在能源基地建设中的作用，是推动循环经济，促进协调发展的重要途径。再次，引导能源基地建设思维从以政府为主导向以市场为主导转变，引导建设模式从单一化向复合型转变，引导建设途径从单纯依赖国内向联动整合国内外资源转变。最后，创新管理方式和建设思路将是激活各能源基地发展动力的必由之路。

谈及具体建设，务必要注意两个结合，即把能源资源的开发利用、基地建设、国家整体开发战略有机结合——抓住时机，加快东北和中西部能源基地建设；把能源开发与建设环境友好型社会深入结合，制定合理的开发时序，在可再生资源及不可再生资源的开发强度上合理配伍。同时，还要统筹、改善与消费结构之间的关系。

7.4.2 大型综合性能源生产基地的建设途径

下面就几个对全国意义重大的能源基地的资源禀赋、供需情况进一步阐述。

7.4.2.1 建设晋陕蒙地区以煤炭为中心，多种能源共同开发的能源生产基地

晋陕蒙地区煤种齐全且质量上乘，是全国煤炭资源最丰富的区域，同时还拥有天然气、煤层气及多种金属矿资源。地理位置优越且交通便利，拥有多条运煤通道。依托独特的地理优势，交通便利，凭借内部协调合作、外部环境融洽，使其成为国内煤炭资源的绝对供应主体。可见，晋陕蒙地区是以煤炭、电力为主，天然气、煤层气为辅，炼焦、煤化工、高载

能工业等多种资源协调开发的大型能源生产基地。

基于晋陕蒙内各地在环境支撑能力、资源禀赋、经济情况等几个方面的综合分析，建议在具体建设中应做好以下几个方面。

（1）加强主力资源区建设以适应煤炭开发需求。

晋北地区：以大同和朔州为主体，改造中小型煤矿，整合大宁煤田，中远期产煤量预计可超过 4 亿吨，通过大秦线和朔黄线向外运输。大同和朔州是主要的火电电源区，在保证其他项目最低用水量的前提下，更多地发电以供给京津冀的需求。

晋西地区：河保偏矿区盛产优质炼焦煤，控制其开采规模，加强洗煤副产及动力煤种支撑河曲火电厂的扩建。

晋中地区：本地的汾孝煤田、山西煤田、河东煤田中南部，保有资源量超过 1 000 吨，炼焦煤中的肥、焦、瘦牌号齐全。依据国家指导性政策，在整顿改造小煤矿和小焦厂后，本地中远期炼焦煤应把产量控制在 1.3 亿吨内。另外，这里的铝土、铁矿产，冶金、化工、建材原辅料丰富，配合煤矿开发，将获得更好的效果，山西铝矿厂和太原钢铁公司在这些方面拥有丰富的经验、优秀的人才和先进的技术，是国家重要的重金属、煤炭生产公司。

晋东南地区：位于本地的沁水煤田是一块大面积连片分布的特大煤田。阳泉、晋城盛产优质无烟煤，应将其作为全国无烟煤供应基地大力发展。同时，进一步开发潞安、武夏两个矿区，将沁水煤田的开采总规模提升至 3 亿吨以上。另外，在交通上，将侯月线打造成运煤能力 1 亿吨以上的主力通道；充分利用沁水盆地水源充足的特点，在王曲新建电厂，在漳泽、阳泉、阳城三地扩建电厂，以建成供给华东、华中地区的重要电源。中期规模可以达到 2 000 万 ~ 3 000 万千瓦。

内蒙神东煤炭资源区：盛产优质动力用煤，部分可以进一步化学加工。在这一地区，应把准格尔和神东作为重点开发对象，与鄂尔多斯的煤炭开发进行联动，中远期生产能力将达到 4 亿吨以上。关于电力，丰镇、托克托、达拉特等地都有扩建和新建电厂的开发空间，主要为华北地区供应电力，中期规模可达 3 000 万千瓦以上。另外，本地已经开始建设大型煤化工程，预计中远期可达年产 1 000 万吨、3 000 万吨以上的规模。

陕北煤炭资源区：盛产低变质动力用煤，储量丰富，目前探测达1 000多亿吨。鉴于当地经济基础薄弱、距离主要能源消费区远，建议近中期把采煤作为重点，以开发榆横、榆神矿区为主，远期发展火电以供给华北电网。

黄陇煤炭资源区：此地东部已经被开采很长时间，西部则有彬长、黄陵、华亭等几处可以进一步开发。考虑到它的地理位置，建议可以向南给四川、贵州输送煤炭资源，规模可达1亿吨以上。另外，可以考虑建设和扩建发电厂，为华中地区输送电能。

（2）适度发展坑口火电。

目前，晋陕蒙地区的煤炭运输铁路已经将近满负荷运转，增容、扩建势在必行，主要的供需消费地是华北和华东地区，但其不经济性却越来越突出。转而使用输电方式则更加合理，可先在内蒙古西部、晋北、晋南、陕西建设装机超过100万千瓦的火力发电厂若干，主要供给京津冀地区和山东省、江苏省。但是由于本地水资源限制，火力发电厂的发展必须量力而行。就目前来看，沁水盆地和鄂尔多斯有较好的水资源潜力，可以作为火电厂选址。另外，陕北、宁东和冀中、豫北毗邻地区也可供考虑，此地大型火电厂规模中期可达1亿千瓦以上。远期则应与全国电网的运行进行统筹安排，而目前主要满足华北、华东、中原地区的需求。

（3）进一步开发利用煤层气和天然气。

煤层气由于受到政策和技术的限制，目前仍然处于开发利用的试验阶段。煤层气拥有燃烧充分、污染小等优点，且各大煤田中都蕴含丰富的煤层气资源，比如山西煤田，就目前的测算，存储量达10万亿立方以上。因此建议应尽早给予政策支持并研发合理安全的开发技术，使煤层气得到广泛利用。

此地的天然气已经开发多年，目前仍具有大规模开发的潜力。由于能源消费地的能源结构得到改善，现阶段的天然气处于供不应求的状态，且存在输气能力大于供气量的情况。因此大力开发天然气既有外部要求，又有内部实力。目前主要应用于西气东输和陕京管线。

（4）资源开发与环境保护统筹发展。

煤炭、天然气等资源开发势必影响当地环境，产生大量的污染，在开发中应兼顾经济效益和环境保护，做到可持续发展。应当分行业、分步骤应用环境友好型技术和高效节能设备，做好污水、废弃物处理工作；复垦绿化废弃矿坑；合并整合小电厂、小焦厂，对污染严重的城市，如太原、临汾等应加强监管。

7.4.2.2　建设西北地区以油气资源为核心，以煤炭资源为支持的能源生产基地

西北地区拥有丰富的油气资源，目前探明鄂尔多斯、准噶尔、吐哈、塔里木、柴达木盆地都有巨大的开发潜力。现阶段，准噶尔、塔里木石油开采基地已经形成相当规模，柴达木、塔里木天然气已经加入"西气东输"。国际关系上，中俄哈能源合作战略已经付诸实施，油气资源已经输入我国。

另外，新疆、宁夏地区拥有丰富的煤炭资源，西北地区具有充足的能力建设以油气资源为核心、以煤炭资源为支持的能源生产基地。在建设开采基地的过程中应注意做好：

（1）加强深化石油勘探开发。

近年来，我国石油开发的趋势是东部渐少、西部渐多，原因在于东部油田已经进入开发后期，而西部地区则不断发现新油田，因此西部地区在石油开发方面拥有极大的潜力。目前本地的石油开发主要是在鄂尔多斯、准噶尔、塔里木盆地。

（2）重视天然气开采，加强国际合作。

西北地区天然气资源丰富，新疆总储量为 8.4 万亿立方米，其中塔里木占 5 000 多亿立方米。目前已经开发的克拉二号气田，可保持 100 多亿立方米的年产量且可持续较长时间，但这个数字相对于当前长江三角洲、中原腹地的需求量差距巨大，因此应当加大该地的天然气资源开发。另外，借助中亚产气国的力量，积极与土库曼斯坦等国合作，也是补给内需的重要手段。

（3）加强煤炭资源勘探开采。

西北地区在煤炭资源方面也有着很好的禀赋。宁夏东部的煤炭主要供给缺煤的省（甘肃），太中铁路修通后则可以东西双向输送，满足发电和煤化

工工业的发展需要，可以激发更大规模的开发。但是受到地理位置限制，新疆地区丰富的煤炭资源很难转化为产业优势，故其可以作为后备基地。

（4）继续加强对水电资源的利用。

积极建设开发水资源，建立水电站，利用好黄河上游、中游水资源丰富的优势，使之在北方以火电为主的跨区电力系统中充分起到联网调峰的作用。

（5）促进经济发展，兼顾环境保护。

以资源优势促经济发展是西北部地区在今后相当长时期内要坚持走的路，但是在开发的同时还应当注意环境保护，不可杀鸡取卵，应利用合理的规划方案、先进的技术将开发资源对环境造成的负面影响降到最低。

总而言之，西北地区煤炭、天然气、石油资源均非常丰富，可以依托这些资源尽快扭转西部贫困的现状，为中东部地区提供充足的能源供给。与此同时，还应当兼顾环境保护，不可耗竭式发展。

7.4.2.3　建设西南地区以水电、天然气为主，积极利用多种能源的能源生产基地

西南地区是我国最大的水能资源富聚区。贵州、云南、四川、重庆、广西、西藏装机容量占全国总量的70%之多，在坝址的经济技术指标、开发技术等方面都有很好的表现。尤其是云南、四川两省，截至2020年底，两省水电装机容量分别达到7 556万千瓦和7 892万千瓦，分别占本省总装机的73%和78%，合计占全国水电装机的42%，是全球水电装机排名第二的巴西的1.4倍之多。[①] 建立的水电厂每年都为东部地区供给大量电能，支持东部地区发展。另外，西南地区的煤炭和天然气资源也很丰富：煤炭主要在贵州、云南两地，具有建立矿区的基础，是华南地区距离最近的煤炭资源供应点；天然气主要在四川，是全国四大气区之一。

本地在资源区建设过程中应当做到以下几个方面。

（1）做好区内水能资源开发规划及配套电网建设。

区域的主要河流有雅砻江、澜沧江、乌江、大渡河、南北盘江、金沙

---

① 详见《四川统计年鉴》《云南统计年鉴》。

江、雅鲁藏布江、红水河等，除雅鲁藏布江外，目前各河流都有不同程度的开发。近年来，由于政策的宽松，西南地区的水电开发进入快车道，各种水电厂纷纷落户，但是带来了开发过度的问题。面对这样的问题，一方面，不应该因噎废食，加大水资源的开发势在必行；另一方面，应当合理规划，根据各地实际情况制定合理的开发方案。距离是制约开发的重要因素，红水河、乌江、大渡河距离需求量大的广东最近，可以优先、重点发展；中期方案可以在金沙江中下游、雅砻江、澜沧江开始规划，在保证内需的前提下供给华北、华东地区；远期可以开发雅鲁藏布江。这样的阶梯式开发模式可以最大限度地保护当地的自然环境。

同时，还要加强区域内的电网建设。当前，西南地区的输电网布局不合理且损耗过大，对于资源是莫大的浪费。因此，加快高压输电建设，尽快布局好输电网是电力资源最大限度运输到消费地的重要保证。

（2）充分利用天然气资源优势。

西南六省中，四川是天然气的富集区。川南开采多年，资源已经呈现枯竭态势，川东北、川西开发起步晚，但后劲足，仍不断有新的气田被发现。其中，普光气田是我国规模最大、丰度最高的特大型气田，目前探明的总储量为 4 122 万立方千米，累计生产天然气突破 1 000 亿立方米，主要供应上海，是国家"川气东送"工程的气源地。总的来说，目前川内的天然气拥有极大的开发空间，2021 年，天然气年开采量仅 2 075.8 亿立方米，远远小于总储量的 63 392 亿立方米。[①] 加大利用率一方面是为了填补众多的人口带来的巨大内需，弥补川内煤炭和石油资源不足的缺陷；另一方面则可以为主要消费地区提供优质的天然气能源。在注重开发的同时，还应当加强管线建设，提升输送能力。

（3）利用煤炭资源，适度开发火电。

云贵地区煤炭资源丰富，但由于自身对于能源的消费能力和需求能力较低，此地的煤炭资源主要运往距离较近且需求量较大的广东。同时，可利用煤炭资源丰富的优势开发一批火电厂，达到提高煤炭利用率和向主要

---

① 中华人民共和国自然资源部. 我国煤电油气安全稳定保障能力持续提升 ［EB/OL］. https：//www. mnr. gov. cn/dt/mtsy/202206/t20220629_2740524. html，2022 - 06 - 29.

消费区提供电力两个目的，且对枯水期水电厂发电量不足有一定的弥补作用。但由于该地区煤炭含硫量高，必须经过脱硫处理才能使用，否则会造成酸雨，对当地的自然环境和民众的正常生活造成一定困扰。

（4）协调好水电开发与环境保护问题。

西南地区是我国生态资源丰富、自然风光独特的重要自然保护区，水资源的开发必然对其造成一定的破坏。在开发水资源时，应当运用先进的环保技术，最大限度地保护当地自然生态，同时考虑其环境承载能力，能力强则可以深度开发，能力弱则少开发。

西南地区的资源开发以天然气和水资源为核心，发展水电产业和天然气对外供应，积极促成输电网和天然气输送管道改造。同时，以煤炭和石油资源为辅，弥补水电厂的季候性不足，进而将区域内的自然资源转化为经济实力。

7.4.3　专业型、区域型能源生产基地的建设

我国存在一些资源富集条件好的次级区域或者针对某一资源有丰富含量的区域，它们不同于以上几大能源富集区，在这些地方可以建设一些专业型、区域型的能源基地。

7.4.3.1　统筹国内外资源，建设东北石油生产基地

一直以来，东北都是我国最大的石油工业基地，向全国各地输送原油及油品，油质好、工业化程度高是其主要特点，因而也建立了庞大的石油体系。时至今日，该地区已经进入开发后期，存储量越来越少，产量也在不断递减。但即便如此，当地年产 4 445.4 万吨石油的生产规模仍然占到全国原油总产量的 22.7%。[①] 为突破开发后期的"瓶颈"，应当加强对区域内部的石油资源勘探，同时注重国际合作，特别是与俄罗斯建立重要的能源合作关系。

（1）提高油气资源利用率，开发新油田。

尽管东北地区的产油量逐年减少，但是能够提高油气采收率和利用率

---

① 详见《中国能源统计年鉴》。

的新技术可以暂时弥补这一问题。另外，此地区新油田的开发也为其注入了新的活力，如 2009 年发现的油田"七棵树"，该油田储油量在 3 000 万吨以上。开发新油田和提升采收率、利用率双管齐下，可以彻底提升东北油田的综合实力，预计到 2030 年仍可以保持每年 5 000 万吨以上的开采水平。

（2）统筹国内外资源，形成资源联动。

东北石油化工产业的工业化程度高、设备先进。从目前的石油资源开采和存储量来看，现有原料很难满足其加工需求，因此可以借助邻近国家俄罗斯的资源力量，特别是西伯利亚石油资源丰富且距离东北较近，以形成很好的资源战略合作。目前已经建成从泰舍特到大庆的输油管线。

另外，我国最大的原油装卸码头——大连港码头的落成，标志着东北地区资源利用能力的进一步提升。应当加快各大炼油厂与大连港码头之间的管道建设，保证其供给，才能够将丰富的资源转化为经济力量。

7.4.3.2　利用好河南煤炭资源，以供给中部地区

河南省西部，特别是鹤壁、焦作、郑州、平顶山、义马等几个城市是中原地区煤炭资源最为丰富的地方，也是长江中游最大的煤炭基地，目前已经建有几个矿区，2020 年，产煤总量达到 1.1 亿吨，根据目前勘测的存储量和实际的开采实力，未来十年，区内的煤炭年产量有望维持在 1.4 亿吨。在满足内需的前提下，还可支援湖北、江西、湖南等多个省份。[①]

河南省开发资源产业最大的优势在于地理位置优越，相对上面提到的主要资源基地，河南地处中原腹地，距离主要的消费区域较近，运输成本低。同时，可以利用煤资源优势，综合考虑各地水资源条件，建立一批大型坑口电厂，提高煤炭在区域内的利用率，减轻输送通道的压力，同时还可以平衡因水力发电的季节性导致的电力供应不足问题。

7.4.3.3　开发安徽两淮地区煤炭资源，供给长三角能源需求

淮南淮北煤炭资源齐全且质量高，但储量较少，2020 年，区域内的总

---

① 详见《河南统计年鉴》。

产量约为 1.1 亿吨。[①] 但是由于天然的地理优势，接近长三角地区，因此也是长三角地区主要的煤炭来源地之一。淮南开发历史悠久，可以追溯到新中国成立初期，到 2023 年，仍有大量储量，通过洛河、平圩两个大坑口电厂，向长三角输送大量电力和煤炭资源。就目前的状况看，今后的资源开发还有很大的拓展空间，2022～2026 年，煤炭年产量可达 7 000 万吨，发电量可达 1 500 千瓦。淮北炼焦煤资源丰富、种类齐全，目前勘探储量为 85 亿吨，未来年生产规模可以扩大到 5 000 万吨。

另外，皖东地区矿产资源丰富，在淮北建立以焦化—盐化为主体的煤化工基地，可以满足长三角对化工原料、精细化工产品的需求，也可以促进皖北经济发展。

7.4.3.4　发挥鲁西南地区煤炭资源优势，增强山东半岛能源自给能力

山东的主要煤炭资源来自鲁西南，主要指枣庄、滕州、新汶、肥城、兖州等地的矿场。2020 年，区域内的煤炭产量为 1.09 亿吨[②]，大部分供给山东省内的其他地区，如胶东半岛，其余部分则供给江苏和浙江。

现阶段，该区域的煤化工、加工、转换等都具备较高的水平和较大的规模，建立了石横、邹县、十里泉等几个坑口电厂，形成了化肥、焦化、甲醇等化学工业。根据目前的发展状况和区域内的资源潜力，维持目前供给内部的现状不变，可以进一步提升山东省整体的经济实力。

7.4.3.5　充分发挥河北煤矿作用，供给京津地区需求

河北煤矿开发历史悠久，新中国成立以来一直以动力煤和炼焦煤的开发和输出为主，供给人口数量大、密度大的京津地区，目前已经建成邯郸、开滦、峰峰、邢台等一批大中型矿区。区域内，丰富的煤炭资源支撑建设起一批电力、化工、钢铁、建材工业，形成了以唐山和邯郸为核心的能源原材料生产基地。

由于河北受到水资源限制，且内部煤炭资源有限，将来的资源型工业

---

① 详见《安徽统计年鉴》。
② 详见《山东统计年鉴》。

应当适度发展，不可采取耗竭式发展方式。

7.4.3.6　加快建设海上油气生产基地

随着我国经济的快速增长，能源需求缺口越来越大，陆上能源的开采已逐渐趋于饱和，而海洋油气资源丰富且开发潜力巨大，必将成为我国未来油气开发的重点区域。目前我国海上油气资源主要集中于渤海、东海、南海海域。

渤海油田主要代表性油田有绥中、秦皇岛和蓬莱海域的油田。渤海临山东半岛和辽东半岛，具有很强的油气加工技术和实力，拥有充足的条件进行大规模开采，已成为我国海上油气资源的重要产出地。

东海已经开发的油田有天外天、断桥、残雪，目前开发的气田有平湖、春晓。未来，随着勘探力度加大、勘探技术进步，这一数字有望进一步扩大。东海的油气资源主要用于供给距离较近的上海、江苏、浙江等地，缓解当地由于经济发达、人口众多带来的资源紧张。同时，海上资源的开发还有效地缓解了西气东输、西电东送的压力，减少了运输过程中的损耗。但东海海域由于与日本临近，在开发问题上还有较大的争议，开发难度相对较大。

南海油气资源丰富。目前，西江、惠州、流花、涠州、崖城、东方等几个大型油气田已经投入开采工作，主要供给华南地区的需求。但南海同东海一样，一直为主权问题所牵制，无法得到有效的开发。未来可以先对南海开发做好规划方案，努力与周边国家协商，而后将南海纳入开发范围，使其成为海上能源基地。

通过上述建设，我国可形成三大国家层面的综合型能源生产基地和几个专业型、区域型能源生产基地：晋陕蒙能源基地、西北能源基地、西南能源基地、东北能源基地、河南能源基地、河北能源基地、山东能源基地、安徽能源基地。

综合以上情况，我们可以看出：

晋陕蒙能源基地主要以煤炭资源为主，辅助以煤层气、天然气、风能等资源，主要输出地为华北、华东。

西北能源基地主要以石油、天然气资源为主，协同开发煤炭资源。且由于地理位置优越，可以利用其丰富的石油和天然气资源开展国际合作。主要输出地为国内东部地区及其沿途各地。

西南能源基地主要以水能资源为主，同时，贵州境内煤炭、四川境内天然气资源丰富，可以配合发展。主要输送地是华中、华南和华东的部分地区，同时还能满足内需。

东北地区主要是石油资源丰富，经过多年开发，已经建立起庞大的石油开采、加工、利用、运输体系。同时由于地理位置优越，可以与俄罗斯建立较好的国际资源合作关系。主要输送地是京津地区和华北。

河南省是中原腹地煤炭储量最大的省份，在保证区域内使用之后，还向两湖地区和江西省提供能源支持。

河北省煤炭资源丰富，主要用于火力发电。除了用于区域内的供给外，还可支援京津地区的能源需求。

山东省西南地区煤炭资源丰富，由于省内需求量大，因此资源主要用于补充内部需求，部分用于支援江苏和浙江。

安徽省两淮地区有大量煤炭资源，在保证内需的前提下，主要供给长三角以及江苏、浙江等地。

通过对上述地区进行有序、逐级、可持续化的建设，可以将我国能源科学、充分地利用起来，带动能源生产基地的经济发展，支援能源消费大省，实现各区域协调发展。

通过对上述能源生产基地及相关配套设施的建设，可实现对我国能源资源富集区域能源资源的充分利用，既带动能源生产基地经济的发展，同时一定程度上缓解作为能源消费中心的优化开发区和重点开发区用能需求的紧张压力，形成各区域能源需求协调发展的局面。

第 8 章
外部能源利用与我国能源安全

8.1　我国能源生产与消费的缺口

　　《中华人民共和国国民经济和社会发展第十四个五年规划和 2033 年远景目标纲要》（以下简称"'十四五'规划"）明确提出，到 2025 年，国内能源年综合生产能力达到 46 亿吨标准煤以上。在使能源保障更加安全有力的情况下，增强油气供应能力。加大国内油气勘探开发力度，加快推进储量动用，提高当前油田采收率，保证油气稳产增产。目标到 2025 年，天然气年产量达到 2 300 亿立方米以上。在运行安全方面，提升天然气储备和调节能力，到 2025 年，全国集约布局的储气能力达到 550 亿~600 亿立方米，占天然气消费量的比重约为 13%。但是就我国 2020 年的能源生产消费情况来看，中短期内中国能源供应仍面临较大缺口。

8.1.1　天然气供需方面

　　据我国自然资源部数据显示，我国天然气新增探明储量继续快速增长，2013~2020 年年均复合增长率达 7%。2020 年，天然气探明新增地质储量 1.29 万亿立方米。其中，天然气、页岩气和煤层气新增探明地质储量分别达到 10 357 亿立方米、1 918 亿立方米、673 亿立方米。页岩油气勘探实现多点开花，四川盆地深层页岩气勘探开发取得新突破，进一步夯实页岩气增储上产的资源基础。经初步统计，2021 年中国天然气新增探明地质储量约为 13 815 亿立方米。此外，自 2016 年起，我国天然气产量增速波动上行，根据国家统计局数据，2021 年，我国天然气产量突破 2 000 亿立方米，达到 2 052.60 亿立方米，同比增加 8.69%。[①] 天然气产量增速连续两年快于消费增速，供应安全保障能力持续提升。

尽管我国天然气产量不断提高，但当前天然气产量仍然无法满足加速增长的天然气需求。根据国家发展和改革委员会（以下简称"发改委"）数据，2020 年，中国天然气表观消费量为 3 240 亿立方米，较 2019 年同期增长了 5.6%，增速较 2019 年同期回落 3.1 个百分点。2021 年，全国天然气表观消费量 3 726 亿立方米，同比增长 12.7%，保持持续上涨态势。2020 年，我国天然气供需缺口达到 1 352 亿立方米，同比增长 1.56%。[②]

8.1.2　煤炭供需方面

我国是全球主要的煤炭产出国与消费国。据自然资源部发布的《中国矿产资源报告 2022》来看，2021 年煤炭储量为 2 078.85 亿吨。从整体分布来看，拥有煤炭储量最多的前五个地区为山西、新疆、内蒙古、陕西和贵州，五地区占我国煤炭总储量的 78.47%，资源分布较为集中。拆分不同煤种来看，我国资源禀赋差异较大。在我国已探明煤炭储量中：动力煤约占72%，炼焦煤约占26%（其中主焦煤、肥煤、瘦煤等基础煤种比例较少，仅占13.35%），分类不明的占2%。细分煤种产地来看，动力煤主要分布在内蒙古（32.5%）、新疆（28.7%）和陕西（26.5%）；炼焦煤集中分布在山西（46.0%）；无烟煤则主要分布在山西（39.6%）和贵州（28.6%）。尽管我国煤炭资源禀赋在全球范围内优势有限，但我国煤炭的产出量与消耗量稳居全球首位，对煤炭依赖度较高。2022 年我国煤炭消耗量为88.41 艾蕉，同比增长 1.0%，占全球煤炭消耗量的 52.8%，是煤炭最重要的消费国家之一。我国煤炭产出量为 92.22 艾蕉，同比增长 10.5%，占全球的52.83%，同比增加 1.5 个百分点，是产出占比最大的国家。[③]

---

①②　笔者根据相关说明整理。

③　中华人民共和国自然资源部. 中国矿产资源报告 2022 ［DB/OL］. https：//www. mnr. gov. cn/sj/sjfw/kc_19263/zgkczybg/202209/t20220921_2759600. html，2022 – 09 – 21.

我国 2020 年首次提出在 2030 年之前实现碳达峰，2060 年实现碳中和。在实现"双碳"目标过程中，仍需煤炭发挥基础能源和兜底保障作用：首先，国际能源危机持续，煤炭能源在保供中的安全战略性提高，基于我国重煤资源禀赋，煤炭应是我国能源安全的"压舱石"，保障我国能源安全。其次，能源需求增长与新能源发展的期限错配，煤炭作为能源主体仍能在较长时期内维持。根据国务院发展研究中心资源与环境政策研究所的测算，到 2030 年，中国能源需求将达到 59 亿吨的峰值。从新能源发展规律来看，由于新能源发电成本问题，以及电源的波动性对电网稳定性的影响，在能源辅助服务市场建设、现货交易市场体系建设及储能市场建设等尚处于启动阶段的情况下，实现对煤电的快速替代难度较大。

煤炭供给方面，纵观我国煤炭行业的主要发展阶段，实际供应量与政策指引呈现较高的关联性。2002~2020 年，我国的煤炭产业仅经历了一轮从"增产—产能过剩—供给侧结构性改革"的产能周期。

扩张阶段（2002~2012 年）：在这一期间，政策大方向为推动煤炭工业健康可持续发展，活跃煤炭市场环境，推动煤炭产能迅速放量。此外，2008 年受全球金融危机影响，我国安排 4 万亿资金启动内需，出台涉及基础建设、扩大内需的措施，带动煤炭产量快速增加，2002~2012 年原煤产量复合增速达到 10.94%。

去产能阶段（2012~2020 年）：经历前一阶段的产能放量与经济增速放缓，煤炭产能出现明显过剩，表现为 2012~2016 年煤炭产量不断下降。2016 年后，我国密集出台关于去产能的各项政策，加大供给侧结构性改革力度，通过退出落后产能、严格限制新项目、推进行业兼并重组的政策"组合拳"，不断优化煤炭产能格局。由此，我国煤炭在 2016~2019 年年中累计退出煤炭落后产能 8.1 亿吨。[①]

保供增产阶段（2021 年至今）：随着煤炭去产能任务的顺利完成，为确保我国能源结构安全稳定，这一时期的政策指向关注先进产能释放、安全生产、强化煤炭兜底保障作用，一定程度上拉动我国煤炭产量的回升。

---

① 中华人民共和国国家发展和改革委员会. 国家能源局扎实开展"不忘初心、牢记使命"主题教育全力推进"四个革命、一个合作"走深走实 [DB/OL]. https://www.ndrc.gov.cn/fzggw/wld/zjh/ldtd/201906/t20190614_1168261.html, 2019 – 06 – 14.

从我国目前能源生产与能源消费的状况来看，短时间内将呈现需求大于供应的态势，但是通过少量进口可以有效弥补供需缺口，达到平衡。而在实现"十四五"能源目标的过程中，由于受到资源和环境约束，这种平衡的维持将变得非常复杂。

8.2 外部能源利用的发展趋势

我国目前需要依赖进口的能源品种主要是煤炭、天然气、石油。

8.2.1 我国外部能源利用情况

在总量上，按电热当量计算法，2020 年我国能源进口总量为 124 805.00 万吨标准煤，占国内一次能源生产量的 30.5%。

在进口能源种类上，2020 年我国进口原油 54 200.67 万吨，占我国原油生产量的 278%；天然气 1 397.00 亿立方米，占我国生产量的 72.5%；原煤 3.04 亿吨，占我国原煤生产量的 7.7%（见表 8 – 1）。

表 8 – 1　　　　　　　　我国一次能源进口品种及数量

指标	单位	2000 年	2005 年	2010 年	2015 年	2020 年
能源进口量	万吨标准煤	143 27.00	26 823.00	57 670.67	77 695.00	124 805.00
原油进口量	万吨	7 027.00	12 681.70	23 930.63	33 548.29	54 200.67
原油生产总量	万吨	16 300.00	18 135.29	20 301.40	21 455.60	19 476.90
天然气进口量	亿立方米	31.40	29.70	165.00	611.00	1 397.00
天然气产量	亿立方米	272.00	493.20	957.91	1 346.10	1 924.95
煤炭进口量	亿吨	0.02	0.26	1.83	2.04	3.04
煤炭生产总量	亿吨	13.84	23.65	34.28	37.47	39.02

资料来源：国家统计局能源统计司：《中国能源统计年鉴 2020》，中国统计出版社 2021 年版。

可见，我国主要在天然气和石油的供应上依赖于进口，且依赖性逐年增强。

从进口能源结构方面，2020 年中国煤炭进口 202 亿美元，占能源矿产进口总额的比重为 9%；石油进口 1 763 亿美元，占比为 77%；天然气进口 334 亿美元，占比为 14%。由此结构比例看出，我国对清洁型能源，如天然气，进口占比为 14%，消费能力相对较低，而对石油的进口依赖性太强（见图 8 –1）。

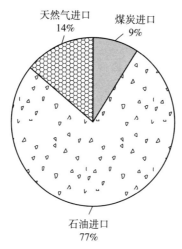

图 8 –1　我国进口一次化石能源结构（2020 年）

外部能源利用依然存在一些不稳定因素，主要包括以下两点。

（1）能源供给的安全保障问题。

作为不可再生能源，石油、天然气将随着开发在全球能源市场内逐步形成垄断，能源的制约将会影响国家的政治、经济战略。如果我国过度依赖进口能源，那么将受到能源的制约。另外，在运输能源过程中，如果与途中国家交恶，则将遭到封锁并导致运输中断。最后，受到能源供求关系影响，如果国际市场某种能源短缺，则可能造成其价格飞涨，情况严重的话短时间内将断链，对国家的经济安全造成威胁。

（2）外部能源的承接问题。

我国外部能源的输入点主要在有港口的城市，而这些城市大多有石化项目，如中国石化山东青岛胶南 LNG 项目、中国石油福建 LNG 项目、中国石化上海市乙烯项目、中国石油江苏 LNG 项目等。这不仅仅扩大了能源供需缺口，更使得中西部地区得不到外部能源供给。同时，目前很多内地城市也在兴建石化项目，进而出现了各地争夺石化能源的情况，能源的区域平衡进一步失衡。

8.2.2 利用外部能源与能源供需平衡

尽管能源进口缓解了能源平衡的压力，但是也加剧了我国对其他能源出口国的依赖，有能源安全风险。我们认为国内可供消费能源产量 S、国内能源消费量 E、能源供需缺口 ΔI 之间存在着数学关系：$\Delta I = E - S$，ΔI 越大，证明我国对外部能源的依赖度越高，能源安全性就越低，当它等于 0 时则能源风险系数最低。

然而，目前，一方面我们很难通过国内生产满足全国能源需求，进口不可避免；另一方面，优先选择利用外部能源来实现供需平衡，有利于我国综合实力的发展。因此在利用外部能源这把"双刃剑"时，一方面要时刻保持能源利用的风险系数处于安全范围内，在这个情况下，应当充分利用外部能源。另一方面要控制国内对化石能源的生产和消费水平，尽快实现产业和能源消费结构升级，尽量发展新能源和环保能源，代替传统化石能源；当外部能源利用的风险系数与化石能源消费不可兼得时，要权衡轻重，"取其轻"者来舍弃。

所以，区域能源的平衡是合理配置能源消费的内容，也是能源安全的有力保证。目前，通过外部能源来平衡国内的能源情况是我国的必由之路，也是不得不选择的路。但是在这个过程中，一定要注意控制能源安全系数，采取灵活的方式。

8.3 利用外部能源保障我国能源安全的战略性举措

8.3.1 确保外部能源运输安全

8.3.1.1 地缘优势明显，能源来源广泛

我国地缘优势明显，漫长的海岸线方便与美国、日本等发达国家进行

交流，获得资金和技术，有利于贸易发展；陆地面积广大，与中亚多国接壤，可以获得化石能源以平衡国内能源现状。我国与哈萨克斯坦、吉尔吉斯斯坦、巴基斯坦、塔吉克斯坦、巴控克什米尔接壤，与土库曼斯坦、里海乌兹别克斯坦相距不远，可以利用上述国家的油气资源。我国云南与缅甸毗连，可以为我国西南地区提供从中东地区运输来的油气资源支持，且通过缅甸地区可以避开马六甲海峡。

8.3.1.2 路上石油线是国内能源安全系数的保证

我国可以通过路上运输，将波斯湾的石油运送至国内，与日本和美国的海上运输方式相比，此种方法安全系数高且成本低。

从军事安全的角度来讲，由于这些输油、输气线路位于我国的内陆地区，安全性高，所以，必须牢牢掌握西藏和新疆的主权不容侵犯，由此有利于保证油气获得的安全性和稳定性。

相比其他大国，我国有着较为优越的地缘位置，为我国提供了稳定的能源保证，中南亚国家向我国输送石油的路线相比阿富汗或其他国家的南向路线，在风险性、市场、收益回报上都有巨大的竞争优势。

8.3.1.3 着眼全世界，把中亚、俄罗斯等作为海外油气供应地

我们不应该将目光局限于中东地区，而应当放眼全球，这样才能保证我国海外能源的安全。中东的不稳定局势将影响我国石油业的发展，严重威胁我国的海外能源安全。为此，我们可将中亚、俄罗斯等作为我国的海外油气供应地。

除中东外，非洲与东南亚的一些国家也可以成为我国的海外油气供应地，然而一方面由于这些地区政治不稳定、战争不断；另一方面也由于本地需求较大，出口油气资源有限，难以维持我国需要，基于这种情况，我们不得不将目光转向中亚与俄罗斯，以赢得战略主动权，这一举措极具战略意义。

与中东地区的石油相比，人们对中亚地区石油的看法尚有分歧，也不确定中亚石油何时可以流入全球市场，且俄罗斯的石油储量也无法与中东相提并论。然而，将俄罗斯、中亚等置于我国海外能源的战略地位，其优

势十分明显：第一，俄罗斯与我国国土相接，与中东、非洲等地相比，地缘优势显著；第二，里海—中亚能源带的油气资源潜力远超非洲、东南亚等地，其被称为 21 世纪世界经济发展的三大能源库之一；第三，我国是世界上最大的发展中国家，是世界经济大国，也是重要的石油资源输入国，市场需求旺盛，潜力巨大；第四，西方大国早已经将中东地区的石油资源瓜分完毕，而中亚等地区则是新兴的石油国家，存在大量的机会。因此，我们应当积极与中亚、俄罗斯等国家接触，签订相关石油协议，确保我国的海外石油安全。

8.3.1.4 转变传统的石油贸易方式，采用多种形式实现"走出去"战略

我们对全球石油资源的利用主要有以下两种方式，一种为直接向石油输出国购买石油资源；另一种则是采用投资控股等形式，参与海外石油的勘探与开发，建立石油开采基地，确保我国石油的稳定输入。

西方发达国家由于其历史、经济等原因，早已经在富含石油的地区建立了大型石油进口基地，也早已控制了全球石油市场，在全球石油市场上占据主导地位。而我国则起步较晚，导致在石油市场上处于被动的地位。为确保稳定的石油供应，我们必须采取有效的方法。一方面投资并建设石油输出国与石油相关的基础设施，引进石油；另一方面则是转变关注对象，将目光转向海外石油产业的中下游领域，即石油的生产与销售，通过这种方式保证我国得以在全球石油市场中占有一定的主动权。石油的生产与销售一直为大型跨国公司所掌控，我们唯有通过市场化的运作方式才能进入这一领域，从而进入全球石油供应系统，进而确保我国的石油供应。同时，进入石油产业的中下游也可以更好地与周边国家进行能源的交流与合作，从而实现互利共赢。

我国主要采用两种途径进入石油产业的中下游领域。第一种途径是通过参股、控股等方式参与海外石油的勘探与开发，根据股份及合同规定的比例获取石油，即"份额油"，同时采用并购的形式大量获取股份，从而获得更多的"份额油"。由于"份额油"在原则上等同于在国内开采的石油，故其价格相对低廉且稳定，这样可以确保我国的石油不受国家石油价格波动的影响。

为了获得苏丹、尼日利亚和安哥拉等国石油的开采权，我国已经投资了数十亿美元，同时，我国也与埃塞俄比亚、刚果等国家签订了石油勘探协议。尼日利亚为石油输出国组织（Organization of the Petroleum Exyorting Countries，OPEC）成员国，其石油的开采受到一定的限制，除此之外，非洲其他的产油国没有任何的开采限制，其石油产量丰富。在非洲，安哥拉、刚果和赤道几内亚等国家是我国石油进口的主要来源，现阶段，我国最大的"份额油"即来源于非洲。

第二种途径则是建立石油专业投资基金，即石油基金，专门用于投资石油，其运作方式与一般的基金相似，组建成立者为政府或法人。石油基金的形式有三种，一是石油产业投资基金，其以控制和获得石油资源等高附加值的项目为主，立足于中长远的战略目标，主要为企业的重大项目提供启动资金，为收购油田开采权、投资精细化工、评估重大项目等提供专项资金。二是石油投资基金，其目的在于中短期盈利，为投资者带来高额的收益以及实现资本的积累等，其主要手段是由专业的投机机构代理，通过石油实物、期货、债券、股票、利率等的操作，在国际货币市场以及与石油相关的期货、证券市场赚取价格差价。三是石油综合基金，一方面将资金投放在资本市场之中，使得资本不断地积累并壮大；另一方面石油资源将会越来越少，石油大国的冲突时有发生，将资本投资在石油资源上可以获取长远的利益，同时由于石油资源在各个地区的价格不一，可以在资本市场获取差价等。我国不仅要积极地投资海外石油公司，同时也要投资石油的勘探开发。

8.3.1.5 增加石油进口渠道，摆脱对少数几个石油国的依赖，增加石油进口安全性

在石油进口方面，美国与欧盟等国家的成功经验值得我们借鉴，即使石油进口国的份额得到均衡，避免过度依赖某一个或某几个国家。因此，我国应当从两方面着手：一是增加石油进口渠道，重视并加强与新生的石油出口国的联系与合作；二是均衡主要石油进口国的石油份额，最大限度地降低石油进口风险，实现多样化的石油进口渠道。

另外，美国等国家的经验还从其他方面给我们提供借鉴，例如一些国家的石油出口相对稳定与安全，我们就要增加其进口的份额，并与其建立

合作关系。就我国而言，应当加强与俄罗斯、中亚等地区及国家的联系，增加这些地区的石油进口量，从而降低石油进口的风险。

8.3.1.6 在国际市场上争夺石油定价权

我国在国际石油市场上的定价权较弱，可以说我国在原油价格上几乎没有话语权。为了拥有更多的话语权，我们应当关注以下两方面的内容。

第一，努力发展石油期货。只有拥有大量的石油期货，才能在石油市场上拥有更多的话语权，只有我国的石油期货得到大力发展，我们才能参与并制定石油交易的规则，才能在国际上对石油价格产生影响。正因为这方面的缺失，尽管我国是世界上石油资源的第二大消费国与第三大进口国，但是我国石油市场的变化并不能反映在国际市场上，无法对国际油价的形成产生影响，只能被动地接受既定的石油价格。因此，我们应当积极努力发展石油期货，首先在国内形成较为完善的石油期货市场，进而走向国际市场，从而在国际石油价格上拥有更多的话语权。

第二，积极与大国合作。当前存在于国际能源市场上的价格联盟不甚稳固，现阶段唯有能源消费大国不断地加强与生产大国的对话，全面参与到国际能源市场的竞争博弈之中，如此各国的谈判能力才能得到增强。我国应当在新的形势下，既要联合又要对抗，以便于在能源定价中取得优势。我国与周边国家在能源合作方面，应当主动寻求可以实现共赢的方式，以亚洲国家为例，相对于欧美等国家，中东地区向我国及东北亚地区出售石油的价格一般都会上浮 1~3 美元，这一现象也被称为"亚洲升水"现象，我们唯有通过合作，才能在国际原油价格的谈判中取得有利地位。

8.3.1.7 灵活应对复杂国际形势，巧妙开展能源外交

能源是一个国家发展的基础，无论怎样复杂的政治局势，发展始终是第一位的，因此我们应当灵活应对复杂的政治形势，主动与周边能源合作伙伴以及能源出口大国修好，以获取更多的能源支持，从政治上为能源产业发展赢得空间。

首先，考虑到美国是世界第一大石油消费国，拥有世界上最大的石油公司，控制着世界石油市场经济，且通过军事适量控制着世界石油的流

向，应当与美国建立长期稳定的外交关系，寻求有效协调的发展机制，和平友好对话，避免在石油问题上发生正面冲突，从而保证我国的能源安全。

其次，主动与石油出口国及石油消费大国，特别是俄罗斯、中亚、中东等国修好，建立友好稳定的合作发展关系。具体来说，同富油国的合作，包括尼日利亚、利比亚、委内瑞拉、阿联酋、科威特、伊拉克等地，可以广开油路，避免受到任何一方的牵制而导致能源危机；采取国家层面的双边战略，保证原油供应，主要手段是积极开拓其他国家不愿意或由于部分原因无法开发的领域，同时利用外交手段，包括政府间贸易、经济、金融援助等，赢得富油国的有利政策。

最后，灵活应对我国与周边能源需求国的竞争关系，有助于树立大国形象，赢得更加广阔的发展空间。能源是每个国家发展的必备品，我国周围有许多内部能源极其匮乏的国家，比如日本。印度作为亚洲逐步崛起的国家，与我国的能源争端也逐渐凸显。和则两利，我国应当积极寻求竞争中的合作契机，积极形成一定的利益合作关系，缓解争夺资源带来的不可调和的矛盾。

8.3.1.8　海权寸步不让，加强远洋运油船队、护卫队建设

海上运输，也是一个重要的问题。如果没有强有力的领海权利支撑、强劲的海上运油船队护送、强大而先进的海军部队震慑，那么我国花费高昂费用购进的原油或存在危险。目前，困扰我国海上运油的一个因素是"马六甲困局"，另一个是部分国家的影响，这两者目前尚且无法全面摆脱，使得海上航线变得十分敏感，稍有变化就可能对我国的能源和经济造成巨大打击。

8.3.2　调整我国内部能源基地、生产力布局以及相关的运输通道

8.3.2.1　加快建设油气运输网络及其配套设施

2022 年 3 月，国家发改委、国家能源局印发《"十四五"现代能源体系规划》，明确要加强油气跨省跨区输送通道建设，完善原油和成品油长

输管道建设，加快天然气长输管道及区域天然气管网建设，推进管网互联互通。到 2025 年，全国油气管网规模达到 21 万千米左右。

新疆是铺设油气管道的重点区域，其中既有输油管道，又有输气管道；既能连送成品油又能输送原油；既能连接国内的主要消费区又能连接国外的主要输出地，具有极高的科学性。另外，我们建议同一走向的管道可以同时同处修建，或预留必要的空间，这样既有利于节约开发、运营、维护的成本，也有利于保护环境，减少对自然生态的破坏。

8.3.2.2 着力建设中部地区油气管道，以保证其油气资源使用

目前我国很多地区都已经拥有较为完备的油气供应网络，中南和西南地区尽管距离国内外油气资源地遥远，但是都已经成功借助新疆丰富的油气资源得到比较好的资源平衡。但是我国中部地区，尤其是郑州、武汉等能源消费大区油气管道相对较少。因此应当将发展中部地区油气管道的工作提升到战略高度，改善中部地区能源消费结构。

8.3.2.3 进一步统筹规划能源输入点和能源基地，调整国内石油工业布局

国家应未雨绸缪，统筹好石化工业及其相关产业的专项计划。

步骤和方法是：第一，加强接卸港和石油管道的建设；第二，石油炼化企业要减少布点，集中力量发展沿海炼油业，防止尾大不掉；第三，西部地区着重发展有石化加工基础的地区，以点带面，辐射整个西部，而中西部地区则应当尽量减少石化项目。

这种调整会形成我国"哑铃型"的石化工业体系，即东西两段的开采加工能力增强，中部地区则重点铺设管道，提升运输能力。

8.3.2.4 加快西部能源大通道建设

西部能源通道有三条主干线：一是连接新疆与俄罗斯的国际通道，以北屯为起点，途经哈巴河县、喀纳斯口岸、新西伯利亚、欧亚大陆桥，二是中蒙国际运输通道；三是兰新双规铁路。这三条主干线的平稳顺利建设有赖于各地各部门的协调配合、各种资源统筹得当，在发展管道的同时，

亦可以发展沿线地区。

8.3.2.5 加强中巴关系，发展中巴能源通道

巴基斯坦由于独特的地缘优势和得天独厚的能源优势，对我国历来都有着重要的战略影响。我国修建的南疆铁路，经过红其拉甫口岸与巴基斯坦铁路网相接，进而可以延伸至位于阿拉伯海的瓜达尔港和卡拉奇深水港，如果合理利用，可以成为我国陆上能源的主要通道之一。

经过多年经营，我国和巴基斯坦已经形成"全天候"睦邻友好关系。建立铁路运输能源线和管道油气运输线有利于两国进一步加强合作，可以促进两国经济一同发展，具有重要的战略意义。

8.3.3 在国家石油企业中率先实施"走出去"战略

8.3.3.1 战略实施概况

1993 年，我国政府提出石油工业发展要"两种资源、两个市场"；2000 年，"十五"规划中提出实施石油产业"走出去"战略。如今，我国实施"石油产业""走出去"战略已经二十多年，获得了很多海外石油资源的开发项目，中国国有石油公司不断加强境外勘探开发业务布局，2012年境外权益产量达到 1.04 亿吨油当量，随后呈现增长态势，2020 年达到 1.66 亿吨油当量，超额完成"十三五"规划目标。境外油气权益产量的快速增长在保障国家能源安全方面发挥了重要作用，相当于我国原油和天然气综合对外依存度分别降低了 10% 以上。积极实施石油产业的"走出去"不仅带动了我国能源产业的全面发展，提升了国际影响力，还带动了相关产业、技术服务、工程建设、人才培养、物资装配等的发展和输出，使得整个石油行业大繁荣。

8.3.3.2 战略布局

世界油气资源分布不均，就目前的勘测结果来看，以中东为核心向北向南延展是油气富集区。另外，还有非常规油气富集区，即北美地区，北极地区亦有大量丰富的油气资源，然而就目前的技术来说，开发程度比较

低。根据分布情况可以规划一条"倒'U'形的战略轴线",从非洲的乍得和苏丹起始,沿途经过沙特阿拉伯、伊拉克和伊朗,进入中亚地区的哈萨克斯坦,到达俄罗斯,从俄罗斯远东地区延展至加拿大、美国、委内瑞拉、巴西。这条轴线就是我国发展石油资源的地域指引。

下面将根据战略轴线,划分出亚太、中东、非洲、美洲、中亚—俄罗斯五个部分,并逐一分析。

中亚—俄罗斯。中亚地区国家是我国的重要战略合作伙伴,加强与俄罗斯和中亚地区,特别是土库曼斯坦、哈萨克斯坦等地的合作。不断开发双边可以在能源方面合作的领域,形成良好的互补,保持稳定和谐的政治关系。

非洲。非洲国家与我国历来修好,可以在现有合作的基础上继续拓宽,把乍得、尼日利亚、安哥拉、苏丹作为重点国家,辐射周边,进而使我国有更广阔的开发空间。且由于非洲地质条件不复杂,因此开采难度也比较低,是难得的能源供给地。

美洲。以南非地区技术并不发达的委内瑞拉为战略合作重点对象,向内伸展到安第斯盆地,向外争取巴西深海,着重利用其丰富的非常规油气资源。同时,可在必要且合适的时间发展加拿大的资源。

中东。中东是世界油气资源最丰富的地区,但也正因如此,所以政治宗教形式复杂,且由于连年战乱,合同条款苛刻,很多国家不开放能源合作,导致开发难度比较大。就目前情况来说,沙特、阿联酋、伊朗和伊拉克是我国最有可能争取发展的国家。

亚太。亚太地区作为我国的近邻,最大的优势在于运输成本较低,且天然气、LNG丰富,可以作为重点开发对象,但是应当注意形成比较和谐的睦邻友好关系。可以重点开发的国家有巴基斯坦、印度尼西亚、缅甸等。

8.3.3.3 战略途径

(1)提高国际商务运作能力。

国际商务能力的不足是我国石油企业与国际一流石油企业存在巨大差距的主要原因。我国石油企业见长于内部油田的管理,然而要做好"走出去"却还有极大的挑战,其中如何把国际资产盘活是重要的课题。

近年来，我国石油公司并购投资与投资海外油气的步伐有所加快。2009 年，中石化以 72.4 亿美元收购瑞士 Addax 石油公司。2010 年底，中国石油化工集团有限公司（以下简称"中石化"）与美国西方石油公司签订协议，以 24.5 亿美元收购其阿根廷子公司 100% 的股份以及其关联公司。2005 年 10 月 23 日，中国石油天然气集团有限公司（以下简称"中石油"）以 41.8 亿美元 100% 并购 PK 公司[①]，开启了中国石油公司整体并购海外油气上市公司的先例。相对于技术上的差距，我国石油企业与国际一流企业的差距更主要是体现在商务能力上。能够把这些投资搞活，获得更加优厚的回报，最主要是靠企业的运作管理能力。这种能力来自企业的国际化水平，取决于员工的国际化理念，因此石油企业应该招收、储备拥有国际化眼光的优秀人才，培养更多具有国际商务能力的员工，使其成为企业战略的重要一环。

（2）保障可持续的盈利能力。

一个国家能源安全战略的主体是能源企业，能源企业的能力强弱取决于其自身的盈利能力，因此增强可持续盈利的能力是保证企业发展、维护国家能源安全的重要一环。但是在发展和对外合作交流的过程中常常提及保护国家能源安全则政治色彩浓重，不利于国际化的合作交流。因此，在能源企业发展过程中，应当淡化政治色彩，突出商业主体，提升企业持续盈利能力，这样才能既维护国家能源安全，又促进企业健康稳定发展。

近年来，我国已经在海外石油作业产量上取得了巨大的进步，具有很强的世界能源影响力，一举一动都被包括竞争对手在内的其他国家密切关注，每一个决策都影响着国际能源的发展动向。而后，我们应当在重量的同时更重质，平衡规模与效益，实现更好的发展。

以往，我国的石油公司合作的海外项目多来自西方不愿介入或限制介入的国家和地区。如今，我国能源公司实力增强，可以与更多实力雄厚的世界企业竞争，比如在伊拉克国际公开招标中，我国获得鲁迈拉（Rumaila）和哈法亚（Halfayh）两个项目，在后者中，我国还是作业者。

---

① 数据源于中国石油化工集团公司官网。

(3) 增强贸易能力。

对我国石油公司"走出去"认识的一大误区在于，过多强调直接占有海外油气资产，将权益产品直接运回国内，而忽视了石油企业的贸易能力。事实上，全球油气的供需一直处于基本平衡状态，目前世界石油生产完全可以满足需求，天然气市场甚至每年有 2 000 亿立方米的过剩产能。[①]国际油气市场的贸易活动活跃，而我国大部分海外油气供应都是通过贸易的方式来实现的。因此，贸易能力的强弱也将直接影响国家能源安全的保障程度。

过去，我国石油公司"走出去"的模式是直接占有海外油气资源而后运回国内，但是随着对国际市场认识的深入，我们发现全球油气的供需情况事实上一直处于相对平衡的状态，特别是不会出现求大于供的状况。因此我国大可发展石油企业的国际贸易，以这样的方式来维护国家能源安全。这就要求我国的石油公司转变发展思路，从单纯的油气生产企业转变为国际能源供应商，在满足国内需求的情况下向国外输出资源，提升自身在国际能源市场中的地位和影响力。

能源贸易能力在于能够以合理的价格买到优质的资源，同时又能以合理的运输途径销往国内或其他市场，这又要求我国能源企业还必须具备强有力的资源运输能力，比如远洋运输和陆上管道运输。目前，我国陆上石油和天然气进口管道共有 8 条。这 8 条陆上油气进口管道分布在我国东北地区（黑龙江）、西北地区（新疆）、西南地区（云南）三处。其中，石油进口管道有 3 条，天然气进口管道有 5 条。石油进口管道分别是中哈原油管道、中俄原油管道、中缅原油管道，总设计进口能力为 7 200 万吨，2021 年进口量约为 5 100 万吨，实际进口量占设计能力的比值为 71%。天然气进口管道有 5 条，分别是中亚天然气管道 A/B/C 线、中俄东线天然气管道、中缅天然气管道，总设计进口能力为 1 100 亿立方米，2021 年进口量约为 580 亿立方米，实际进口量占设计能力的比值为 53%。[②]

另外，强有力的贸易能力还包括信息能力和货币能力。信息能力是指

---

① 数据源于国家统计局官网。
② 细数中国四大跨国进口石油管道：中哈中缅中俄中俄二线原油管道［DB/OL］. 油气储运网，http：//www. youqichuyun. com/article－993－1. html，2017－05－05.

对能源市场信息的获取分析能力以及对能源基础数据的加工能力。现今，我国的能源信息整体情况混乱，存在各种各样的问题，获取信息的渠道多为国外。因此，我国应当筹划建立自己的能源信息系统，并与国外共享信息，以提升自身的能源市场影响力。货币能力是资金运作能力，包括投资、盘活资产、收益最大化等。在能源市场内，贸易受到价格主导，在"走出去"的过程中，应当争取能源在国际市场上的定价权，控制溢价对国际油价波动带来的风险。

（4）三管齐下，利用海外油气资源。

利用海外油气资源的途径有三种：一是进驻国际上游勘探开发市场，建立海外基地；二是加强国际能源贸易；三是加强与资源国的国际合作，促成上下游一体化合作机制，形成战略合作伙伴或利益共同体。

另外，石油企业"走出去"还必须处理好与相关政府之间的关系，实行政企分开，政府作为出资人，须履行相关的责任和义务，为企业争取更好的发展机会和发展平台，但又要避免直接干预企业决策。而企业也应当抓住机会，利用好政府提供的平台，为国家能源建设做出相应贡献，拓宽国际市场，获取更大利益。目前，我国三大石油公司都有自己的海外业务，同时都有专门进行海外勘探和开发业务的子公司。另外，若一些主营业务不为石油的国有公司、上市公司也加入其中，那么这些公司在海外市场的开发中就势必形成一定的竞争。各公司应当着重发展自身实力，各凭优势，寻找商机，必要时可以建立协商机制和各公司共同遵守的海外能源开发守则，不能形成恶性竞争，损害国家利益。

将来，我国能源公司走出国门还应当更好地与其他跨国公司加强合作，吸取经验，学习先进技术，特别是海上油田建立、勘探、开发、利用中的核心技术，才能在合作中提升自身实力，更好地与国际企业合作，吸引更加优质的资源和合作伙伴。

最后，还必须与资源生产国建立良好的合作关系，才能更好地适应国际油气资本集中化的趋势，才能更好发挥政府的桥梁纽带作用，以更便捷地获取海外能源。

第 9 章
新能源和可再生能源的发展趋势及路径

新能源和可再生能源是当今世界各个国家关注的重点，每个国家都在根据自身的情况，有重点、有选择地发展新能源。特别是在化石能源逐渐衰微的大环境下，开发新能源和可再生能源势在必行，哪个国家在技术方面有所突破，就能在能源发展上占领国际战略制高点。我国在控制传统化石能源消费总量、能源强度控制和经济可持续发展的战略背景下提出了使用新能源和可再生能源代替传统化石能源的战略。

9.1 我国新能源和可再生能源的发展

新能源和可再生能源包括太阳能、水能、生物质能、风能、海洋能、地热能等，在未来，它们将是化石能源的主要替代品，是保护环境的必然选择，更是现今各国能源的主要发展方向。我国目前实行的能源总量控制政策，必然会加强能源对经济社会的控制和约束。发展新能源和可再生能源一方面可以替代传统的化石能源，另一方面则可以更加高效率地补给能源，甚至是降低使用成本，是我国能源战略的重点环节。

9.1.1 我国新能源和可再生能源发展的资源条件

我国地域广阔，拥有丰富的新能源和可再生能源，从目前已有的资源评估报告来看，我国绝对拥有大力发展新能源和可再生能源的潜力和条件，并有希望对传统化石能源进行冲击，逐步代替，最终实现能源的清洁化和可持续发展（见表 9 - 1）。

表 9 - 1　　　　　　　　我国 2050 年新能源和可再生能源资源潜力

类型	理论蕴藏量 （亿千瓦）	可开发利用量 （亿千瓦时）	产能量 （亿吨标准煤当量/年）
风能	43	7 ~ 12	5 ~ 8
太阳能	1.7 万亿 TCE	22	11 ~ 14
生物质能	—	—	8.9
水能	6	5	8.6
地热能	4 626.5 亿 TCE	0.2	0.5
海洋能	6 100	9.9	5.5
合计	—	59	40 ~ 46

资料来源：中国能源中长期发展战略研究项目组．中国能源中长期《2030/2050》战略发展研究［M］．科学出版社，2010.

（1）水能资源。

我国水电资源存储量约为 6 亿千瓦，依照目前的技术，开发量可以超过 5 亿千瓦时，每年理论上可以提供电能 2.5 万亿千瓦时，折合为标准煤约为 8.6 亿吨。目前，我国水电资源的开发主要集中在中西部地区。

（2）太阳能。

我国地域广阔，地理位置优越，96% 以上的地区都有开发利用太阳能的条件。我国土地地表每年吸收热量换算为标准煤大约为 1.7 万亿吨。理论上，当前我国太阳能总装机量可达 22 亿千瓦，发电量可达每年 2.9 万亿千瓦时。

（3）风能。

我国拥有丰富的风能资源，来源可以分为陆地和海洋。其中，陆地风能可开发面积达到 20 万平方千米，预计总装机量可达 6 亿 ~ 10 亿千瓦；海洋风能预计总装机量为 1 亿 ~ 2 亿千瓦。则我国风能资源整体总量为 7 亿 ~ 12 亿千瓦，年发电量可达 1.4 万亿 ~ 2.4 万亿千瓦时，如果这些电能全部得到利用，则相当于 2011 年全国发电总量的 29% ~51%。

（4）生物质能。

由于我国是农业大国，因此我国的生物质能主要来源是农业有机废弃物，可以提供 2.9 亿吨标准煤当量的生物质能源，用于发电、民用沼气等。未来，生物质能源的来源、应用方式都将随着社会的发展而不断增加，预计到 2050 年，我国的生物质能源潜力有望达到 8.9 亿吨标准煤当量。

（5）地热能。

我国是地热能储量大国，目前的勘探结果显示，大约有 4 626.5 亿吨标准煤当量，相当于全球总量的 7.9%。如果仅考虑高温地热和中温地热的勘探打井情况，则我国高温地热约为 582 万千瓦，发电能力为每年 300 亿 ~400 亿千瓦时；中温地热约为 1 440 万千瓦，折合产能约为 5 000 万吨标准煤当量。

（6）海洋能源。

我国海域广阔，拥有开发大量海洋能源的基础条件。从目前调查勘探的结果来看，我国的各类海洋能源均在千万千瓦以上，部分甚至达到百亿千瓦。其中，对潮汐能、潮流能、近海波浪能的开发技术已经趋于完善，可以作为首批商业化开发的能源，装机量分别可达 2 179 万、1 285 万、1 395 万千瓦。

可以说，我国新能源和可再生能源种类多样、储量丰富，具有极高的开发利用价值和意义。对于我国进行能源结构调整、能源替代有着极其重要的作用。

9.1.2 我国新能源和可再生能源发展基础

9.1.2.1 水能资源

水能资源的主要利用方式是水力发电，我国水力发电的技术较为成熟，在全世界具有领先地位，且由于水能资源丰富，开发潜力巨大，在我国是仅次于火力发电的发电方式。截至 2022 年末，中国发电总装机容量 25.64 亿千瓦，其中水电总装机容量达到 4.14 亿千瓦，同比增长 5.80%。2022 年，我国水电发电量达到 12 020.00 亿千瓦时，年均复合增长率为 3.14%。①

水能资源的发展局限在于大规模修建水电站、水库会对当地环境和居民生活造成一定的影响，如何处理好相关问题，成为能否进一步大规模开发水电的重要"瓶颈"。

9.1.2.2 风力发电

风力发电是我国近十年来一直在坚持大力发展的能源政策，主要根据地在甘肃、新疆、河北、吉林、内蒙古、江苏、山东等几个风力能源充足的省份。2022 年，中国风电行业运行平稳。截至 12 月底，全国风电装机容量 36 544 万千瓦，同比增长 11.2%；风电新增装机容量 3 763 万千瓦，同比减少 21%。2022 年 11 月，我国风力发电量累计值为 6 144.8 亿千瓦时，累计增速为 12.2%。②

风力发电对环境污染极小，风电场在生命周期内能耗低、温室气体排放少，不消耗水资源，甚至还能帮助防风固沙。但是它也有一定的副作用，比如噪声、植被破坏、辐射等，但是这些都可以通过技术改进得到一定的改善。以国华通辽 49.5MW 风电场为例，在其生命周期内，仅用 0.74 年的时间就可以偿还设备制造和运行维护所要消耗的能量，这个时间远远小于其使用周期 20 年；可以节约用煤 79.2 万吨标准煤，减少二氧化硫排放 16 万吨，减少二氧化碳排放 199 万吨，减少氮氧化物排放 10 万吨。

9.1.2.3 太阳能利用

我国的太阳能发电区主要是在青海、宁夏、甘肃、江苏、湖北、山东等几个省份，且已经具有能适应生产的完整产业链、规模、能力。太阳能的主要利用方式有光伏发电、太阳能热利用（低温热水应用）、太阳能热发电，目前前两种已经初步市场化，拥有比较完善的产业链，市场发展迅速，最后一种则还处在研发阶段，未能投入生产利用。我国 2021 年新增光

---

① 中国水力发电工程学会. 中国能源大数据报告（2023）：第六章 非化石能源发展 [EB/OL]. http：//www. hydropower. org. cn/showNewsDetail. asp？nsId = 39576，2023 – 07 – 20.
② 中国水力发电工程学会. 中国能源大数据报告（2023）：第一章 能源发展综述 [EB/OL]. http：//www. hydropower. org. cn/showNewsDetail. asp？nsId = 39571，2023 – 07 – 20.

伏发电并网装机容量约 5 300 万千瓦，连续 9 年稳居世界首位。截至 2022 年，分布式光伏的发展势头迅猛，新增太阳能分布式光伏发电装机 5 111 万千瓦。[①] 根据国家能源局数据，2022 年我国光伏发电新增并网容量达到了 87.408GW，其中集中式光伏电站新增 36.294GW、分布式光伏电站新增 51.114GW，分布式呈现高速增长的趋势。[②]

在太阳能光伏发电突飞猛进的同时，很多方面也存在困难，比如技术创新、配套设施建设、成本问题、区域能源平衡、并网问题。更重要的是很多发展太阳能的技术都要依赖进口，这样就进一步提升了成本。

9.1.2.4 生物质能利用

发电、生物液体燃料、生产燃气是我国目前主要应用到生物质能的领域。目前商业化利用情况是，沼气和生物燃气已经商业化，秸秆直燃和垃圾焚烧已经基本成熟。2022 年全年，生物质发电新增装机容量 334 万千瓦，累计装机达 4 132 万千瓦。其中，生活垃圾焚烧发电新增装机 257 万千瓦，累计装机达到 2 386 万千瓦；农林生物质发电新增装机 65 万千瓦，累计装机达到 1 623 万千瓦；沼气发电新增装机 12 万千瓦，累计装机达到 122 万千瓦。[③]

总的来说，我国的生物质能利用仍然处于较为初级的阶段，受到技术、土地、环境、政策等方面的制约，如果要大规模发展这些能源，就必须尽快破除束缚，完善市场能源经济。

9.1.3 制约新能源和可再生能源发展的重要难题

9.1.3.1 能源体制转变是第一重挑战

目前，我国的主要能源体制是建立在传统化石能源基础上的，很多行

---

① 中国水力发电工程学会. 中国能源大数据报告（2023）：第五章 电力行业发展［EB/OL］. http：//www. hydropower. org. cn/showNewsDetail. asp? nsId =39575，2023 - 07 - 20.
② 数据源于国家能源局网站。
③ 中国产业发展促进会生物质能产业分会. 2022 年生物质发电运行情况简介［EB/OL］. https：//baijiahao. baidu. com/s? id =1757951561718091777&wfr =spider&for = pc，2023 - 02 - 16.

业、企业、经济命脉都与其密不可分。由于能源短缺、需求增加、环境问题等诸多因素的限制，新能源和可再生能源的利用势在必行。但是由传统的化石能源体系向新能源体系转变必然影响各个领域，如果没有强制性，很多企业可能会出于保守、利益等多方面的考量而不愿意大规模开发和利用新能源和可再生能源。

9.1.3.2 相关产业发展不均衡

现在我国已经拥有较为完整的新能源和可再生能源产业体系，但是各个方面发展不均衡，比如水电技术在世界上水平非常出众，但是风能、太阳能利用就相对滞后，没有核心关键技术，缺乏竞争力。而且，由于没有完整的产业链，在发展新能源方面，很多关键部件都要源自进口，这制约了其发展，比如风能方面，设备的设计、风机叶片上用到的碳纤维，都是我国尚未掌握的关键技术，只能依靠进口。

9.1.3.3 技术和经验是新能源和可再生能源大规模发展的"瓶颈"

目前，制约我国新能源和可再生能源发展的主要还是技术难题，除水力发电外，由于技术的落后，导致其开发和利用变得成本过高，难以大规模的生产利用。同时，由于我国对新能源和可再生能源的利用时间较短，经验缺乏，导致目前的发展并不尽如人意，而丹麦的风机、日本的光伏都是有几十年的研究基础的，进而导致利用情况并不平衡。

我国新能源和可再生能源的技术落后主要表现在三个方面：一是研究支持平台不完善，力度弱，其原因主要是政府没有在新能源和可再生能源技术发展研发中起主导作用，使得很多科研院所都转变为企业化管理；二是缺乏路线指导，目前很多欧美国家都有较为清晰的路线图，指引国家在短、中、长期内合理有序发展，而我国则需要自主创新研发路线图；三是没有建立长效机制以应对研发投入，目前我国的很多实验室和研发中心都是一次性扶持的，而没有连续不断的支持。

9.1.3.4 对新能源和可再生能源的界定尚有分歧

目前，社会各界对新能源和可再生能源的看法和认知有所不同，其中包含一些误解，很有可能阻碍其发展。譬如，尽管太阳能是清洁能源，但是光伏电池的生产却是高污染和高耗能的，因此就否定了太阳能的利用，而不是考虑改进技术；风能是可再生能源，但是风电扩大对生态环境产生了一些影响，因此很多人认为不应该发展风能。而且还有很多部门、企业为了自身利益和自我发展，而过度宣传新能源和可再生能源的好处，却不考虑现实情况。

由此可以看出，应对新能源和可再生能源的真实情况进行科学、客观、详细的宣传，以及必要的舆论引导，从而使得整个社会对新能源和可再生能源有进一步的认识。

9.2 新能源和可再生能源的替代效应分析

实现新能源和可再生能源的代替目标是调控能源消费总量的重要指标，需要结合各种相关情况，如规模化发展措施、技术政策、长效创新机制等。

9.2.1 新能源和可再生能源发展目标

《"十四五"现代能源体系规划》提出5个发展目标：能源保障更加安全有力、能源低碳转型成效显著、能源系统效率大幅提高、创新发展能力显著增强、普遍服务水平持续提升。

"十四五"规划中，我国计划到2025年，国内能源年综合生产能力达到46亿吨标准煤以上，原油年产量回升并稳定在2亿吨水平，天然气年产量达到2 300亿立方米以上，发电装机总容量达到约30亿千瓦，能源储备体系更加完善，能源自主供给能力进一步增强。此外，计划中提到要使能源低碳转型效果显著，预计使单位GDP二氧化碳排放五年累计下降18%。到2025年，非化石能源消费比重提高到20%左右，非化石能源发电量比重达到39%左右，电气化水平持续提升，电能占终端用能比重达到30%左右。

我国经济长期快速增长，且方式多为粗放式，能源消费总量多次超标，针对这种情况，我国提出要控制总量。因此未来能源的长期发展规划是一方面增加新能源和可再生能源所占有的比重，提升其发展速度；另一方面控制传统化石能源的消费比重，尽量用新能源和可再生能源来代替。

从我国将来的能源需求和化石能源供应能力两方面考量测算，可知新能源和可再生能源代替量应为：

新能源和可再生能源替代量 = 能源需求总量 − 化石能源供应量

目前，有多家国内外机构对我国能源消费总量进行过预测和分析，但是结果差异较大，且由于我国发展速度过快，导致测算结果并不准确。依据"十四五"规划关于国内生产总值年均增长保持在合理区间，各年视情提出预期目标、单位国内生产总值能耗降低13.5%的规定，本书结合经济发展现状与专家意见将GDP年均增速设定为5%，由此测算2025年国内生产总值为129.36万亿元，能源消费总量为55.01亿吨标准煤。如果"十五五"保持相关政策不变，则到2030年，能源消费总量为60.73亿吨标准煤。在经济增速达到6%或7%的情景下，若单位GDP能耗下降速度仍保持在13.5%，2030年能源消费总量将达到66.77亿吨标准煤或73.34亿吨标准煤（见表9-2）。

表9-2　　　　　　　　不同经济增速下我国能源消费需求

"十四五"时期		能源消费总量（亿吨标准煤）		
GDP增速（%）	GDP能耗降速（%）	2020年	2025年	2030年
5	13.5	49.83	55.01	60.73
6	13.5	49.83	57.68	66.77
7	13.5	49.83	60.45	73.34

9.2.2　新能源和可再生能源替代效应的情景分析

综合考虑我国国内的环境承载能力和化石能源开采储藏能力，化石能源的产能应控制在小于36亿吨标准煤的范围内，消费水平亦应因此控制在一个合理的范围之内。其中，煤炭产能控制在23亿~38亿吨标准煤的范围内。石油的产能控制在 2 亿吨左右；天然气产能约为 2 000 亿立方米；油气合理产能约为 6.5 亿 TCE，再加上进口油气，总计约为 12 亿吨标准煤。到 2025 年时，化石能源的消费量为 44 亿吨标准煤。

综合上述结果，且认为在未来我国的化石能源使用开发技术将有技术上的巨大突破，进口能力也有所增加，那么到 2025 年，化石能源的供应量预计最高可达 46 亿吨标准煤，则可以计算出新能源和可再生能源低、中、高替代量方案是 9.01 亿、11.68 亿、14.45 亿吨标准煤，所占比例分别为 16.3%、20.3%、23.9%（见表 9 - 3）。

表 9 - 3　　　　　　　2025 年新能源和可再生能源替代量情景分析

情景	低需求情景	中需求情景	高需求情景
一、能源总需求			
能源需求形势	GDP 增长平稳，能源总需求得到有效控制	GDP 增长较快，能源总需求基本得到合理控制	GDP 快速增长，能源需求快速增长
能源总需求（亿吨标准煤）	55.01	57.68	60.45
二、化石能源供应能力			
化石能源供应能力（亿吨标准煤）	46	46	46
三、新能源和可再生能源替代量			
新能源和可再生能源总量（亿吨标准煤）	9.01	11.68	14.45
新能源和可再生能源比例（%）	16.3	20.3	23.9

9.3　新能源和可再生能源发展的政策建议

新能源和可再生能源在我国的长期发展中占有重要的战略地位，然而，目前受到政策、技术、各方利益等相互的牵制，新能源的发展还需要进一步调整政策，为其打开广阔的前景。

9.3.1 推进新能源和可再生能源规模化发展的措施

9.3.1.1 创新新能源和可再生能源电价机制

从目前技术手段的发展程度来看，转化为电能是主要的新能源和可再生能源利用手段，通过扶持新能源电力可以有效推动新能源发展，而最有效的政策是电价调整政策。我国已经具备通过水力、风力、秸秆直燃、秸秆气化、沼气、垃圾、光伏、太阳能等多种能源发电的技术和设备，以"促进发展、提高效率、降低成本、鼓励竞争"为基本原则，可以根据发电种类的不同适度调整价格，确定比较合理的电价水平。

从目前的状况来看，现行的分类固定上网电价与费用分摊制度已经不能适应新能源和可再生能源在电力方面的发展，特别是它没有对发电企业的生产量进行强制要求，就导致企业可以选择更符合其自身利益的方式，使得新能源和可再生能源的发展速度变缓，而且新能源电力发展和电力企业利益之间的矛盾将是未来发展新能源面对的不可回避的主要问题。

目前关于电价，我们可以出台的政策有尽快发展水电，使其与火电同价，并合理配伍。综合市场情况，应尽快将风电、太阳能电能和生物质电能价格稳定到一个比较合理的水平，并给予通过新能源、可再生能源发电的企业以一定的补助，以平衡矛盾。

9.3.1.2 进一步完善调整新能源和可再生能源监管办法和激励政策

基于各种不同的新能源和可再生能源自身的特点，可以制定不同的有利优惠政策，并按照一定的符合当前发展状况的配比返还到当地财政，以支持发展。有关部门要善于发现并废除不利于新能源和可再生能源发展的政策，消除地方保护，特别是禁止垄断，对于垄断企业的监管必须上升到新的高度，制定符合新能源和可再生能源需求的电网规则，以形成公平公正公开透明的能源市场。

9.3.1.3 为新能源和可再生能源的发展建立基金

建立基金可以为新能源和可再生能源提供稳定的资金支持，以保证其健康稳定发展。资金的筹集渠道目前设想如下：第一，对成品油批发经营企业销售量征收新能源和可再生能源燃油附加；第二，省级电网企业在本区域内在扣除部分地区和行业生产用电后，全部销售电量征收新能源和可再生能源电价附加；第三，中央和省级财政预算安排的专项基金；第四，社会捐赠；第五，中央和省级财政预算的税收。

针对不同的支持内容和对象，新能源和可再生能源发展基金可以使用不同的实施方式。对公共新能源和可再生能源研发、平台、运营机构等提供无偿资助支持，对规模化推广以价格补贴、贷款方式资助。

9.3.2 不断创新是新能源和可再生能源发展的动力

9.3.2.1 改革能源体制，全面放开新能源政策

就目前情况来看，能源政策是制约新能源发展的主要因素之一，全面深化改革，我们应当以此为契机，推进制度改革，融合新能源、可再生能源与化石能源，实现能源新的发展。扭转目前的能源使用现状，价格政策不可缺少，提高煤电价格，能够提高相关工业的生产成本，迫使其向新能源转变。

调整改革管理体制，能够提升相关部门的生产活力，特别是创新活力，把能源使用结构的转变作为管理改革中的重中之重。

9.3.2.2 创新碳排放交易机制

征收碳税、碳排放交易是促进新能源和可再生能源发展、发展低碳经济、应对气候变化的重要举措，可以帮助其形成更为稳定的市场环境。

9.3.3 发展与新能源和可再生能源有关的技术

9.3.3.1 设计好发展规划路线图

在新能源和可再生能源的开发上，很多欧美国家都已经制订了详细的路线图，包括短期、中期、长期，发展的能源主要有风能、太阳能等，路线图中明确了很多关键的技术、目标和步骤等。这样的路线图可以帮助国

家处于能源开发的国际领先地位。

然而目前我国还没有比较合理的、清晰的能源开发路线图，特别是长期路线、目标，主要处于一个模仿的阶段。目前，尽管我国在太阳能热使用量、风机装机容量、太阳能光伏电池制造等方面已经是世界第一，但是在技术、装备水平上仍然有大幅提升的空间。因此亟须技术路线来指引新能源的开发方向，制定合理的路线图能够事半功倍。

9.3.3.2 多管齐下推动新能源发展

要在政策方面重视新能源发展，政府可通过加大资金投入，完善相关技术，尽快在技术层面完善发展。特别是在太阳能、核能、生物能源、风能、可再生能源等方面，可以联系高校、企业等多方面开展工作，共同攻克技术难关，推动技术转化为生产力。最后，以此项目为载体，引导全社会认识和使用新能源，促进资源优化配置，实现全社会的能源循环利用。

附表 1 2000～2021 年全国相关行业 投入—产出数据

表 A1 -1   2000～2021 年煤炭开采和洗选业（行业 1）投入—产出数据

年份	时期 t	资本 $\bar{X}_1$（亿元）各年名义价格	以 2000 年为基期的不变价格折算后的资本 X_1（亿元）	劳动力投入 X_2（万人）	工业总产值 Y_t（亿元）	以 2000 年不变价格折算后的工业总产值 Y_t（亿元）
2000	1	3 868.51	3 868.510	343.00 ***	1 276.81	1 276.81
2001	2	4 274.69	4 245.334	330.00 ***	1 531.28	1 520.77
2002	3	4 810.56 **	4 816.109	326.00 ***	1 980.76	1 983.05
2003	4	5 433.01	5 374.804	376.60	2 459.38	2 433.03
2004	5	6 727.36	6 405.604	388.19	4 735.20	4 508.73
2005	6	8 693.48	8 131.402	435.81	5 722.77	5 352.76
2006	7	11 069.95	10 200.340	463.66	7 207.61	6 641.41
2007	8	13 864.21	12 190.170	463.69	9 201.83	8 090.75
2008	9	19 457.74	16 155.840	502.38	14 625.92	12 143.96
2009	10	23 790.09	19 893.830	505.54	16 404.27	13 717.64
2010	11	29 941.66	24 239.280	527.19	22 109.27	17 898.57
2011	12	37 936.27	29 140.430	520.98	28 919.81	22 214.51
2012	13	44 807.04	43 846.270		34 049.98	33 319.86
2013	14	49 059.47	48 007.510	529.68	32 949.89	32 243.36
2014	15	52 319.40	51 498.700	488.43	30 321.97	29 846.33
2015	16	53 788.47	53 258.010	443.21	23 770.31	23 535.89
2016	17	53 371.26	52 534.060	397.11	22 328.52	21 978.27
2017	18	53 417.86	52 786.940	346.57	27 704.60	27 377.38

续表

年份	时期 t	资本 $\bar{X}_1$（亿元）各年名义价格	以 2000 年为基期的不变价格折算后的资本 X_1（亿元）	劳动力投入 X_2（万人）	工业总产值 Y_t（亿元）	以 2000 年不变价格折算后的工业总产值 Y_t（亿元）
2018	19	55 636. 22	54 709. 860	320. 90	24 645. 80	24 235. 44
2019	20	52 651. 43	51 372. 240	284. 68	21 990. 09	21 455. 83
2020	21	59 712. 45	58 489. 070	270. 18	20 821. 60	20 395. 01
2021	22	68 700. 96	68 360. 520	263. 85	33 564. 18	33 397. 86

注：** 数据折算自《中国统计年鉴2003》，2002 年全国国有及规模以上非国有工业企业资产总计 146 217. 78 亿元，煤炭采选业占比3.29%。*** 数据来自《中国统计年鉴2003》工业分行业职工人数。2012 年分行业的工业总产值没有纳入《中国统计年鉴2013》中"按行业分规模以上工业企业主要指标"。

表 A1 – 2　　　2000～2021 年石油和天然气开采业（行业 2）投入—产出数据

年份	时期 t	资本 $\bar{X}_1$（亿元）各年名义价格	以 2000 年为基期的不变价格折算后的资本 X_1（亿元）	劳动力投入 X_2（万人）	工业总产值 Y_t（亿元）	以 2000 年不变价格折算后的工业总产值 Y_t（亿元）
2000	1	4 088. 12	4 088. 120	80. 00 ***	3 130. 11	3 130. 110
2001	2	4 240. 20	4 211. 091	73. 00 ***	2 780. 05	2 760. 965
2002	3	4 401. 15 **	4 406. 226	77. 00 ***	2 756. 59	2 759. 769
2003	4	4 944. 97	4 891. 992	72. 68	3 479. 02	3 441. 748
2004	5	5 484. 21	5 221. 911	76. 07	4 630. 17	4 408. 718
2005	6	6 751. 78	6 315. 243	85. 58	6 286. 27	5 879. 830
2006	7	8 155. 63	7 514. 954	93. 33	7 718. 80	7 112. 440
2007	8	9 930. 78	8 731. 683	90. 67	8 300. 05	7 297. 856
2008	9	12 806. 58	10 633. 360	112. 76	10 615. 96	8 814. 476
2009	10	14 890. 13	12 451. 480	102. 38	7 517. 54	6 286. 344
2010	11	16 692. 05	13 531. 060	106. 06	9 917. 84	8 028. 992
2011	12	18 785. 20	14 429. 690	110. 98	12 888. 76	9 900. 393
2012	13	17 592. 63	17 215. 400		11 665. 27	11 415. 140
2013	14	18 971. 94	18 565. 130	77. 52	11 590. 08	11 341. 560

年份	时期 t	资本 $\bar{X}_1$（亿元）各年名义价格	以2000年为基期的不变价格折算后的资本 X_1（亿元）	劳动力投入 X_2（万人）	工业总产值 Y_t（亿元）	以2000年不变价格折算后的工业总产值 Y_t（亿元）
2014	15	20 266.99	19 949.080	76.93	11 425.21	11 245.990
2015	16	20 570.46	20 367.600	73.52	7 908.52	7 830.530
2016	17	19 995.66	19 682.000	70.50	6 469.96	6 368.470
2017	18	19 086.89	18 861.450	67.15	7 821.70	7 729.320
2018	19	19 371.59	19 049.050	64.70	8 710.90	8 565.860
2019	20	22 568.39	22 020.080	60.91	8 695.22	8 483.970
2020	21	21 507.69	21 067.040	60.39	6 656.93	6 520.540
2021	22	22 840.76	22 727.570	55.46	9 121.63	9 076.430

注：** 数据折算自《中国统计年鉴2003》，2002年全国国有及规模以上非国有工业企业资产总计146 217.78亿元，石油和天然气开采业占比3.01%。*** 数据来自《中国统计年鉴2003》工业分行业职工人数。2012年分行业的工业总产值没有纳入《中国统计年鉴2013》中"按行业分规模以上工业企业主要指标"。

表 A1-3　　　　2000～2021年石油加工、炼焦及核燃料

加工业（行业3）投入—产出数据

年份	时期 t	资本 $\bar{X}_1$（亿元）各年名义价格	以2000年为基期的不变价格折算后的资本 X_1（亿元）	劳动力投入 X_2（万人）	工业总产值 Y_t（亿元）	以2000年不变价格折算后的工业总产值 Y_t（亿元）
2000	1	3 785.91	3 785.910	61.00 ***	4 429.19	4 429.190
2001	2	3 941.22	3 914.164	56.00 ***	4 587.76	4 556.265
2002	3	3 874.77 **	3 879.239	56.00 ***	4 784.98	4 790.499
2003	4	3 978.98	3 936.351	59.66	6 235.26	6 168.459
2004	5	2 744.68	2 613.407	77.99	9 088.84	8 654.139
2005	6	6 490.77	6 071.108	74.40	12 000.49	11 224.596
2006	7	7 584.78	6 988.948	76.79	15 149.04	13 958.988
2007	8	9 398.79	8 263.928	80.64	17 850.88	15 695.466
2008	9	11 698.91	9 713.654	86.02	22 628.68	18 788.688

续表

年份	时期 t	资本 $\bar{X}_1$（亿元）各年名义价格	以 2000 年为基期的不变价格折算后的资本 X_1（亿元）	劳动力投入 X_2（万人）	工业总产值 Y_t（亿元）	以 2000 年不变价格折算后的工业总产值 Y_t（亿元）
2009	10	12 983.91	10 857.450	84.95	21 492.59	17 972.609
2010	11	15 669.15	12 684.970	92.15	29 238.79	23 670.276
2011	12	18 870.47	14 495.190	96.12	36 889.17	28 336.110
2012	13	20 938.78	20 489.800		39 399.01	38 554.200
2013	14	23 169.70	22 672.880	94.51	40 980.89	40 102.160
2014	15	24 664.00	24 277.110	96.84	41 094.41	40 449.790
2015	16	24 795.95	24 551.410	93.29	34 604.49	34 263.220
2016	17	26 508.18	26 092.370	87.63	34 532.38	33 990.700
2017	18	28 254.80	27 921.080	82.25	41 850.10	41 355.810
2018	19	31 557.70	31 032.250	82.20	47 910.80	47 113.070
2019	20	35 059.43	34 207.650	80.75	48 583.43	47 403.070
2020	21	37 434.26	36 667.310	80.38	41 976.56	41 116.550
2021	22	41 344.07	41 139.190	78.63	56 087.22	55 809.290

注：** 数据折算自《中国统计年鉴 2003》，2002 年全国国有及规模以上非国有工业企业资产总计 146 217.78 亿元，石油加工、炼焦业占比 2.65%，折算而来。*** 数据来自《中国统计年鉴 2003》工业分行业职工人数。2012 年分行业的工业总产值没有纳入《中国统计年鉴 2013》中"按行业分规模以上工业企业主要指标"。

表 A1－4 **2000～2021 年电力、热力的生产和供应业（行业 4）**

投入—产出数据

年份	时期 t	资本 $\bar{X}_1$（亿元）各年名义价格	以 2000 年为基期的不变价格折算后的资本 X_1（亿元）	劳动力投入 X_2（万人）	工业总产值 Y_t（亿元）	以 2000 年不变价格折算后的工业总产值 Y_t（亿元）
2000	1	18 626.94	18 626.94	218.00 ***	4 611.39	4 611.39
2001	2	20 485.27	20 344.64	219.00 ***	5 087.70	5 052.77
2002	3	22 298.21 **	22 323.93	220.00 ***	5 889.05	5 859.84

年份	时期 t	资本 $\bar{X_1}$（亿元）各年名义价格	以2000年为基期的不变价格折算后的资本 X_1（亿元）	劳动力投入 X_2（万人）	工业总产值 Y_t（亿元）	以2000年不变价格折算后的工业总产值 Y_t（亿元）
2003	4	25 651.02	25 376.21	238.41	6 858.60	6 785.12
2004	5	27 300.73	25 994.99	239.28	14 904.26	14 191.42
2005	6	39 375.46	36 829.63	252.69	17 785.93	16 635.98
2006	7	46 456.90	42 807.42	259.11	21 549.32	19 856.49
2007	8	53 484.80	47 026.75	256.96	26 462.65	23 267.40
2008	9	62 237.94	51 676.42	259.41	30 060.51	24 959.37
2009	10	69 086.99	57 772.17	277.62	33 435.10	27 959.22
2010	11	76 725.41	62 113.09	275.64	40 550.83	32 827.94
2011	12	83 820.65	64 386.13	252.60	47 352.67	36 373.56
2012	13	92 072.51	90 098.25		52 732.52	51 601.80
2013	14	102 468.39	100 271.21	294.09	56 080.66	54 878.15
2014	15	112 056.76	110 299.01	284.00	57 065.54	56 170.39
2015	16	124 622.83	123 393.81	280.15	56 625.81	56 067.37
2016	17	134 531.39	132 421.09	288.09	55 006.77	54 143.92
2017	18	142 450.44	140 767.95	269.72	58 674.60	57 981.59
2018	19	148 794.15	146 316.68	257.00	62 462.60	61 422.58
2019	20	166 619.08	162 571.00	266.75	68 112.81	66 457.98
2020	21	180 566.74	176 867.32	267.20	68 955.50	67 542.75
2021	22	202 577.01	201 573.16	267.74	79 412.81	79 019.29

注：** 数据折算自《中国统计年鉴2003》，2002年全国国有及规模以上非国有工业企业资产总计146 217.78亿元，电力蒸汽热水生产供应业占比15.25%。*** 数据来自《中国统计年鉴2003》工业分行业职工人数。2012年分行业的工业总产值没有纳入《中国统计年鉴2013》中"按行业分规模以上工业企业主要指标"。

表 A1－5　　　　　　　2000～2021 年燃气生产和供应业（行业 5）

投入—产出数据

年份	时期 t	资本 $\overline{X}_1$（亿元）各年名义价格	以 2000 年为基期的不变价格折算后的资本 X_1（亿元）	劳动力投入 X_2（万人）	工业总产值 Y_t（亿元）	以 2000 年不变价格折算后的工业总产值 Y_t（亿元）
2000	1	610.91	610.910	19.00 ***	170.30	170.30
2001	2	621.55	617.283	19.00 ***	184.87	183.60
2002	3	716.47 **	717.296	18.00 ***	224.60	224.86
2003	4	818.72	809.949	14.67	272.64	269.72
2004	5	680.01	647.486	17.64	437.98	417.03
2005	6	1 186.15	1 109.459	14.84	514.72	481.44
2006	7	1 465.71	1 350.569	14.54	732.09	674.58
2007	8	1 632.61	1 435.480	15.88	988.72	869.34
2008	9	2 201.69	1 828.072	18.17	1 506.55	1 250.90
2009	10	3 379.36	2 825.900	18.09	1 809.12	1 512.83
2010	11	2 982.87	2 414.784	19.02	2 393.42	1 937.59
2011	12	3 457.71	2 656.011	19.86	3 142.03	2 413.52
2012	13	4 471.59	4 375.710		3 358.55	3 286.53
2013	14	5 008.06	4 900.670	23.92	4 059.32	3 972.28
2014	15	6 407.26	6 306.750	25.82	5 227.09	5 145.10
2015	16	7 928.92	7 850.730	27.17	6 343.74	6 281.18
2016	17	8 287.77	8 157.770	28.97	6 061.34	5 966.26
2017	18	9 551.58	9 438.770	30.15	6 391.50	6 316.01
2018	19	11 039.74	10 855.920	29.70	7 484.80	7 360.18
2019	20	12 422.94	12 121.120	32.96	9 451.31	9 221.69
2020	21	13 821.02	13 537.860	34.38	9 340.50	9 149.13
2021	22	15 439.26	15 362.750	36.23	12 631.57	12 568.98

注：** 数据折算自《中国统计年鉴 2003》，2002 年全国国有及规模以上非国有工业企业资产总计 146 217.78 亿元，燃气生产和供应业占比 0.49%。*** 数据来自《中国统计年鉴 2003》工业分行业职工人数。2012 年分行业的工业总产值没有纳入《中国统计年鉴 2013》中"按行业分规模以上工业企业主要指标"。

附表2 2005～2021年各省份相关行业投入—产出数据

表 A2 – 1　2005～2021 年重要煤炭产出省份煤炭开采和洗选业投入—产出数据

省份	年份	时期 t	资本 $\bar{X}_1$ (亿元) 各年名义价格 (资产合计)	以 2005 年为基期的不变价格折算后的资本 X_1 (亿元)	劳动力投入 X_2 (万人)	工业总产值 Y_t (亿元)	以 2005 年不变价格折算后的工业总产值 Y_t (亿元)
河北 1	2005	1					
	2006	2					
	2007	3	596. 22	560. 47		440. 44	427. 83
	2008	4	856. 08	759. 94			
	2009	5	1 039. 87	929. 68	21. 36	782. 41	802. 11
	2010	6	1 293. 76	1 119. 76	21. 62	1 106. 91	1 090. 84
	2011	7	1 689. 11	1 387. 16	20. 40	1 386. 31	1 338. 96
	2012	8	1 800. 40	1 441. 07		1 490. 20	1 478. 58
	2013	9	1 859. 52	1 845. 02	20. 39	2 083. 04	2 066. 80
	2014	10	1 911. 25	1 907. 50	19. 29	1 845. 26	1 841. 64
	2015	11	1 957. 54	1 965. 26	18. 95	1 485. 15	1 491. 01
	2016	12	1 984. 86	1 980. 97	18. 60	1 193. 74	1 191. 40
	2017	13	1 814. 71	1 818. 28		1 057. 47	1 059. 55
	2018	14	1 621. 16	1 616. 40		862. 16	859. 63
	2019	15	1 559. 37	1 542. 70	12. 28	856. 02	846. 87
	2020	16	1 809. 18	1 796. 82	9. 77	497. 39	493. 99
	2021	17	1 906. 64	1 923. 65	9. 27	686. 65	692. 77

续表

省份	年份	时期 t	资本 $\bar{X}_1$（亿元）各年名义价格（资产合计）	以 2005 年为基期的不变价格折算后的资本 X_1（亿元）	劳动力投入 X_2（万人）	工业总产值 Y_t（亿元）	以 2005 年不变价格折算后的工业总产值 Y_t（亿元）
山西 2	2005	1	2 227.44	2 227.44	89.45	1 328.22	1 328.22
	2006	2	2 988.03	2 943.62	95.29	1 702.19	1 707.22
	2007	3	3 814.98	3 586.21	93.19	2 170.39	2 108.26
	2008	4	5 286.81	4 693.10	94.59	3 356.12	3 226.18
	2009	5	6 381.97	5 705.65	92.43	3 421.58	3 507.72
	2010	6	8 179.38	7 079.34	94.85	4 741.21	4 672.36
	2011	7	10 611.18	8 714.32	97.33	6 450.58	6 230.26
	2012	8	12 078.10	9 667.48	102.99	6 805.46	6 752.39
	2013	9	13 679.49	13 572.82	104.15	7 232.00	7 175.61
	2014	10	15 218.05	15 188.21	99.67	7 133.87	7 119.88
	2015	11	16 406.84	16 471.56	95.86	5 792.41	5 815.26
	2016	12	16 995.20	16 961.88	92.86	5 462.94	5 452.23
	2017	13	17 601.63	17 636.28	90.94	6 833.53	6 846.98
	2018	14	18 572.00	18 517.43	90.40	7 197.77	7 176.62
	2019	15	19 403.55	19 196.12	83.11	7 131.99	7 055.75
	2020	16	25 275.53	25 102.92	85.62	7 394.43	7 343.93
	2021	17	29 797.56	30 063.35	87.86	13 580.11	13 701.24
内蒙古 3	2005	1	521.24	521.24	14.50	329.21	329.21
	2006	2	738.41	727.43	15.39	490.67	492.12
	2007	3	1 145.22	1 076.54	15.24	740.18	718.99
	2008	4	1 895.39	1 682.53	18.73	1 371.99	1 318.87
	2009	5	2 560.92	2 289.54	20.79	1 785.72	1 830.68
	2010	6	3 561.74	3 082.72	24.77	2 543.74	2 506.80
	2011	7	4 568.74	3 752.03	25.51	3 718.54	3 591.53
	2012	8	5 849.07	4 681.67	26.48	3 881.44	3 851.18
	2013	9	5 827.21	5 781.78	26.34	3 965.48	3 934.56

续表

省份	年份	时期 t	资本 $\bar{X}_1$（亿元）各年名义价格（资产合计）	以2005年为基期的不变价格折算后的资本 X_1（亿元）	劳动力投入 X_2（万人）	工业总产值 Y_t（亿元）	以2005年不变价格折算后的工业总产值 Y_t（亿元）
内蒙古3	2014	10	6 260.76	6 248.48	22.39	3 508.51	3 501.63
	2015	11	6 310.94	6 335.84	21.82	2 989.36	3 001.15
	2016	12	6 508.17	6 495.41	20.43	3 357.78	3 351.20
	2017	13					
	2018	14	6 670.53	6 650.93	16.82	2 799.16	2 790.93
	2019	15	7 472.25	7 392.38	18.09	3 430.95	3 394.27
	2020	16	7 439.67	7 388.86	16.19	3 155.63	3 134.08
	2021	17	9 185.34	9 267.27	17.36	5 528.45	5 577.76
辽宁4	2005	1					
	2006	2	355.14	349.86	16.37	202.10	202.70
	2007	3	410.98	386.33	15.90	219.07	212.80
	2008	4	544.02	482.93	16.31	331.61	318.77
	2009	5	640.35	572.49	16.58	343.67	352.32
	2010	6	695.70	602.14	16.65	454.29	447.69
	2011	7	868.09	712.91	16.29	543.96	525.38
	2012	8	1 058.62	847.33	16.05	468.98	465.32
	2013	9	1 048.70	1 040.52	20.47	434.40	431.01
	2014	10	746.05	744.59	15.50	344.67	343.99
	2015	11	1 008.50	1 012.48	14.91	258.96	259.98
	2016	12	1 009.04	1 007.06	14.25	219.63	219.20
	2017	13	986.43	988.37		284.70	285.26
	2018	14	889.25	886.64		231.60	230.92
	2019	15	675.92	668.69	8.41	190.54	188.50
	2020	16	620.48	616.24	6.82	146.19	145.19
	2021	17	634.55	640.21	6.32	175.98	177.55

续表

省份	年份	时期 t	资本 $\bar{X}_1$ （亿元） 各年名义价格 （资产合计）	以 2005 年为 基期的不变 价格折算后 的资本 X_1 （亿元）	劳动力投入 X_2 （万人）	工业总产值 Y_t （亿元）	以 2005 年不 变价格折算 后的工业总 产值 Y_t （亿元）
吉林 5	2005	1					
	2006	2	105.74	104.17	8.35	84.81	85.06
	2007	3	133.32	125.32	8.67	119.64	116.21
	2008	4	174.46	154.87	9.06	178.86	171.94
	2009	5	219.88	196.58	7.87	234.38	240.29
	2010	6	226.14	195.73	9.48	302.08	297.69
	2011	7	263.14	216.10	10.03	399.74	386.08
	2012	8	318.23	254.71	10.33	460.33	456.74
	2013	9	308.55	306.15	10.00	296.74	294.43
	2014	10	340.63	339.96	8.75	250.42	249.93
	2015	11	329.01	330.30	7.76	236.83	237.76
	2016	12	341.44	340.77	6.82	216.47	216.05
	2017	13	353.43	354.13	6.45	163.69	164.01
	2018	14	317.57	316.64		54.42	54.26
	2019	15	263.38	260.56	4.01	74.85	74.05
	2020	16	212.45	211.00	3.04	64.68	64.24
	2021	17	217.51	219.45	2.02	54.39	54.87
黑龙江 6	2005	1	369.43	369.43	27.28	166.82	166.82
	2006	2	421.66	415.39	33.70	224.30	224.97
	2007	3	458.85	431.33	41.48	256.93	249.58
	2008	4	545.69	484.41	31.55	300.55	288.92
	2009	5	426.22	381.05	23.81	281.46	288.55
	2010	6	547.29	473.69	28.12	411.45	405.47
	2011	7	621.50	510.40	27.95	453.87	438.37
	2012	8	681.39	545.39	26.60	432.52	429.15
	2013	9	854.60	847.94	26.85	532.43	528.28

省份	年份	时期 t	资本 $\bar{X_1}$（亿元）各年名义价格（资产合计）	以2005年为基期的不变价格折算后的资本 X_1（亿元）	劳动力投入 X_2（万人）	工业总产值 Y_t（亿元）	以2005年不变价格折算后的工业总产值 Y_t（亿元）
黑龙江6	2014	10	809.80	808.21	24.32	335.58	334.92
	2015	11	783.87	786.96	19.58	279.42	280.52
	2016	12	739.37	737.92	18.89	277.52	276.98
	2017	13	799.09	800.66		288.09	288.66
	2018	14	816.86	814.46			
	2019	15	807.60	798.97	13.12	440.22	435.51
	2020	16	901.42	895.26	13.58	420.32	417.45
	2021	17	947.78	956.23	13.54	540.71	545.53
江苏7	2005	1					
	2006	2	255.61	251.81	10.94	151.14	151.59
	2007	3	291.85	274.35	10.36	173.38	168.42
	2008	4	340.91	302.63	9.92	242.56	233.17
	2009	5	381.55	341.12	9.37	241.26	247.33
	2010	6	459.83	397.99	9.16	279.65	275.59
	2011	7	547.65	449.75	9.03	309.57	299.00
	2012	8	576.99	461.83	8.86	313.27	310.83
	2013	9	626.51	621.62	9.13	291.02	288.75
	2014	10	680.17	678.84	7.78	243.11	242.63
	2015	11	720.70	723.54	7.17	205.60	206.41
	2016	12	680.03	678.70	6.02	196.68	196.29
	2017	13	656.17	657.46	4.97	223.25	223.69
	2018	14	666.18	664.22		401.81	400.63
	2019	15	340.51	336.87	2.53	154.62	152.97
	2020	16	347.57	345.20	2.17	156.40	155.33
	2021	17	360.92	364.14	2.58	163.47	164.93

续表

省份	年份	时期 t	资本 $\bar{X}_1$（亿元）各年名义价格（资产合计）	以 2005 年为基期的不变价格折算后的资本 X_1（亿元）	劳动力投入 X_2（万人）	工业总产值 Y_t（亿元）	以 2005 年不变价格折算后的工业总产值 Y_t（亿元）
安徽 8	2005	1			27.65		
	2006	2	793.71	781.91	28.47	350.40	351.43
	2007	3	1 041.90	979.42	27.17	402.61	391.09
	2008	4	1 295.02	1 149.59	30.72	669.20	643.29
	2009	5	1 516.57	1 355.85	31.90	736.28	754.82
	2010	6	2 258.80	1 955.01	30.99	935.49	921.91
	2011	7	2 440.30	2 004.07	28.46	1 065.89	1 029.48
	2012	8	2 747.37	2 199.03	31.29	1 005.65	997.81
	2013	9	2 919.55	2 896.79	30.42	1 456.78	1 445.42
	2014	10	3 117.87	3 111.76	29.34	1 112.94	1 110.76
	2015	11	3 236.55	3 249.32	27.46	1 052.02	1 056.17
	2016	12	3 205.77	3 199.48	23.89	1 152.89	1 150.63
	2017	13	2 854.10	2 859.72	16.62	1 350.66	1 353.32
	2018	14	2 927.37	2 918.77	15.81	812.57	810.18
	2019	15	2 285.29	2 260.86	14.79	784.22	775.84
	2020	16	2 272.71	2 257.19	13.12	796.41	790.97
	2021	17	2 480.89	2 503.02	12.52	948.28	956.74
山东 9	2005	1	1 403.76	1 403.76	47.90	940.75	940.75
	2006	2	1 705.08	1 679.74	52.59	1 209.15	1 212.72
	2007	3	1 915.51	1 800.64	49.71	1 352.16	1 313.46
	2008	4	2 312.77	2 053.05	52.36	1 847.16	1 775.65
	2009	5	2 676.07	2 392.48	52.49	1 886.31	1 933.80
	2010	6	3 279.84	2 838.73	53.18	2 453.04	2 417.42
	2011	7	4 273.51	3 509.57	43.72	2 907.71	2 808.39
	2012	8	5 092.06	4 075.76	56.67	3 039.67	3 015.96
	2013	9	5 759.97	5 715.05	57.91	3 811.79	3 782.07

省份	年份	时期 t	资本 $\overline{X}_1$（亿元）各年名义价格（资产合计）	以2005年为基期的不变价格折算后的资本 X_1（亿元）	劳动力投入 X_2（万人）	工业总产值 Y_t（亿元）	以2005年不变价格折算后的工业总产值 Y_t（亿元）
山东9	2014	10	6 160.21	6 148.13	52.39	3 459.50	3 452.72
	2015	11	6 675.23	6 701.56	47.15	2 259.93	2 268.84
	2016	12	6 131.50	6 119.48	38.20	2 324.29	2 319.73
	2017	13	6 019.24	6 031.09	35.11	3 135.29	3 141.46
	2018	14	6 259.60	6 241.21		1 626.20	1 621.42
	2019	15	3 839.18	3 798.14	18.20	1 127.29	1 115.24
	2020	16	4 317.19	4 287.71	17.28	942.30	935.86
	2021	17	4 434.09	4 473.64	17.07	1 260.89	1 272.14
河南10	2005	1					
	2006	2	1 166.01	1 148.68		1 090.69	1 093.91
	2007	3	1 528.81	1 437.13		1 380.99	1 341.46
	2008	4	2 055.26	1 824.45	56.23	2 102.90	2 021.48
	2009	5	2 657.12	2 375.54	61.69	2 545.21	2 609.29
	2010	6	2 498.48	2 162.46	56.59	2 469.50	2 433.64
	2011	7	2 983.86	2 450.46	56.69	3 198.00	3 088.77
	2012	8	3 311.12	2 650.27	54.74	3 056.95	3 033.11
	2013	9	3 333.68	3 307.69	53.91	2 842.03	2 819.87
	2014	10	3 390.43	3 383.78	51.20	2 758.15	2 752.74
	2015	11	3 328.68	3 341.81	45.76	2 178.95	2 187.55
	2016	12	3 430.59	3 423.86	42.31	1 712.08	1 708.72
	2017	13	3 061.76	3 067.79	36.49	1 871.46	1 875.14
	2018	14	3 405.53	3 395.52	34.81	1 757.48	1 752.32
	2019	15	2 941.28	2 909.84	29.23	1 525.67	1 509.36
	2020	16	3 142.39	3 120.93	28.72	1 424.12	1 414.39
	2021	17	2 940.53	2 966.76	24.99	1 358.14	1 370.25

续表

省份	年份	时期 t	资本 $\bar{X}_1$（亿元）各年名义价格（资产合计）	以 2005 年为基期的不变价格折算后的资本 X_1（亿元）	劳动力投入 X_2（万人）	工业总产值 Y_t（亿元）	以 2005 年不变价格折算后的工业总产值 Y_t（亿元）
湖北 11	2005	1					
	2006	2	13.79	13.59	1.90	12.34	12.38
	2007	3	20.87	19.62	2.18	16.97	16.48
	2008	4	29.79	26.44	2.83	36.69	35.27
	2009	5	40.16	35.90	3.29	47.04	48.22
	2010	6	45.81	39.65	3.52	60.20	59.33
	2011	7	32.44	26.64	2.25	64.25	62.06
	2012	8	49.22	39.40	2.50	88.41	87.72
	2013	9	68.90	68.36	3.29	113.04	112.16
	2014	10	77.66	77.51	3.19	116.49	116.26
	2015	11	60.13	60.37	2.33	102.20	102.60
	2016	12	37.61	37.54	1.44	59.85	59.73
	2017	13	16.51	16.54	0.63	32.05	32.11
	2018	14	7.96	7.94	0.17	7.08	7.06
	2019	15	7.57	7.49	0.11	6.98	6.91
	2020	16	3.33	3.31	0.03	0.98	0.97
	2021	17	5.38	5.43	0.05	2.96	2.99
四川 12	2005	1	169.17	169.17		158.34	158.34
	2006	2	192.38	189.52	23.65	217.67	218.31
	2007	3	261.69	246.00	26.30	341.94	332.15
	2008	4	380.69	337.94	30.45	589.27	566.46
	2009	5	519.20	464.18	30.31	764.96	784.22
	2010	6	595.90	515.76	32.27	1 056.33	1 040.99
	2011	7	717.94	589.60	35.14	1 349.26	1 303.18
	2012	8	850.38	680.66	34.10	1 237.66	1 228.01
	2013	9	932.79	925.52	27.47	909.19	902.10

省份	年份	时期 t	资本 $\bar{X}_1$（亿元）各年名义价格（资产合计）	以2005年为基期的不变价格折算后的资本 X_1（亿元）	劳动力投入 X_2（万人）	工业总产值 Y_t（亿元）	以2005年不变价格折算后的工业总产值 Y_t（亿元）
四川12	2014	10	912.77	910.98	24.16	909.38	907.60
	2015	11	862.35	865.75	20.26	772.30	775.35
	2016	12	831.78	830.15	17.74	781.31	779.78
	2017	13	788.34	789.89		640.24	641.50
	2018	14	794.03	791.70	13.04	567.13	565.46
	2019	15	719.32	711.63	11.69	539.99	534.22
	2020	16	541.47	537.77	9.07	428.11	425.19
	2021	17	565.71	570.76	8.20	444.03	447.99
贵州13	2005	1	196.55	196.55	11.66	105.97	105.97
	2006	2	299.53	295.08	15.30	167.02	167.51
	2007	3	332.33	312.40	16.08	212.53	206.45
	2008	4	552.48	490.44	22.33	399.34	383.88
	2009	5	597.92	534.56	22.79	403.15	413.30
	2010	6	912.83	790.06	27.32	655.72	646.20
	2011	7	1 275.19	1 047.24	28.80	1 062.53	1 026.24
	2012	8	2 054.02	2 038.00	29.79	1 224.44	1 214.89
	2013	9	2 301.91	2 297.40	28.17	1 314.70	1 304.45
	2014	10	2 426.80	2 436.37	25.01	1 327.55	1 324.95
	2015	11	2 249.20	2 244.79	22.53	1 347.35	1 352.66
	2016	12	2 256.43	2 260.87		1 679.90	1 676.61
	2017	13	2 072.77	2 066.68		1 276.71	1 279.22
	2018	14	2 154.47	2 131.44	17.63	914.39	911.70
	2019	15	2 279.58	2 264.01	16.96	812.06	803.38
	2020	16	2 337.97	2 358.82	18.18	998.15	991.33
	2021	17					

续表

省份	年份	时期 t	资本 $\bar{X}_1$（亿元）各年名义价格（资产合计）	以2005年为基期的不变价格折算后的资本 X_1（亿元）	劳动力投入 X_2（万人）	工业总产值 Y_t（亿元）	以2005年不变价格折算后的工业总产值 Y_t（亿元）
云南14	2005	1	70.13	70.13	4.85	44.13	44.13
	2006	2	88.48	87.17	5.52	55.75	55.92
	2007	3	128.28	120.58	7.18	80.79	78.47
	2008	4					
	2009	5	260.23	232.65	11.82	181.10	185.66
	2010	6	346.15	299.60	14.93	248.00	244.40
	2011	7	463.71	380.82	13.73	353.58	341.50
	2012	8	623.69	499.21	15.02	502.41	498.49
	2013	9	661.31	656.15	14.94	627.89	622.99
	2014	10	679.90	678.57	10.58	305.02	304.42
	2015	11	636.55	639.06	8.99	299.40	300.58
	2016	12	577.46	576.33	7.96	318.84	318.21
	2017	13	596.61	597.78	6.96	363.85	364.57
	2018	14	582.84	581.13	6.77	373.26	372.16
	2019	15	660.58	653.52	6.94	363.12	359.24
	2020	16	655.13	650.66	5.72	318.42	316.25
	2021	17	681.03	687.10	6.00	468.13	472.31
陕西15	2005	1	354.88	354.88	11.26	180.97	180.97
	2006	2	456.25	449.47	12.64	237.25	237.95
	2007	3	633.44	595.45	12.72	379.15	368.30
	2008	4	934.07	829.18	13.28	752.55	723.42
	2009	5	1 447.16	1 293.80	16.04	1 005.58	1 030.90
	2010	6	1 915.96	1 658.28	17.29	1 408.56	1 388.11
	2011	7	2 495.40	2 049.32	19.74	1 868.60	1 804.78
	2012	8	3 158.56	2 528.16	20.00	2 241.31	2 223.84
	2013	9	3 152.05	3 127.48	20.37	2 157.45	2 140.63

省份	年份	时期 t	资本 $\overline{X_1}$（亿元）各年名义价格（资产合计）	以2005年为基期的不变价格折算后的资本 X_1（亿元）	劳动力投入 X_2（万人）	工业总产值 Y_t（亿元）	以2005年不变价格折算后的工业总产值 Y_t（亿元）
陕西15	2014	10	3 631.78	3 624.66	20.81	1 979.22	1 975.34
	2015	11	3 746.73	3 761.51	21.43	1 814.66	1 821.82
	2016	12	4 055.46	4 047.51	19.30	2 012.28	2 008.33
	2017	13	4 785.83	4 795.25	18.56	2 792.77	2 798.27
	2018	14	5 007.78	4 993.06	17.01	2 836.35	2 828.02
	2019	15	5 261.35	5 205.10	16.92	2 738.00	2 708.73
	2020	16	5 441.33	5 404.17	16.40	2 673.83	2 655.56
	2021	17	7 488.91	7 555.71	16.93	5 028.59	5 073.45
甘肃16	2005	1	135.99	135.99	7.91	89.35	89.35
	2006	2	148.31	146.11	7.19	55.54	55.70
	2007	3	165.85	155.91	7.44	74.22	72.10
	2008	4	207.35	184.07	7.17	120.15	115.50
	2009	5	252.61	225.84	7.94	142.15	145.73
	2010	6	292.09	252.81	8.14	176.99	174.42
	2011	7	380.37	312.38	6.17	240.73	232.51
	2012	8	444.45	355.74	7.79	305.76	303.38
	2013	9	490.47	486.65	5.26	218.78	217.07
	2014	10	517.33	516.32	7.72	224.03	223.59
	2015	11	629.34	631.83	7.13	149.58	150.17
	2016	12	598.62	597.45	6.60	150.90	150.60
	2017	13	515.94	516.96	5.75	169.76	170.10
	2018	14	504.76	503.27	5.43	163.95	163.47
	2019	15	562.45	556.43	5.06	228.14	225.71
	2020	16	626.62	622.34	5.01	242.76	241.10
	2021	17	781.14	788.10	5.26	352.26	355.40

省份	年份	时期 t	资本 $\bar{X}_1$（亿元）各年名义价格（资产合计）	以 2005 年为基期的不变价格折算后的资本 X_1（亿元）	劳动力投入 X_2（万人）	工业总产值 Y_t（亿元）	以 2005 年不变价格折算后的工业总产值 Y_t（亿元）
青海17	2005	1	18.17	18.17	0.48	4.00	4.00
	2006	2	25.68	25.30	0.68	9.45	9.48
	2007	3	42.39	39.85	0.71	14.93	14.50
	2008	4	75.45	66.98	0.74	45.23	43.48
	2009	5	112.41	100.50	0.95	51.80	53.10
	2010	6	182.73	158.15	1.28	87.49	86.22
	2011	7	269.92	221.67	1.15	131.86	127.36
	2012	8	295.83	236.79	1.15	189.00	187.53
	2013	9	332.13	329.54	1.15	129.10	128.09
	2014	10	343.14	342.47	1.09	79.82	79.66
	2015	11	107.12	107.55	0.78	23.36	23.45
	2016	12	111.20	110.98	0.60	32.55	32.49
	2017	13	147.96	148.26		29.41	29.47
	2018	14				29.41	29.32
	2019	15	173.33	171.48	0.50	43.13	42.66
	2020	16	139.23	138.28	0.57	36.93	36.68
	2021	17	96.44	97.30	0.47	41.30	41.67
宁夏18	2005	1					
	2006	2	276.17	272.06	6.04	89.87	90.14
	2007	3	337.22	317.00	5.98	112.83	109.60
	2008	4	519.87	461.49	6.18	197.03	189.40
	2009	5	634.86	567.59	6.11	209.83	215.12
	2010	6	712.55	616.72	6.18	266.24	262.38
	2011	7	852.05	699.74	6.09	376.43	363.57
	2012	8	985.46	788.77	6.95	431.28	427.92
	2013	9	1 178.28	1 169.10	7.07	434.93	431.54

续表

省份	年份	时期 t	资本 $\bar{X}_1$（亿元）各年名义价格（资产合计）	以 2005 年为基期的不变价格折算后的资本 X_1（亿元）	劳动力投入 X_2（万人）	工业总产值 Y_t（亿元）	以 2005 年不变价格折算后的工业总产值 Y_t（亿元）
宁夏 18	2014	10	1 335.96	1 333.34	6.88	408.12	407.32
	2015	11	1 478.65	1 484.48	64 700.00	332.16	333.47
	2016	12	1 594.15	1 591.02	5.64	331.61	330.96
	2017	13	1 586.05	1 589.17	5.79	391.72	392.49
	2018	14	1 501.92	1 497.51	5.55	403.32	402.13
	2019	15	1 507.11	1 491.00	5.20	510.79	505.33
	2020	16	1 528.62	1 518.18	5.10	441.69	438.67
	2021	17	1 658.72	1 673.52	5.12	787.67	794.70
新疆 19	2005	1	77.66	77.66	3.98	26.93	26.93
	2006	2	96.11	94.68	4.16	41.41	41.54
	2007	3	128.27	120.58	4.71	54.25	52.70
	2008	4	183.94	163.28	4.80	93.55	89.92
	2009	5	288.88	258.27	5.47	133.33	136.68
	2010	6	405.60	351.05	6.23	150.46	148.28
	2011	7	533.84	438.41	5.97	189.12	182.66
	2012	8	671.03	537.10	5.91	234.74	232.91
	2013	9	785.49	779.37	6.11	237.30	235.45
	2014	10	928.15	926.33	6.25	283.30	282.74
	2015	11	873.68	877.12	5.62	236.64	237.57
	2016	12	875.72	874.00	4.59	219.46	219.03
	2017	13	920.89	922.71			
	2018	14	976.88	974.01		381.77	380.65
	2019	15	1 051.01	1 039.77	4.07	462.84	457.89
	2020	16	1 301.57	1 292.68	4.23	509.76	506.28
	2021	17	1 660.87	1 675.68	4.03	841.51	849.02

注：所选省份为煤炭产出的主要省份。

表 A2－2 2005～2021年重要油气产出省份石油和天然气开采业投入—产出数据

省份	年份	时期 t	资本 $\bar{X}_1$（亿元）各年名义价格（资产合计）	以2005年为基期的不变价格折算后的资本 X_1（亿元）	劳动力投入 X_2（万人）	工业总产值 Y_t（亿元）	以2005年不变价格折算后的工业总产值 Y_t（亿元）
天津 1	2005	1					
	2006	2	565.76	557.36	5.56	656.70	646.94
	2007	3	685.95	644.82	5.83	712.65	669.91
	2008	4	1 108.24	983.79	6.73	996.68	884.75
	2009	5	1 453.52	1 299.49	7.13	910.58	814.08
	2010	6	1 521.57	1 316.94	7.09	1 431.32	1 238.82
	2011	7	1 579.77	1 297.37	6.95	1 814.17	1 489.87
	2012	8	1 199.37	959.99	1.85	1 391.46	1 113.74
	2013	9	1 318.26	1 307.98	1.97	1 267.74	1 257.86
	2014	10	1 475.79	1 472.90	2.01	1 181.30	1 178.98
	2015	11	1 422.90	1 428.52	2.09	733.37	736.26
	2016	12	1 324.34	1 321.75	2.02	601.38	600.20
	2017	13	1 247.33	1 249.79	2.01		
	2018	14	1 299.49	1 295.67	1.97		
	2019	15	1 440.76	1 425.36	1.97	972.46	962.06
	2020	16	1 553.66	1 543.05	1.95	677.03	672.41
	2021	17	1 794.32	1 810.33	1.91	1 050.74	1 060.11
河北 2	2005	1					
	2006	2					
	2007	3	535.06	519.74		364.32	353.89
	2008	4	571.12	549.01			
	2009	5	585.98	600.73	2.80	170.82	175.12
	2010	6	620.25	611.24	2.60	228.52	225.20
	2011	7	606.25	585.54	5.09	300.17	289.92
	2012	8	672.20	666.96		300.30	297.96
	2013	9	673.21	667.96	2.94	295.75	293.44

省份	年份	时期 t	资本 $\overline{X}_1$（亿元）各年名义价格（资产合计）	以2005年为基期的不变价格折算后的资本 X_1（亿元）	劳动力投入 X_2（万人）	工业总产值 $\overline{Y}_t$（亿元）	以2005年不变价格折算后的工业总产值 Y_t（亿元）
河北2	2014	10	683.60	682.26	2.98	287.41	286.85
	2015	11	664.76	667.38	2.84	161.70	162.34
	2016	12	638.24	636.99	2.79	118.72	118.49
	2017	13	626.85	628.08		149.54	149.83
	2018	14	599.91	598.15		197.34	196.76
	2019	15	520.37	514.81	2.41	191.71	189.66
	2020	16	498.24	494.84	2.30	133.48	132.57
	2021	17	498.88	503.33	2.21	185.77	187.43
内蒙古3	2005	1	67.04	67.04	0.35	40.59	40.59
	2006	2	97.83	98.12	0.48	55.15	55.31
	2007	3	124.37	120.81	0.51	66.19	64.29
	2008	4	124.61	119.78	0.55	82.80	79.59
	2009	5	120.08	123.11	0.57	69.19	70.94
	2010	6	167.73	165.29	0.87	86.51	85.25
	2011	7	197.76	191.01	0.65	111.51	107.70
	2012	8	254.88	252.89	0.69	569.18	564.74
	2013	9	279.08	276.90	0.62	621.45	616.60
	2014	10	303.21	302.62	0.64	671.10	669.78
	2015	11	288.88	290.02	0.72	703.06	705.83
	2016	12	279.67	279.12	0.81	761.04	759.55
	2017	13					
	2018	14	86.99	86.74	0.33	28.90	28.81
	2019	15	85.91	85.00	0.34	26.50	26.22
	2020	16	997.30	990.49	0.45	282.90	280.97
	2021	17	873.01	880.80	0.45	323.17	326.05

省份	年份	时期 t	资本 $\bar{X}_1$（亿元）各年名义价格（资产合计）	以 2005 年为基期的不变价格折算后的资本 X_1（亿元）	劳动力投入 X_2（万人）	工业总产值 Y_t（亿元）	以 2005 年不变价格折算后的工业总产值 Y_t（亿元）
辽宁 4	2005	1					
	2006	2	581.67	583.39	9.14	396.27	397.44
	2007	3	664.02	645.01	9.15	420.23	408.20
	2008	4	943.66	907.13	12.52	505.59	486.02
	2009	5	1 007.17	1 032.53	14.44	366.93	376.17
	2010	6	807.10	795.38	13.94	339.83	334.90
	2011	7	635.71	614.00	10.76	357.33	345.13
	2012	8	643.68	638.66	4.43	389.02	385.99
	2013	9	620.74	615.90	4.88	350.12	347.39
	2014	10	624.80	623.57	4.76	342.54	341.87
	2015	11	636.61	639.12	4.78	199.04	199.83
	2016	12	434.93	434.08	4.77	165.49	165.17
	2017	13	364.26	364.98		233.50	233.96
	2018	14	383.84	382.71		305.90	305.00
	2019	15	514.35	508.85	4.43	300.00	296.79
	2020	16	389.67	387.01	3.99	206.90	205.49
	2021	17	379.71	383.10	3.65	295.60	298.24
吉林 5	2005	1					
	2006	2	433.30	434.58	6.86	272.14	272.95
	2007	3	526.47	511.40	5.71	306.58	297.80
	2008	4	583.95	561.34	5.79	382.39	367.58
	2009	5	753.59	772.56	8.53	294.17	301.57
	2010	6	784.22	772.83	6.98	356.35	351.18
	2011	7	779.10	752.49	3.72	370.54	357.88
	2012	8	890.87	883.93	3.93	425.67	422.36
	2013	9	916.00	908.86	3.75	420.93	417.65

续表

省份	年份	时期 t	资本 $\overline{X}_1$（亿元）各年名义价格（资产合计）	以2005年为基期的不变价格折算后的资本 X_1（亿元）	劳动力投入 X_2（万人）	工业总产值 Y_t（亿元）	以2005年不变价格折算后的工业总产值 Y_t（亿元）
吉林5	2014	10	915.91	914.12	3.99	435.01	434.16
	2015	11	905.51	909.09	3.74	304.11	305.31
	2016	12	848.51	846.85	3.67	172.51	172.17
	2017	13	545.62	546.69		132.39	132.65
	2018	14	516.17	514.66		143.48	143.06
	2019	15	522.69	517.11	2.95	155.20	153.54
	2020	16	415.26	412.43	2.82	117.69	116.88
	2021	17	433.03	436.90	2.74	164.64	166.11
黑龙江6	2005	1	1 002.64	1 002.64	11.56	1 413.30	1 413.30
	2006	2	1 173.58	1 177.05	12.13	1 634.00	1 638.83
	2007	3	1 387.43	1 347.71	12.63	1 642.44	1 595.42
	2008	4	1 646.51	1 582.77	17.46	2 074.60	1 994.28
	2009	5	2 071.62	2 123.78	12.12	1 155.06	1 184.14
	2010	6	2 484.91	2 448.82	12.35	1 589.60	1 566.51
	2011	7	2 771.83	2 677.16	12.45	2 156.39	2 082.73
	2012	8	2 617.37	2 596.96	11.68	1 971.13	1 955.77
	2013	9	2 769.53	2 747.93	11.43	1 904.14	1 889.29
	2014	10	2 865.66	2 860.04	11.35	1 814.94	1 811.38
	2015	11	2 826.47	2 837.62	11.32	942.43	946.15
	2016	12	2 866.61	2 860.99	11.33	769.60	768.09
	2017	13	2 826.81	2 832.38		969.64	971.55
	2018	14	2 918.16	2 909.59			
	2019	15	3 761.58	3 721.37	10.61	1 124.88	1 112.86
	2020	16	3 680.61	3 655.47	10.09	803.85	798.36
	2021	17	3 663.61	3 696.29	9.79	1 105.12	1 114.98

省份	年份	时期 t	资本 $\bar{X}_1$（亿元）各年名义价格（资产合计）	以 2005 年为基期的不变价格折算后的资本 X_1（亿元）	劳动力投入 X_2（万人）	工业总产值 Y_t（亿元）	以 2005 年不变价格折算后的工业总产值 Y_t（亿元）
江苏 7	2005	1					
	2006	2	90.24	90.51	1.98	67.96	68.16
	2007	3	109.75	106.61	1.90	70.41	68.39
	2008	4	127.92	122.97	1.89	85.92	82.59
	2009	5	143.24	146.85	1.97	85.92	88.08
	2010	6	176.53	173.97	2.12	67.05	66.08
	2011	7	212.78	205.51	2.02	90.87	87.77
	2012	8	224.81	223.06	2.38	91.58	90.87
	2013	9	254.54	252.56	2.12	88.94	88.25
	2014	10	219.61	219.18	1.03	101.92	101.72
	2015	11	208.17	208.99	1.07	56.28	56.50
	2016	12	187.26	186.89	0.95	43.10	43.02
	2017	13					
	2018	14					
	2019	15	141.27	139.76	0.76	68.17	67.44
	2020	16	93.93	93.29	0.12	28.77	28.57
	2021	17	147.93	149.25	0.59	68.64	69.25
山东 8	2005	1	595.08	595.08	6.62	803.02	803.02
	2006	2	705.66	707.74	6.62	949.31	952.12
	2007	3	808.65	785.51	6.71	930.15	903.53
	2008	4	963.47	926.17	13.67	1 299.67	1 249.35
	2009	5	1 099.02	1 126.69	7.41	718.96	737.06
	2010	6	1 250.86	1 232.70	11.11	1 022.07	1 007.23
	2011	7	1 586.66	1 532.47	10.90	1 316.73	1 271.76
	2012	8	1 642.55	1 629.75	11.42	1 324.19	1 313.87
	2013	9	1 722.22	1 708.79	12.73	1 303.49	1 293.33

续表

省份	年份	时期 t	资本 $\bar{X}_1$（亿元）各年名义价格（资产合计）	以2005年为基期的不变价格折算后的资本 X_1（亿元）	劳动力投入 X_2（万人）	工业总产值 Y_t（亿元）	以2005年不变价格折算后的工业总产值 Y_t（亿元）
山东8	2014	10	1 713.93	1 710.57	14.06	1 130.46	1 128.24
	2015	11	1 678.53	1 685.15	10.53	639.06	641.58
	2016	12	1 585.29	1 582.18	10.55	528.76	527.72
	2017	13	1 362.88	1 365.56	8.61	681.98	683.32
	2018	14	1 188.60	1 185.11		823.60	821.18
	2019	15	1 621.95	1 604.61	8.83	780.62	772.28
	2020	16	1 590.60	1 579.74	11.78	546.58	542.85
	2021	17	1 556.31	1 570.19	7.78	772.85	779.74
河南9	2005	1					
	2006	2	430.84	432.11		360.98	362.05
	2007	3	581.10	564.47		423.20	411.09
	2008	4	668.37	642.49	8.24	467.30	449.21
	2009	5	738.07	756.65	8.91	357.12	366.11
	2010	6	537.13	529.33	9.66	456.88	450.25
	2011	7	545.15	526.53	10.84	484.10	467.57
	2012	8	395.10	392.02	7.05	327.26	324.71
	2013	9	399.26	396.15	6.04	244.95	243.04
	2014	10	422.66	421.83	5.87	215.15	214.73
	2015	11	340.99	342.34	5.50	134.18	134.71
	2016	12	239.58	239.11	4.36	95.55	95.36
	2017	13	171.99	172.33	3.71	96.31	96.50
	2018	14	167.34	166.85	3.47	104.95	104.64
	2019	15	334.53	330.95	3.20		
	2020	16	300.57	298.52	3.05		
	2021	17	326.19	329.10	2.94		

续表

省份	年份	时期 t	资本 $\bar{X}_1$（亿元）各年名义价格（资产合计）	以 2005 年为基期的不变价格折算后的资本 X_1（亿元）	劳动力投入 X_2（万人）	工业总产值 Y_t（亿元）	以 2005 年不变价格折算后的工业总产值 Y_t（亿元）
广东 10	2005	1					
	2006	2	197.72	198.30	0.18	550.45	552.08
	2007	3	255.22	247.91	0.24	574.70	558.25
	2008	4	410.98	395.07	0.36	774.29	744.31
	2009	5	459.33	470.89	0.41	512.14	525.03
	2010	6	535.86	528.08	0.50	599.90	591.19
	2011	7	600.96	580.43	0.16	697.15	673.34
	2012	8	653.41	648.32	0.31	642.65	637.64
	2013	9	712.90	707.34	0.44	676.64	671.36
	2014	10	1 131.79	1 129.57	0.52	606.89	605.70
	2015	11	1 054.27	1 058.43	0.57	493.02	494.96
	2016	12	992.14	990.19	0.59	406.36	405.56
	2017	13	999.37	1 001.34	0.59	487.12	488.08
	2018	14	997.60	994.67	0.58	587.01	585.29
	2019	15	1 128.51	1 116.45	0.58		
	2020	16	1 213.45	1 205.16	0.58		
	2021	17	1 322.14	1 333.93	0.52		
四川 11	2005	1	327.89	327.89		183.37	183.37
	2006	2	439.41	440.71	8.91	241.29	242.00
	2007	3	590.87	573.96	6.69	292.56	284.19
	2008	4	900.56	865.69	7.71	432.25	415.52
	2009	5	1 032.41	1 058.40	9.04	419.51	430.07
	2010	6	1 520.97	1 498.88	8.61	512.40	504.96
	2011	7	1 315.90	1 270.95	3.65	405.61	391.76
	2012	8	1 346.14	1 335.64	3.44	399.58	396.46
	2013	9	1 617.06	1 604.45	3.53	515.28	511.26

省份	年份	时期 t	资本 $\bar{X}_1$（亿元）各年名义价格（资产合计）	以2005年为基期的不变价格折算后的资本 X_1（亿元）	劳动力投入 X_2（万人）	工业总产值 Y_t（亿元）	以2005年不变价格折算后的工业总产值 Y_t（亿元）
四川11	2014	10	1 651.91	1 648.67	3.73	598.81	597.64
	2015	11	1 806.21	1 813.34	3.66	587.65	589.97
	2016	12	1 726.97	1 723.58	3.58	510.43	509.43
	2017	13	1 680.55	1 683.86		562.83	563.94
	2018	14	1 693.72	1 688.74	3.40	704.45	702.38
	2019	15	2 025.01	2 003.36	3.15	797.18	788.66
	2020	16	2 027.86	2 014.01	3.38	772.56	767.28
	2021	17	2 222.54	2 242.36	3.29	903.81	911.87
陕西12	2005	1	986.37	986.37	7.63	622.78	622.78
	2006	2	1 244.29	1 247.97	8.25	754.17	756.40
	2007	3	1 512.79	1 469.49	8.98	919.88	893.55
	2008	4	1 899.54	1 826.00	8.68	1126.07	1082.48
	2009	5	2 310.88	2 369.06	10.52	943.35	967.10
	2010	6	2 724.16	2 684.61	11.15	1 189.14	1 171.87
	2011	7	2 902.26	2 803.13	11.05	1 541.50	1 488.84
	2012	8	3 424.39	3 397.69	11.42	1 715.03	1 701.66
	2013	9	3 609.07	3 580.93	11.64	1 686.55	1 673.40
	2014	10	3 887.14	3 879.52	11.13	1 807.76	1 804.22
	2015	11	4 096.19	4 112.35	11.98	1 314.78	1 319.97
	2016	12	4 259.01	4 250.66	11.64	1 039.14	1 037.10
	2017	13	4 221.31	4 229.62	11.32	1 163.53	1 165.82
	2018	14	4 448.57	4 435.50	11.16	1 436.91	1 432.68
	2019	15	4 696.56	4 646.35	10.55	1 459.98	1 444.37
	2020	16	2 993.24	2 972.80	7.76	729.63	724.64
	2021	17	2 995.34	3 022.06	7.59	1 031.33	1 040.53

省份	年份	时期 t	资本 $\bar{X}_1$（亿元）各年名义价格（资产合计）	以 2005 年为基期的不变价格折算后的资本 X_1（亿元）	劳动力投入 X_2（万人）	工业总产值 Y_t（亿元）	以 2005 年不变价格折算后的工业总产值 Y_t（亿元）
甘肃 13	2005	1	108.47	108.47	0.73	89.35	89.35
	2006	2	113.57	113.90	0.76	119.40	119.75
	2007	3	123.70	120.16	0.82	134.56	130.71
	2008	4	147.00	141.31	1.03	169.77	163.20
	2009	5	268.20	274.95	1.58	197.69	202.67
	2010	6	316.67	312.07	2.16	275.78	271.78
	2011	7	398.79	385.17	1.88	450.31	434.93
	2012	8	496.88	493.00	2.58	464.05	460.43
	2013	9	529.88	525.75	2.62	338.79	336.15
	2014	10	587.12	585.96	2.59	348.55	347.87
	2015	11	514.86	516.89	2.60	277.22	278.31
	2016	12	555.64	554.55	2.08	144.95	144.67
	2017	13	631.48	632.72	1.82	193.27	193.65
	2018	14	759.37	757.14	1.40	193.27	192.70
	2019	15	805.68	797.06	1.28	269.72	266.84
	2020	16	694.80	690.05	1.28	199.84	198.48
	2021	17	825.63	833.00	1.26	310.57	313.34
青海 14	2005	1	162.21	162.21	1.49	100.48	100.48
	2006	2	181.42	181.96	1.64	137.83	138.24
	2007	3	179.98	174.83	1.66	147.42	143.20
	2008	4	224.94	216.23	2.27	173.82	167.09
	2009	5	228.65	234.40	1.64	113.34	116.20
	2010	6	259.89	256.12	2.26	173.76	171.24
	2011	7	304.53	294.13	1.64	249.86	241.33
	2012	8	326.17	323.62	2.62	249.00	247.06
	2013	9	339.76	337.11	2.58	186.25	184.80

省份	年份	时期 t	资本 $\bar{X}_1$（亿元）各年名义价格（资产合计）	以2005年为基期的不变价格折算后的资本 X_1（亿元）	劳动力投入 X_2（万人）	工业总产值 Y_t（亿元）	以2005年不变价格折算后的工业总产值 Y_t（亿元）
青海14	2014	10	365.26	364.55	2.38	194.22	193.84
	2015	11	388.48	390.02	2.38	160.94	161.57
	2016	12	398.36	397.58	2.28	131.55	131.29
	2017	13	403.56	404.36		158.98	159.29
	2018	14				158.98	158.51
	2019	15	436.63	431.96	2.00	174.21	172.35
	2020	16	433.17	430.21	1.86	145.76	144.76
	2021	17	442.25	446.20	1.61	164.30	165.76
新疆15	2005	1	1 060.72	1 060.72	9.21	783.68	783.68
	2006	2	1 255.73	1 259.44	11.46	1 014.53	1 017.53
	2007	3	1 512.26	1 468.97	10.84	1 122.89	1 090.75
	2008	4	1 804.23	1 734.38	12.25	1 350.13	1 297.86
	2009	5	1 854.64	1 901.33	10.72	855.42	876.96
	2010	6	2 129.32	2 098.40	10.44	1 144.29	1 127.67
	2011	7	2 124.11	2 051.56	7.26	1 413.07	1 364.80
	2012	8	2 326.63	2 308.49	7.74	1 373.64	1 362.93
	2013	9	2 567.26	2 547.24	7.54	1 498.39	1 486.71
	2014	10	2 724.78	2 719.44	7.31	1 488.09	1 485.17
	2015	11	2 835.27	2 846.45	7.07	985.67	989.56
	2016	12	2 716.55	2 711.23	6.64	773.62	772.10
	2017	13	2 676.36	2 681.63			
	2018	14	2 740.65	2 732.60		1 254.12	1 250.44
	2019	15	3 211.93	3 177.59	5.68	1 290.19	1 276.40
	2020	16	3 026.53	3 005.86	5.56	1 032.29	1 025.24
	2021	17	3 126.50	3 154.39	5.59	1 366.93	1 379.12

表 A2 - 3　2005～2021 年各省份电力、热力的生产和供应业投入—产出数据

省份	年份	时期 t	资本 $\bar{X}_1$（亿元）各年名义价格（资产合计）	以 2005 年为基期的不变价格折算后的资本 X_1（亿元）	劳动力投入 X_2（万人）	工业总产值 Y_t（亿元）	以 2005 年不变价格折算后的工业总产值 Y_t（亿元）
北京 1	2005	1					
	2006	2					
	2007	3	7 390.03	6 946.87	5.37	1 068.03	1 003.99
	2008	4	6 783.02	6 021.28	5.42	1 242.44	1 102.91
	2009	5	7 895.27	7 058.58	4.81	1 435.63	1 283.50
	2010	6	9 341.57	8 085.22	4.86	2 120.22	1 835.07
	2011	7	10 081.49	8 279.31	6.42	2 283.41	1 875.23
	2012	8	11 272.53	9 022.69	6.41	3 018.06	2 415.69
	2013	9	12 026.58	11 932.81	6.15	3 742.89	3 713.71
	2014	10	12 607.60	12 582.88	5.97	4 091.53	4 083.51
	2015	11	16 183.69	16 247.54	5.38	4 102.65	4 118.83
	2016	12	17 854.58	17 819.57	5.75	4 112.34	4 104.28
	2017	13	18 532.98	18 569.46	5.93	4 506.36	4 515.23
	2018	14	19 557.98	19 500.52	5.80	5 036.77	5 021.97
	2019	15	22 243.21	22 005.43	6.87	7 272.08	7 194.34
	2020	16	24 057.31	23 893.02	6.82	7 039.73	6 991.65
	2021	17	26 219.04	26 452.90	6.86	8 392.28	8 467.14
天津 2	2005	1					
	2006	2	483.29	484.72	2.41	320.53	321.48
	2007	3	573.46	557.05	2.41	374.00	363.29
	2008	4	679.02	652.73	2.48	408.98	393.15
	2009	5	876.95	899.03	2.71	464.04	475.73
	2010	6	1 085.11	1 069.36	2.94	594.94	586.31
	2011	7	1 172.36	1 132.32	3.04	665.67	642.93
	2012	8	1 303.19	1 293.03	2.99	716.45	710.86
	2013	9	1 436.81	1 425.61	3.04	754.57	748.69

续表

省份	年份	时期 t	资本 $\bar{X}_1$（亿元）各年名义价格（资产合计）	以2005年为基期的不变价格折算后的资本 X_1（亿元）	劳动力投入 X_2（万人）	工业总产值 Y_t（亿元）	以2005年不变价格折算后的工业总产值 Y_t（亿元）
天津2	2014	10	1 654.71	1 651.46	3.30	799.34	797.77
	2015	11	1 778.06	1 785.07	3.08	828.54	831.81
	2016	12	1 872.57	1 868.90	2.76	838.35	836.71
	2017	13	1 924.86	1 928.65	2.40	4 521.50	4 530.40
	2018	14	1 947.33	1 941.60	2.76	5 076.79	5 061.87
	2019	15	2 081.27	2 059.02	2.70	5 534.57	5 475.40
	2020	16	2 158.80	2 144.06	2.66	5 674.92	5 636.16
	2021	17	2 306.41	2 326.98	2.72	6 249.95	6 305.69
河北3	2005	1					
	2006	2					
	2007	3	1 809.37	1 757.58		1 381.89	1 342.33
	2008	4	2 059.91	1 980.16			
	2009	5	2 286.38	2 343.94	14.28	1 760.89	1 805.22
	2010	6	2 597.28	2 559.57	13.96	2 131.95	2 100.99
	2011	7	2 852.90	2 755.46	14.86	2 505.15	2 419.59
	2012	8	3 288.40	3 262.76		2 732.50	2 711.19
	2013	9	35 387.72	35 111.79	14.99	2 852.85	2 830.61
	2014	10	38 775.80	38 699.77	15.55	2 926.81	2 921.07
	2015	11	39 718.90	39 875.58	15.58	2 744.01	2 754.83
	2016	12	42 118.50	42 035.91	11.68	2 277.07	2 272.61
	2017	13	48 056.00	48 150.60		2 460.21	2 465.05
	2018	14	48 654.90	48 511.94		2 723.18	2 715.18
	2019	15	54 959.70	54 372.18	12.98	2 186.42	2 163.05
	2020	16	63 158.10	62 726.78	13.67	2 203.55	2 188.50
	2021	17	69 383.50	70 002.38	13.41	2 589.85	2 612.95

续表

省份	年份	时期 t	资本 $\bar{X_1}$（亿元）各年名义价格（资产合计）	以 2005 年为基期的不变价格折算后的资本 X_1（亿元）	劳动力投入 X_2（万人）	工业总产值 Y_t（亿元）	以 2005 年不变价格折算后的工业总产值 Y_t（亿元）
山西 4	2005	1	987.13	987.13	8.63	505.45	505.45
	2006	2	1 165.67	1 169.12	10.68	597.68	599.45
	2007	3	1 413.23	1 372.78	8.05	738.50	717.36
	2008	4	1 607.04	1 544.82	8.05	812.42	780.97
	2009	5	1 707.86	1 750.86	7.49	895.60	918.14
	2010	6	1 846.65	1 819.83	7.79	1 071.92	1 056.35
	2011	7	1 910.86	1 845.59	7.56	1 216.04	1 174.51
	2012	8	2 486.22	2 466.84	9.29	1 579.23	1 566.91
	2013	9	2 586.86	2 566.69	5.14	1 608.53	1 595.99
	2014	10	2 828.02	2 822.48	8.38	1 667.18	1 663.91
	2015	11	3 253.40	3 266.23	8.52	1 501.24	1 507.16
	2016	12	3 625.96	3 618.85	8.94	1 511.83	1 508.87
	2017	13	3 979.46	3 987.30	9.23	1 634.01	1 637.22
	2018	14	4 242.27	4 229.81	9.10	2 286.94	2 280.11
	2019	15	4 985.35	4 932.06	10.02	2 601.46	2 573.65
	2020	16	5 412.07	5 375.11	9.94	2 688.60	2 670.24
	2021	17	6 470.59	6 528.31	10.44	3 119.16	3 146.98
内蒙古 5	2005	1	1 738.47	1 738.47	7.30	403.87	403.87
	2006	2	1 764.83	1 770.04	7.54	485.67	487.11
	2007	3	2 433.58	2 363.92	7.91	755.89	734.25
	2008	4	3 231.37	3 106.26	8.76	949.95	913.17
	2009	5	2 954.54	3 028.93	9.87	1 115.99	1 144.08
	2010	6	3 389.44	3 340.22	11.35	1 374.89	1 354.93
	2011	7	4 247.70	4 102.62	11.09	1 606.65	1 551.78
	2012	8	4 612.47	4 576.50	11.86	1 741.40	1 727.83
	2013	9	5 135.21	5 095.17	12.64	2 152.03	2 135.25

续表

省份	年份	时期 t	资本 $\overline{X}_1$（亿元）各年名义价格（资产合计）	以2005年为基期的不变价格折算后的资本 X_1（亿元）	劳动力投入 X_2（万人）	工业总产值 Y_t（亿元）	以2005年不变价格折算后的工业总产值 Y_t（亿元）
内蒙古5	2014	10	5 864.52	5 853.02	12.42	2 008.40	2 004.46
	2015	11	6 326.62	6 351.57	12.51	2 113.18	2 121.52
	2016	12	7 019.99	7 006.22	16.00	2 084.16	2 080.07
	2017	13					
	2018	14	7 505.19	7 483.14	12.43		
	2019	15	7 499.89	7 419.72	13.66	927.07	917.16
	2020	16	7 702.09	7 649.49	13.85	964.56	957.97
	2021	17	8 581.37	8 657.91	13.72	1 011.88	1 020.91
辽宁6	2005	1					
	2006	2	1 614.67	1 619.44	11.72	981.61	984.51
	2007	3	1 756.17	1 705.90	12.16	1 101.59	1 070.06
	2008	4	1 853.07	1 781.33	11.95	1 209.57	1 162.74
	2009	5	2 195.09	2 250.35	11.44	1 237.96	1 269.13
	2010	6	2 544.95	2 508.00	11.72	1 445.19	1 424.20
	2011	7	2 567.81	2 480.10	11.85	1 571.92	1 518.23
	2012	8	2 807.89	2 786.00	11.28	1 700.20	1 686.94
	2013	9	3 461.49	3 434.50	12.22	1 660.50	1 647.55
	2014	10	3 593.25	3 586.20	11.78	1 669.18	1 665.91
	2015	11	3 609.52	3 623.76	11.51	1 600.84	1 607.15
	2016	12	3 775.15	3 767.75	11.68	1 630.63	1 627.43
	2017	13	4 008.07	4 015.96		1 746.70	1 750.14
	2018	14	4 093.79	4 081.76		1 867.80	1 862.31
	2019	15	4 496.94	4 448.87	11.23	2 038.96	2 017.16
	2020	16	4 850.30	4 817.18	10.96	2 064.39	2 050.29
	2021	17	5 214.78	5 261.29	11.04	2 414.46	2 436.00

续表

省份	年份	时期 t	资本 $\bar{X}_1$（亿元）各年名义价格（资产合计）	以 2005 年为基期的不变价格折算后的资本 X_1（亿元）	劳动力投入 X_2（万人）	工业总产值 Y_t（亿元）	以 2005 年不变价格折算后的工业总产值 Y_t（亿元）
吉林 7	2005	1					
	2006	2	698.15	700.21	8.21	333.04	334.02
	2007	3	673.63	654.34	7.86	394.65	383.35
	2008	4	784.43	754.06	7.78	455.51	437.88
	2009	5	1 073.75	1 100.78	7.98	483.68	495.86
	2010	6	1 249.85	1 231.70	9.58	577.35	568.96
	2011	7	1 396.19	1 348.51	9.45	716.01	691.56
	2012	8	1 581.83	1 569.49	9.81	811.45	805.12
	2013	9	1 623.26	1 610.61	9.96	857.27	850.59
	2014	10	1 685.65	1 682.34	9.79	903.12	901.35
	2015	11	1 732.14	1 738.97	9.79	878.59	882.06
	2016	12	1 773.23	1 769.75	9.29	912.53	910.74
	2017	13	2 041.85	2 045.87	9.09	668.86	670.18
	2018	14	2 031.31	2 025.34	8.75	881.32	878.73
	2019	15	2 230.80	2 206.95	7.90	1 370.19	1 355.54
	2020	16	2 334.79	2 318.85	7.85	1 488.03	1 477.87
	2021	17	2 611.66	2 634.95	7.42	1 736.53	1 752.01
黑龙江 8	2005	1	843.73	843.73	16.20	468.13	468.13
	2006	2	924.74	927.47	15.01	543.21	544.82
	2007	3	1 120.59	1 088.51	10.26	656.36	637.57
	2008	4	1 123.18	1 079.69	13.41	614.10	590.32
	2009	5	1 563.39	1 602.75	23.24	837.99	859.08
	2010	6	1 586.16	1 563.13	17.40	888.86	875.95
	2011	7	1 853.50	1 790.19	10.25	989.70	955.90
	2012	8	2 040.53	2 024.62	13.59	1 084.73	1 076.27
	2013	9	22 242.48	22 069.04	13.19	1 223.80	1 214.26

续表

省份	年份	时期 t	资本 $\bar{X}_1$（亿元）各年名义价格（资产合计）	以 2005 年为基期的不变价格折算后的资本 X_1（亿元）	劳动力投入 X_2（万人）	工业总产值 Y_t（亿元）	以 2005 年不变价格折算后的工业总产值 Y_t（亿元）
黑龙江8	2014	10	23 762.00	23 715.41	16.38	1 262.53	1 260.05
	2015	11	25 119.50	25 218.59	16.74	1 238.74	1 243.63
	2016	12	26 643.40	26 591.16	16.89	1 265.51	1 263.03
	2017	13	29 639.19	29 697.54		1 058.04	1 060.12
	2018	14	28 421.64	28 338.13			
	2019	15	30 441.90	30 116.48	11.59	290.72	287.61
	2020	16	32 120.30	31 900.94	11.51	296.03	294.01
	2021	17	35 698.43	36 016.85	12.55	346.67	349.77
上海9	2005	1	1 173.08	1 173.08	2.28	572.96	572.96
	2006	2	1 325.30	1 329.22	2.12	638.84	640.73
	2007	3	1 453.80	1 412.18	2.09	724.32	703.59
	2008	4	1 838.02	1 766.86	2.08	1 205.93	1 159.24
	2009	5	2 026.25	2 077.26	2.09	1 279.03	1 311.23
	2010	6	2 113.78	2 083.09	2.09	1 454.75	1 433.63
	2011	7	2 120.07	2 047.66	2.16	1 537.38	1 484.87
	2012	8	2 170.20	2 153.28	2.14	1 636.03	1 623.27
	2013	9	22 398.94	22 224.29	2.24	1 145.54	1 136.61
	2014	10	23 683.00	23 636.56	2.01	1 094.77	1 092.62
	2015	11	26 054.30	26 157.08	2.00	1 126.70	1 131.14
	2016	12	27 063.50	27 010.43	2.11	1 139.70	1 137.47
	2017	13	27 593.00	27 647.32	1.91	1 199.35	1 201.71
	2018	14	28 456.40	28 372.79		1 234.98	1 231.35
	2019	15	29 192.90	28 880.83	1.84	809.14	800.49
	2020	16	27 983.60	27 792.49	1.82	822.99	817.37
	2021	17	29 323.10	29 584.65	1.81	999.03	1 007.94

省份	年份	时期 t	资本 $\bar{X}_1$（亿元）各年名义价格（资产合计）	以 2005 年为基期的不变价格折算后的资本 X_1（亿元）	劳动力投入 X_2（万人）	工业总产值 Y_t（亿元）	以 2005 年不变价格折算后的工业总产值 Y_t（亿元）
江苏 10	2005	1					
	2006	2	2 585.39	2 593.03	9.73	1 806.14	1 811.48
	2007	3	3 106.93	3 017.99	9.33	2 111.74	2 051.29
	2008	4	3 626.99	3 486.57	9.80	2 379.84	2 287.70
	2009	5	4 042.50	4 144.27	10.25	2 722.28	2 790.82
	2010	6	4 522.49	4 456.82	10.60	3 174.72	3 128.62
	2011	7	4 894.15	4 726.99	10.41	3 566.95	3 445.12
	2012	8	5 253.60	5 212.64	10.31	4 070.83	4 039.09
	2013	9	5 857.20	5 811.53	10.43	4 506.32	4 471.18
	2014	10	6 177.44	6 165.33	10.04	4 361.44	4 352.89
	2015	11	6 728.00	6 754.54	10.19	4 412.72	4 430.13
	2016	12	7 325.42	7 311.06	10.30	4 488.40	4 479.60
	2017	13	7 920.40	7 935.99	9.96	4 905.40	4 915.06
	2018	14	8 405.38	8 380.68		5 151.53	5 136.39
	2019	15	9 018.54	8 922.13	9.52	1 617.20	1 599.92
	2020	16	9 292.23	9 228.77	9.67	1 723.80	1 712.03
	2021	17	10 324.27	10 416.36	9.86	2 058.20	2 076.56
浙江 11	2005	1				1 646.36	1 646.36
	2006	2	2 549.20	2 556.73		2 005.63	2 011.56
	2007	3	2 680.20	2 603.48		2 307.79	2 241.73
	2008	4	3 082.85	2 963.50		2 561.37	2 462.20
	2009	5	3 328.72	3 412.52	9.25	2 805.92	2 876.56
	2010	6	3 471.32	3 420.91	9.38	3 311.25	3 263.17
	2011	7	3 738.04	3 610.37	9.14	3 782.70	3 653.50
	2012	8	4 124.13	4 091.97	9.17	4 017.48	3 986.15
	2013	9	4 469.01	4 434.16	9.90	4 217.53	4 184.64

省份	年份	时期 t	资本 $\bar{X}_1$（亿元）各年名义价格（资产合计）	以 2005 年为基期的不变价格折算后的资本 X_1（亿元）	劳动力投入 X_2（万人）	工业总产值 Y_t（亿元）	以 2005 年不变价格折算后的工业总产值 Y_t（亿元）
浙江 11	2014	10	5 326.62	5 316.18	10.18	4 262.82	4 254.46
	2015	11	5 746.40	5 769.07	9.56	4 299.12	4 316.08
	2016	12	6 031.43	6 019.60	9.68	4 419.86	4 411.19
	2017	13	5 821.63	5 833.09		4 859.01	4 868.57
	2018	14	6 695.07	6 675.40		5 218.73	5 203.40
	2019	15	7 039.40	6 964.15	9.87	985.48	974.94
	2020	16	7 205.29	7 156.08	8.14	1 069.93	1 062.63
	2021	17	8 335.76	8 410.11	9.16	1 182.07	1 192.61
安徽 12	2005	1			6.13		
	2006	2	596.80	598.56	5.91	469.36	470.75
	2007	3	807.93	784.80	5.90	541.19	525.70
	2008	4	1 568.78	1 508.04	7.36	1 046.20	1 005.70
	2009	5	1 655.59	1 697.27	7.12	1 237.17	1 268.32
	2010	6	1 832.29	1 805.68	7.26	1 449.54	1 428.49
	2011	7	2 091.72	2 020.28	8.10	1 830.62	1 768.09
	2012	8	2 352.38	2 334.04	8.46	2 180.98	2 163.97
	2013	9	2 575.06	2 554.98	8.86	2 389.31	2 370.68
	2014	10	2 459.10	2 454.28	8.15	1 805.00	1 801.46
	2015	11	2 746.05	2 756.88	9.52	1 812.90	1 820.05
	2016	12	2 808.47	2 802.96	7.09	1 528.38	1 525.38
	2017	13	3 065.90	3 071.94	8.37	471.82	472.75
	2018	14	3 392.16	3 382.19	8.12	187.39	186.84
	2019	15	3 694.68	3 655.18	6.87	569.72	563.63
	2020	16	3 872.63	3 846.18	6.93	552.20	548.43
	2021	17	4 253.90	4 291.84	6.81	611.73	617.19

续表

省份	年份	时期 t	资本 $\bar{X}_1$（亿元）各年名义价格（资产合计）	以 2005 年为基期的不变价格折算后的资本 X_1（亿元）	劳动力投入 X_2（万人）	工业总产值 Y_t（亿元）	以 2005 年不变价格折算后的工业总产值 Y_t（亿元）
福建 13	2005	1	1 129.22	1 129.22		611.96	611.96
	2006	2	1 346.65	1 350.63		702.88	704.95
	2007	3	1 530.24	1 486.44		836.95	812.99
	2008	4	1 761.04	1 692.86		942.39	905.91
	2009	5	1 913.22	1 961.39		1 068.50	1 095.40
	2010	6	2 093.67	2 063.27		1 249.74	1 231.59
	2011	7	2 181.48	2 106.97		1 534.75	1 482.33
	2012	8	2 344.23	2 325.95		1 627.57	1 614.88
	2013	9	3 072.83	3 048.87	6.61	1 861.02	1 846.51
	2014	10	3 711.32	3 704.05	6.99	1 916.61	1 912.85
	2015	11	3 964.07	3 979.71	6.92	1 936.27	1 943.91
	2016	12	4 181.65	4 173.45	6.99	1 904.90	1 901.16
	2017	13	4 628.78	4 637.89		471.82	472.75
	2018	14	4 110.75	4 098.67		1 834.47	1 829.08
	2019	15	4 407.10	4 359.99	5.71	569.72	563.63
	2020	16	4 592.51	4 561.14	5.63	552.20	548.43
	2021	17	4 830.41	4 873.50	5.61	611.73	617.19
江西 14	2005	1					
	2006	2	597.90	599.67		361.57	362.64
	2007	3	688.97	669.25	8.14	436.66	424.16
	2008	4	782.56	752.26	7.94	474.50	456.13
	2009	5	824.33	845.08	7.42	551.98	565.87
	2010	6	822.90	810.95	7.10	686.93	676.95
	2011	7	989.26	955.47	6.61	818.36	790.41
	2012	8	1 024.83	1 016.84	6.21	898.53	891.53
	2013	9	1 123.71	1 114.95	11.36	1 042.99	1 034.86

续表

省份	年份	时期 t	资本 $\bar{X}_1$（亿元）各年名义价格（资产合计）	以 2005 年为基期的不变价格折算后的资本 X_1（亿元）	劳动力投入 X_2（万人）	工业总产值 Y_t（亿元）	以 2005 年不变价格折算后的工业总产值 Y_t（亿元）
江西 14	2014	10	1 148.50	1 146.25	6.45	1 042.97	1 040.92
	2015	11	1 326.05	1 331.28	6.79	1 066.39	1 070.60
	2016	12	1 281.39	1 278.88	6.25	880.43	878.70
	2017	13	1 556.05	1 559.11		1 035.62	1 037.66
	2018	14	1 833.65	1 828.26		2 723.18	2 715.18
	2019	15	2 051.07	2 029.14	6.03	2 848.08	2 817.63
	2020	16	2 340.26	2 324.28	6.10	2 992.98	2 972.54
	2021	17	2 926.05	2 952.15	5.77	3 291.54	3 320.90
山东 15	2005	1	2 151.58	2 151.58	19.85	1 315.59	1 315.59
	2006	2	2 593.29	2 600.95	18.87	1 592.91	1 597.61
	2007	3	2 704.30	2 626.88	19.39	1 858.16	1 804.97
	2008	4	3 046.45	2 928.50	20.11	2 120.06	2 037.98
	2009	5	3 358.30	3 442.85	19.52	2 446.60	2 508.20
	2010	6	3 933.53	3 876.41	22.01	3 153.40	3 107.61
	2011	7	4 178.38	4 035.67	17.63	3 926.11	3 792.01
	2012	8	4 526.40	4 491.11	18.65	2 674.91	2 654.05
	2013	9	5 041.78	5 002.47	19.17	4 364.69	4 330.66
	2014	10	5 354.75	5 344.25	18.45	4 145.77	4 137.64
	2015	11	6 034.78	6 058.59	17.14	4 204.65	4 221.24
	2016	12	6 419.72	6 407.13	18.87	3 503.19	3 496.32
	2017	13	7 123.08	7 137.10	22.32	3 683.77	3 691.02
	2018	14	8 013.60	7 990.05		4 031.50	4 019.65
	2019	15	11 578.52	11 454.75	24.31	2 008.17	1 986.70
	2020	16	12 880.84	12 792.87	24.37	2 059.36	2 045.30
	2021	17	14 701.67	14 832.80	24.48	2 225.62	2 245.47

省份	年份	时期 t	资本 $\bar{X}_1$（亿元）各年名义价格（资产合计）	以 2005 年为基期的不变价格折算后的资本 X_1（亿元）	劳动力投入 X_2（万人）	工业总产值 Y_t（亿元）	以 2005 年不变价格折算后的工业总产值 Y_t（亿元）
河南 16	2005	1					
	2006	2	1 992.81	1 998.70		1 275.49	1 279.26
	2007	3	2 316.12	2 249.82		1 627.18	1 580.60
	2008	4	2 531.51	2 433.50	17.76	1 847.35	1 775.83
	2009	5	2 647.37	2 714.02	16.81	1 888.67	1 936.22
	2010	6	3 291.80	3 244.00	19.06	2 320.35	2 286.66
	2011	7	3 779.41	3 650.32	18.49	2 768.95	2 674.37
	2012	8	3 381.64	3 355.27	17.05	2 884.70	2 862.21
	2013	9	3 301.82	3 276.07	19.15	2 783.63	2 761.93
	2014	10	3 402.78	3 396.11	16.90	2 768.68	2 763.25
	2015	11	3 694.23	3 708.80	17.14	2 650.44	2 660.90
	2016	12	4 054.68	4 046.73	16.99	2 573.44	2 568.39
	2017	13	4 309.72	4 318.20	21.00	2 324.68	2 329.26
	2018	14	4 404.57	4 391.63	18.83	2 310.79	2 304.00
	2019	15	5 517.06	5 458.08	13.89	1 205.08	1 192.20
	2020	16	5 956.80	5 916.12	16.49	1 280.67	1 271.92
	2021	17	7 116.72	7 180.20	15.13	1 379.69	1 392.00
湖北 17	2005	1					
	2006	2	2 841.31	2 849.71	9.63	765.05	767.31
	2007	3	3 458.97	3 359.95	9.61	924.36	897.90
	2008	4	4 075.13	3 917.36	9.78	1 129.24	1 085.52
	2009	5	4 387.25	4 497.70	12.54	1 246.19	1 277.56
	2010	6	3 481.01	3 430.46	8.83	1 463.34	1 442.09
	2011	7	3 528.51	3 407.99	11.40	1 567.77	1 514.22
	2012	8	3 611.41	3 583.25	12.21	1 828.93	1 814.67
	2013	9	3 631.05	3 602.74	11.35	1 521.78	1 509.91

续表

省份	年份	时期 t	资本 $\bar{X}_1$（亿元）各年名义价格（资产合计）	以2005年为基期的不变价格折算后的资本 X_1（亿元）	劳动力投入 X_2（万人）	工业总产值 Y_t（亿元）	以2005年不变价格折算后的工业总产值 Y_t（亿元）
湖北17	2014	10	3 737.20	3 729.87	9.42	1 550.55	1 547.51
	2015	11	3 895.48	3 910.85	9.61	1 546.58	1 552.68
	2016	12	4 461.95	4 453.20	11.82	1 595.15	1 592.02
	2017	13	4 643.53	4 652.67	11.51		
	2018	14	4 912.59	4 898.16	11.33	1 921.30	1 915.65
	2019	15	5 235.78	5 179.81	8.04	1 231.29	1 218.13
	2020	16	5 654.43	5 615.81	7.88	1 180.70	1 172.64
	2021	17	6 184.02	6 239.18	7.84	1 456.80	1 469.79
湖南18	2005	1					
	2006	2			10.42	419.34	420.58
	2007	3			10.12	537.41	522.03
	2008	4			10.06	559.58	537.92
	2009	5					
	2010	6	2 013.90	1 984.66	11.05	950.42	936.62
	2011	7	2 199.81	2 124.67	11.71	1 150.33	1 111.04
	2012	8					
	2013	9	2 464.66	2 445.44	13.23	1 357.40	1 346.82
	2014	10	2 599.40	2 594.30	13.00	1 335.11	1 332.49
	2015	11	2 691.47	2 702.09	6.70	1 322.68	1 327.90
	2016	12	3 029.50	3 023.56	13.95	1 356.57	1 353.91
	2017	13	3 100.00	3 106.10	13.07	1 369.90	1 372.60
	2018	14	3 159.26	3 149.98	8.30	5 320.16	5 304.53
	2019	15	3 462.90	3 425.88	11.80	5 459.08	5 400.72
	2020	16	3 814.78	3 788.73	11.69	5 442.61	5 405.44
	2021	17	4 362.24	4 401.15	11.24	6 422.77	6 480.06

省份	年份	时期 t	资本 $\bar{X}_1$（亿元）各年名义价格（资产合计）	以 2005 年为基期的不变价格折算后的资本 X_1（亿元）	劳动力投入 X_2（万人）	工业总产值 Y_t（亿元）	以 2005 年不变价格折算后的工业总产值 Y_t（亿元）
广东 19	2005	1					
	2006	2	5 410. 22	5 426. 21	15. 89	2 896. 27	2 904. 83
	2007	3	5 886. 31	5 717. 81	14. 92	3 351. 63	3 255. 69
	2008	4	6 361. 47	6 115. 18	17. 99	3 653. 41	3 511. 97
	2009	5	6 766. 15	6 936. 50	19. 85	3 869. 19	3 966. 60
	2010	6	7 654. 06	7 542. 92	21. 29	4 466. 71	4 401. 85
	2011	7	8 144. 08	7 865. 91	21. 23	4 904. 00	4 736. 50
	2012	8	8 407. 27	8 341. 72	20. 96	5 520. 78	5 477. 73
	2013	9	8 683. 53	8 615. 82	21. 13	5 817. 27	5 771. 91
	2014	10	9 590. 63	9 571. 82	21. 23	6 318. 06	6 305. 67
	2015	11	9 965. 13	10 004. 44	21. 21	6 374. 43	6 399. 58
	2016	12	10 894. 04	10 872. 68	21. 52	6 507. 13	6 494. 37
	2017	13	11 039. 96	11 061. 69	0. 18	6 326. 35	6 338. 80
	2018	14	12 478. 13	12 441. 47	17. 71	6 572. 60	6 553. 29
	2019	15	14 597. 90	14 441. 85	17. 56	5 365. 00	5 307. 65
	2020	16	15 804. 41	15 696. 48	17. 30	4 854. 28	4 821. 13
	2021	17	20 680. 92	20 865. 39	17. 53	5 785. 85	5 837. 46
广西 20	2005	1					
	2006	2	751. 87	754. 10	7. 15	374. 47	375. 58
	2007	3	1 224. 38	1 189. 33	7. 15	494. 35	480. 19
	2008	4			7. 79	583. 00	560. 43
	2009	5	1 715. 51	1 758. 70	12. 06	745. 00	763. 76
	2010	6	1 772. 34	1 746. 61	12. 53	880. 43	867. 64
	2011	7	1 824. 72	1 762. 40	11. 21	986. 06	952. 38
	2012	8	2 082. 23	2 065. 99	11. 69	1 126. 69	1 117. 90
	2013	9	2 184. 51	2 167. 47	11. 73	1 202. 42	1 193. 04

续表

省份	年份	时期 t	资本 $\bar{X}_1$（亿元）各年名义价格（资产合计）	以2005年为基期的不变价格折算后的资本 X_1（亿元）	劳动力投入 X_2（万人）	工业总产值 Y_t（亿元）	以2005年不变价格折算后的工业总产值 Y_t（亿元）
广西20	2014	10	2 222.66	2 218.30	11.23	1 255.09	1 252.63
	2015	11	2 370.82	2 380.18	10.89	1 214.63	1 219.42
	2016	12	2 627.20	2 622.05	11.06	1 131.89	1 129.67
	2017	13	3 144.75	3 150.94	9.24	1 051.22	1 053.29
	2018	14	3 027.14	3 018.25		1224.70	1 221.11
	2019	15	3 533.65	3 495.87	8.52	2 050.25	2 028.33
	2020	16	4 457.44	4 427.00	9.51	2 063.26	2 049.17
	2021	17	5 120.59	5 166.27	9.37	2 415.70	2 437.25
海南21	2005	1					
	2006	2	153.95	154.41	1.43	89.63	89.90
	2007	3	162.69	158.03	1.44	75.29	73.14
	2008	4					
	2009	5	193.94	198.82	1.18	95.39	97.80
	2010	6	218.37	215.20	1.21	115.85	114.17
	2011	7	237.28	229.17	1.38	137.65	132.95
	2012	8	282.84	280.64	1.17	167.08	165.78
	2013	9	281.52	279.32	1.23	183.00	181.57
	2014	10	311.93	311.32	1.22	200.67	200.28
	2015	11	593.15	595.49	1.48	212.19	213.03
	2016	12	663.46	662.16	1.48	224.52	224.08
	2017	13	655.73	657.02		226.80	227.24
	2018	14	687.66	685.64		261.85	261.08
	2019	15	732.26	724.43	1.30	1 306.74	1 292.77
	2020	16	801.96	796.49	1.33	1 376.09	1 366.69
	2021	17	937.01	945.37	1.40	1 577.29	1 591.36

续表

省份	年份	时期 t	资本 $\bar{X}_1$（亿元）各年名义价格（资产合计）	以 2005 年为基期的不变价格折算后的资本 X_1（亿元）	劳动力投入 X_2（万人）	工业总产值 Y_t（亿元）	以 2005 年不变价格折算后的工业总产值 Y_t（亿元）
重庆 22	2005	1	513.65	513.65	4.04	175.62	175.62
	2006	2	601.11	602.89	4.09	217.51	218.15
	2007	3	702.09	681.99	4.14	279.95	271.93
	2008	4	899.95	865.11	4.06	327.65	314.96
	2009	5	994.53	1 019.56	5.29	369.46	378.76
	2010	6	1 056.68	1 041.33	4.15	451.32	444.77
	2011	7	1 233.54	1 191.40	4.67	544.55	525.95
	2012	8	1 376.01	1 365.28	4.82	580.96	576.43
	2013	9	1 493.33	1 481.69	4.85	674.90	669.64
	2014	10	1 729.19	1 725.80	5.52	721.84	720.42
	2015	11	1 866.01	1 873.37	5.24	740.97	743.89
	2016	12	1 981.79	1 977.90	5.88	745.19	743.73
	2017	13	1 944.45	1 948.28	3.98	719.24	720.65
	2018	14	1 938.88	1 933.18	3.81	773.82	771.55
	2019	15	1 985.99	1 964.76	3.65	5 193.43	5 137.91
	2020	16	2 122.72	2 108.22	3.62	5 469.72	5 432.37
	2021	17	2 265.59	2 285.80	3.54	6 390.48	6 447.48
四川 23	2005	1	1 725.44	1 725.44		541.02	541.02
	2006	2	1 946.63	1 952.38	12.69	652.92	654.85
	2007	3	2 354.96	2 287.55	15.62	884.05	858.74
	2008	4	3 099.97	2 979.95	13.54	879.79	845.73
	2009	5	3 491.21	3 579.11	13.44	1 054.65	1 081.20
	2010	6	4 120.44	4 060.61	13.02	1 367.69	1 347.83
	2011	7	4 594.64	4 437.71	13.56	1 645.58	1 589.37
	2012	8	5 474.02	5 431.34	21.12	1 758.08	1 744.37
	2013	9	6 910.50	6 856.62	20.59	1 987.33	1 971.83

省份	年份	时期 t	资本 $\bar{X_1}$（亿元）各年名义价格（资产合计）	以2005年为基期的不变价格折算后的资本 X_1（亿元）	劳动力投入 X_2（万人）	工业总产值 Y_t（亿元）	以2005年不变价格折算后的工业总产值 Y_t（亿元）
四川23	2014	10	7 720.66	7 705.52	11.10	2 157.58	2 153.35
	2015	11	8 895.91	8 931.00	14.56	2 155.50	2 164.00
	2016	12	8 375.30	8 358.88	11.76	1 927.80	1 924.02
	2017	13	8 706.03	8 723.17		1 977.73	1 981.62
	2018	14	8 690.69	8 665.15	15.39		
	2019	15	9 321.62	9 221.97	15.04	2 663.80	2 635.32
	2020	16	9 426.56	9 362.18	14.64	2 693.12	2 674.73
	2021	17	11 009.19	11 107.39	14.63	3 140.85	3 168.87
贵州24	2005	1	912.25	912.25	6.26	403.40	403.40
	2006	2	1 270.82	1 274.58	6.46	553.40	555.04
	2007	3	1 254.46	1 218.55	5.82	623.35	605.51
	2008	4	1 644.72	1 581.04	5.77	687.92	661.29
	2009	5	1 766.75	1 811.23	5.77	832.87	853.84
	2010	6	1 874.06	1 846.85	5.85	913.38	900.12
	2011	7	2 099.35	2 027.65	10.84	987.63	953.90
	2012	8	2 440.33	2 421.30	11.44	1 168.04	1 158.93
	2013	9	2 579.82	2 559.70	10.09	1 269.87	1 259.97
	2014	10	2 912.63	2 906.92	9.62	1 300.19	1 297.64
	2015	11	3 148.08	3 160.50	9.87	1 222.76	1 227.58
	2016	12	3 205.46	3 199.17		1 736.51	1 733.11
	2017	13	3 242.50	3 248.88		1 921.30	1 925.08
	2018	14	3 595.71	3 585.14	6.32	2 067.28	2 061.21
	2019	15	3 902.18	3 860.47	6.21	2 012.30	1 990.79
	2020	16	4 216.02	4 187.23	6.35	2 332.61	2 316.68
	2021	17					

续表

省份	年份	时期 t	资本 $\overline{X_1}$（亿元）各年名义价格（资产合计）	以 2005 年为基期的不变价格折算后的资本 X_1（亿元）	劳动力投入 X_2（万人）	工业总产值 Y_t（亿元）	以 2005 年不变价格折算后的工业总产值 Y_t（亿元）
云南 25	2005	1	685.41	685.41	6.15	302.80	302.80
	2006	2	1 009.15	1 012.13	6.53	384.72	385.85
	2007	3	1 269.89	1 233.53	6.64	477.06	463.41
	2008	4					
	2009	5	1 811.28	1 856.88	7.30	608.83	624.16
	2010	6	2 719.78	2 680.28	7.58	802.36	790.71
	2011	7	3 010.25	2 907.43	7.57	907.41	876.42
	2012	8	3 641.34	3 612.95	7.97	1 039.00	1 030.90
	2013	9	5 231.66	5 190.87	8.17	1 243.07	1 233.38
	2014	10	5 744.07	5 732.81	8.30	1 397.85	1 395.11
	2015	11	6 228.91	6 253.48	8.55	1 311.39	1 316.56
	2016	12	6 573.12	6 560.23	8.50	1 268.20	1 265.71
	2017	13	6 658.19	6 671.30	8.15	1 289.61	1 292.15
	2018	14	6 593.62	6 574.25		1 525.27	1 520.79
	2019	15	6 772.68	6 700.28	9.17	1 611.13	1 593.91
	2020	16	8 787.31	8 727.30	8.82	1 625.12	1 614.02
	2021	17	8 085.03	8 157.15	8.12	1 873.40	1 890.11
陕西 26	2005	1	702.86	702.86	8.42	284.89	284.89
	2006	2	854.27	856.79	8.49	349.81	350.84
	2007	3	986.65	958.40	8.87	418.48	406.50
	2008	4	1 141.66	1 097.46	8.54	472.08	453.80
	2009	5	1 061.17	1 087.89	7.37	314.03	321.94
	2010	6	1 744.42	1 719.09	8.38	815.70	803.86
	2011	7	1 855.79	1 792.40	7.46	998.74	964.63
	2012	8	2 185.55	2 168.51	8.45	1 236.91	1 227.27
	2013	9	2 204.96	2 187.77	8.79	1 244.93	1 235.22

续表

省份	年份	时期 t	资本 $\overline{X}_1$（亿元）各年名义价格（资产合计）	以2005年为基期的不变价格折算后的资本 X_1（亿元）	劳动力投入 X_2（万人）	工业总产值 Y_t（亿元）	以2005年不变价格折算后的工业总产值 Y_t（亿元）
陕西26	2014	10	2 395.99	2 391.29	9.55	1 304.07	1 301.51
	2015	11	2 609.76	2 620.06	10.21	1 247.41	1 252.33
	2016	12	3 035.35	3 029.40	10.34	1 283.39	1 280.87
	2017	13	2 927.32	2 933.09	9.26	1 348.80	1 351.45
	2018	14	3 099.96	3 090.85	8.75	2 143.77	2 137.47
	2019	15	3 694.72	3 655.22	10.05	2 376.39	2 350.99
	2020	16	4 154.28	4 125.91	9.11	2 348.24	2 332.20
	2021	17	4 701.17	4 743.10	9.05	2 726.42	2 750.74
甘肃27	2005	1	488.58	488.58	6.88	246.62	246.62
	2006	2	529.98	531.54	6.64	268.88	269.68
	2007	3	663.05	644.07	6.60	344.10	334.25
	2008	4	824.42	792.50	7.46	376.38	361.81
	2009	5	1 054.77	1 081.33	7.43	388.35	398.12
	2010	6	1 406.15	1 385.73	7.33	509.60	502.20
	2011	7	1 596.94	1 542.39	5.69	622.98	601.70
	2012	8	1 774.02	1 760.19	5.88	738.10	732.35
	2013	9	2 047.99	2 032.02	5.94	738.08	732.32
	2014	10	2 378.45	2 373.78	8.34	766.78	765.28
	2015	11	2 609.42	2 619.71	8.22	712.79	715.60
	2016	12	2 824.36	2 818.83	8.13	654.09	652.81
	2017	13	3 010.97	3 016.89	8.06	759.93	761.43
	2018	14	2 883.96	2 875.49	6.80	759.93	757.70
	2019	15	3 090.47	3 057.43	7.14	1 335.64	1 321.36
	2020	16	3 149.11	3 127.61	7.22	1 451.92	1 442.00
	2021	17	3 532.36	3 563.86	7.40	1 526.70	1 540.32

省份	年份	时期 t	资本 $\overline{X}_1$（亿元）各年名义价格（资产合计）	以 2005 年为基期的不变价格折算后的资本 X_1（亿元）	劳动力投入 X_2（万人）	工业总产值 Y_t（亿元）	以 2005 年不变价格折算后的工业总产值 Y_t（亿元）
青海28	2005	1	445.35	445.35	1.46	77.31	77.31
	2006	2	520.59	522.13	1.46	91.12	91.39
	2007	3	543.28	527.72	1.45	106.31	103.27
	2008	4	625.35	601.14	1.45	122.80	118.04
	2009	5	702.30	719.98	1.64	148.48	152.22
	2010	6	824.89	812.91	1.63	231.75	228.39
	2011	7	801.11	773.75	0.92	238.84	230.68
	2012	8	968.22	960.67	1.47	304.83	302.45
	2013	9	1 150.94	1 141.97	1.46	340.12	337.47
	2014	10	1 399.89	1 397.14	1.47	382.33	381.58
	2015	11	1 622.33	1 628.73	1.81	403.17	404.76
	2016	12	1 858.36	1 854.71	1.86	422.58	421.75
	2017	13	2 048.22	2 052.25		471.82	472.75
	2018	14				471.82	470.43
	2019	15	2 496.46	2 469.77	1.64	1 674.29	1 656.39
	2020	16	2 750.17	2 731.39	1.57	1 727.80	1 716.00
	2021	17	2 694.95	2 718.99	1.59	1 808.41	1 824.54
宁夏29	2005	1					
	2006	2	276.58	277.40	2.42	157.71	158.17
	2007	3	369.36	358.78	2.49	191.09	185.62
	2008	4	439.21	422.21	2.77	208.85	200.76
	2009	5	571.61	586.00	2.79	214.78	220.18
	2010	6	699.09	688.94	3.04	303.51	299.10
	2011	7	964.34	931.41	2.91	519.65	501.90
	2012	8	1 120.39	1 111.65	3.33	581.00	576.47
	2013	9	12 106.85	12 012.45	2.91	643.98	638.96

省份	年份	时期 t	资本 $\bar{X}_1$（亿元）各年名义价格（资产合计）	以2005年为基期的不变价格折算后的资本 X_1（亿元）	劳动力投入 X_2（万人）	工业总产值 Y_t（亿元）	以2005年不变价格折算后的工业总产值 Y_t（亿元）
宁夏29	2014	10	15 921.60	15 890.38	3.19	670.92	669.60
	2015	11	16 850.00	16 916.47	2.93	610.31	612.72
	2016	12	20 858.10	20 817.20	2.61	598.85	597.68
	2017	13	24 156.81	24 204.36	2.92	731.25	732.69
	2018	14	25 219.50	25 145.40	2.90	924.76	922.04
	2019	15	29 887.60	29 568.10	2.94	1 003.16	992.44
	2020	16	30 597.79	30 388.83	2.64	1 058.62	1 051.39
	2021	17	32 889.96	33 183.33	3.60	1 246.05	1 257.16
新疆30	2005	1	347.28	347.28	4.64	117.59	117.59
	2006	2	411.53	412.74	4.68	141.80	142.22
	2007	3	513.60	498.90	4.99	180.84	175.66
	2008	4	762.28	732.77	5.12	242.05	232.68
	2009	5	905.89	928.70	5.09	282.45	289.56
	2010	6	1 069.54	1 054.01	5.09	338.59	333.67
	2011	7	1 251.60	1 208.86	5.09	459.36	443.67
	2012	8	1 697.53	1 684.30	5.56	619.27	614.44
	2013	9	22 443.48	22 268.48	5.81	780.92	774.83
	2014	10	29 969.30	29 910.54	7.19	990.39	988.45
	2015	11	35 514.60	35 654.70	6.31	928.38	932.04
	2016	12	43 492.10	43 406.82	7.57	958.75	956.87
	2017	13	49 323.70	49 420.79			
	2018	14	51 440.68	51 289.53		1 324.84	1 320.95
	2019	15	58 545.90	57 920.04	7.98	1 550.80	1 534.22
	2020	16	63 935.10	63 498.47	8.62	1 748.49	1 736.55
	2021	17	69 647.50	70 268.74	8.38	2 027.19	2 045.27

注：西藏发电量较小未纳入统计。

表 A2－4　2005～2021 年各省份石油加工、炼焦及核燃料加工业投入—产出数据

省份	年份	时期 t	资本 $\bar{X}_1$（亿元）各年名义价格（资产合计）	以 2005 年为基期的不变价格折算后的资本 X_1（亿元）	劳动力投入 X_2（万人）	工业总产值 Y_t（亿元）	以 2005 年不变价格折算后的工业总产值 Y_t（亿元）
天津 1	2005	1					
	2006	2	242.76	239.15	1.19	453.79	447.05
	2007	3	295.28	277.57	1.58	519.26	488.12
	2008	4	400.19	355.25	1.63	413.00	366.62
	2009	5	471.42	421.47	1.67	465.57	416.23
	2010	6	454.12	393.05	1.63	943.67	816.76
	2011	7	480.44	394.56	1.69	1 257.77	1 032.93
	2012	8	500.99	401.00	1.71	1 181.60	945.77
	2013	9	539.49	535.28	1.69	1 375.70	1 364.97
	2014	10	471.01	470.08	1.61	1 154.98	1 152.72
	2015	11	766.89	769.91	2.30	1 276.23	1 281.26
	2016	12	703.66	702.28	2.09	1 232.70	1 230.28
	2017	13	527.61	528.64	1.42		
	2018	14	539.17	537.58	1.29		
	2019	15	565.00	558.96	1.21	963.19	952.89
	2020	16	552.20	548.43	1.13	700.18	695.40
	2021	17	602.04	607.41	1.16	1 097.61	1 107.40
山西 2	2005	1	865.82	865.82	17.27	625.96	625.96
	2006	2	1 075.85	1 079.03	17.66	729.22	731.37
	2007	3	1 330.21	1 292.13	18.27	993.27	964.84
	2008	4	1 650.16	1 586.27	18.04	1 560.95	1 500.51
	2009	5	1 735.74	1 779.44	17.26	1 155.46	1 184.55
	2010	6	2 030.48	2 001.00	17.07	1 462.09	1 440.86
	2011	7	2 359.96	2 279.35	15.72	1 701.77	1 643.64
	2012	8	2 258.42	2 240.81	13.03	1 366.72	1 356.06
	2013	9	2 361.17	2 342.76	12.28	1 322.77	1 312.46

省份	年份	时期 t	资本 $\bar{X}_1$（亿元）各年名义价格（资产合计）	以2005年为基期的不变价格折算后的资本 X_1（亿元）	劳动力投入 X_2（万人）	工业总产值 Y_t（亿元）	以2005年不变价格折算后的工业总产值 Y_t（亿元）
山西2	2014	10	2 374.44	2 369.79	11.51	1 054.01	1 051.94
	2015	11	2 224.15	2 232.92	10.66	780.50	783.58
	2016	12	2 342.27	2 337.68	9.70	912.15	910.36
	2017	13	2 220.16	2 224.53	9.18	1 538.40	1 541.43
	2018	14	2 466.16	2 458.91	9.40	1 872.81	1 867.31
	2019	15	2 858.08	2 827.52	9.68	2 055.72	2 033.75
	2020	16	3 377.54	3 354.47	9.71	2 025.81	2 011.98
	2021	17	3 482.23	3 513.29	8.72	3 070.45	3 097.84
内蒙古3	2005	1	76.45	76.45	1.83	88.69	88.69
	2006	2	40.28	40.40	1.48	67.28	67.48
	2007	3	128.22	124.55	1.47	140.09	136.08
	2008	4	186.41	179.20	1.62	243.57	234.14
	2009	5	205.36	210.53	1.49	280.40	287.46
	2010	6	419.73	413.63	2.35	379.45	373.94
	2011	7	640.39	618.52	2.62	536.05	517.74
	2012	8	732.97	727.25	2.77	451.66	448.13
	2013	9	905.49	898.43	3.22	675.02	669.76
	2014	10	1 140.65	1 138.42	5.27	766.18	764.68
	2015	11	1 076.74	1 080.99	4.99	556.10	558.29
	2016	12	985.57	983.64	4.79	606.81	605.62
	2017	13					
	2018	14	987.95	985.05	3.32	905.70	903.04
	2019	15	876.86	867.48	2.84	965.40	955.08
	2020	16	1 183.42	1 175.34	3.57	997.71	990.90
	2021	17	1 736.78	1 752.28	4.39	1 810.50	1 826.65

续表

省份	年份	时期 t	资本 $\bar{X}_1$（亿元）各年名义价格（资产合计）	以 2005 年为基期的不变价格折算后的资本 X_1（亿元）	劳动力投入 X_2（万人）	工业总产值 Y_t（亿元）	以 2005 年不变价格折算后的工业总产值 Y_t（亿元）
辽宁 4	2005	1					
	2006	2	792.91	795.25	7.64	2 128.67	2 134.96
	2007	3	827.40	803.71	7.43	2 257.96	2 193.32
	2008	4	1 123.85	1 080.34	7.51	2 698.77	2 594.29
	2009	5	1 009.61	1 035.03	6.98	2 536.25	2 600.10
	2010	6	1 194.33	1 176.99	7.02	3 153.72	3 107.93
	2011	7	1 860.82	1 797.26	7.25	3 899.57	3 766.38
	2012	8	1 922.63	1 907.64	8.87	4 357.88	4 323.90
	2013	9	1 843.37	1 829.00	10.01	4 253.23	4 220.07
	2014	10	1 837.48	1 833.88	10.46	4 285.68	4 277.28
	2015	11	1 777.02	1 784.03	9.81	3 343.92	3 357.11
	2016	12	1 928.24	1 924.46	8.44	2 985.38	2 979.53
	2017	13	2 070.28	2 074.36		3 702.40	3 709.69
	2018	14	2 383.74	2 376.74		5 134.70	5 119.61
	2019	15	4 307.13	4 261.09	8.51	7 011.86	6 936.90
	2020	16	4 303.26	4 273.87	8.27	5 863.19	5 823.15
	2021	17	4 212.08	4 249.65	8.29	6 709.58	6 769.43
吉林 5	2005	1					
	2006	2	34.19	34.29	0.58	77.07	77.30
	2007	3	64.68	62.83	0.82	86.92	84.44
	2008	4	77.01	74.03	1.12	132.49	127.36
	2009	5	52.08	53.39	0.48	106.65	109.33
	2010	6	48.77	48.06	0.95	136.73	134.74
	2011	7	61.44	59.34	0.80	173.22	167.30
	2012	8	64.38	63.88	0.86	199.17	197.61
	2013	9	71.78	71.22	0.86	208.49	206.86

省份	年份	时期 t	资本 $\bar{X}_1$（亿元）各年名义价格（资产合计）	以2005年为基期的不变价格折算后的资本 X_1（亿元）	劳动力投入 X_2（万人）	工业总产值 Y_t（亿元）	以2005年不变价格折算后的工业总产值 Y_t（亿元）
吉林5	2014	10	76.62	76.47	0.88	230.14	229.69
	2015	11	73.39	73.68	0.85	180.54	181.25
	2016	12	74.78	74.63	0.82	150.56	150.26
	2017	13	91.57	91.75	0.80	132.74	133.00
	2018	14	95.75	95.46	0.63	96.90	96.62
	2019	15	93.76	92.75	0.48	95.98	94.96
	2020	16	75.23	74.71	0.43	63.56	63.13
	2021	17	81.49	82.22	0.37	80.84	81.56
黑龙江6	2005	1	442.31	442.31	5.01	690.74	690.74
	2006	2	401.18	402.36	4.98	789.22	791.55
	2007	3	410.06	398.32	4.77	871.57	846.62
	2008	4	521.60	501.40	5.07	976.44	938.63
	2009	5	464.94	476.64	5.63	988.61	1 013.50
	2010	6	566.62	558.40	6.39	1 256.55	1 238.31
	2011	7	690.60	667.01	7.54	1 445.70	1 396.32
	2012	8	668.55	663.34	6.96	1 387.63	1 376.81
	2013	9	718.72	713.11	5.52	1 452.26	1 440.94
	2014	10	693.02	691.66	5.14	1 376.58	1 373.88
	2015	11	661.56	664.17	4.95	1 000.32	1 004.27
	2016	12	594.74	593.57	4.31	955.15	953.28
	2017	13	661.98	663.29		1 137.56	1 139.80
	2018	14	717.28	715.17			
	2019	15	779.11	770.78	4.22	1 217.42	1 204.41
	2020	16	962.97	956.39	4.20	1 111.07	1 103.48
	2021	17	934.41	942.75	4.17	1 535.73	1 549.43

省份	年份	时期 t	资本 $\bar{X}_1$（亿元）各年名义价格（资产合计）	以 2005 年为基期的不变价格折算后的资本 X_1（亿元）	劳动力投入 X_2（万人）	工业总产值 Y_t（亿元）	以 2005 年不变价格折算后的工业总产值 Y_t（亿元）
上海 7	2005	1	429. 12	429. 12	2. 54	827. 23	827. 23
	2006	2	444. 58	445. 89	2. 45	919. 04	921. 76
	2007	3	515. 10	500. 35	2. 36	973. 74	945. 87
	2008	4	505. 75	486. 17	2. 37	1 203. 44	1 156. 85
	2009	5	516. 70	529. 71	2. 34	978. 24	1 002. 87
	2010	6	532. 56	524. 83	2. 34	1 359. 92	1 340. 17
	2011	7	571. 74	552. 21	2. 36	1 648. 24	1 591. 94
	2012	8	582. 58	578. 04	2. 09	1 605. 55	1 593. 03
	2013	9	544. 94	540. 69	2. 03	1 770. 91	1 757. 10
	2014	10	474. 96	474. 03	1. 93	1 432. 18	1 429. 37
	2015	11	420. 75	422. 41	1. 82	1 166. 06	1 170. 66
	2016	12	634. 87	633. 63	2. 00	1 041. 23	1 039. 19
	2017	13	681. 35	682. 69	1. 67	1 215. 24	1 217. 63
	2018	14	809. 14	806. 76		1 378. 78	1 374. 73
	2019	15	840. 60	831. 61	1. 43	1 379. 87	1 365. 12
	2020	16	803. 51	798. 02	1. 37	1 097. 82	1 090. 32
	2021	17	864. 32	872. 03	1. 33	1 329. 24	1 341. 10
江苏 8	2005	1					
	2006	2	263. 59	264. 37	2. 30	771. 98	774. 26
	2007	3	310. 23	301. 35	2. 21	901. 67	875. 86
	2008	4	341. 16	327. 95	2. 60	1 062. 35	1 021. 22
	2009	5	369. 13	378. 42	2. 45	1 033. 80	1 059. 83
	2010	6	483. 68	476. 66	2. 51	1 496. 56	1 474. 83
	2011	7	617. 64	596. 54	2. 81	1 885. 80	1 821. 39
	2012	8	711. 91	706. 36	3. 13	2 040. 78	2 024. 87
	2013	9	722. 30	716. 67	2. 97	2 223. 24	2 205. 90

省份	年份	时期 t	资本 $\bar{X_1}$（亿元）各年名义价格（资产合计）	以 2005 年为基期的不变价格折算后的资本 X_1（亿元）	劳动力投入 X_2（万人）	工业总产值 Y_t（亿元）	以 2005 年不变价格折算后的工业总产值 Y_t（亿元）
江苏 8	2014	10	847.08	845.42	3.57	2 371.47	2 366.82
	2015	11	941.51	945.22	3.70	2 170.61	2 179.17
	2016	12	990.34	988.40	3.78	2 113.41	2 109.27
	2017	13	1 003.92	1 005.90	3.53	2 209.68	2 214.03
	2018	14	987.85	984.95	3.19	2 141.94	2 135.65
	2019	15	741.18	733.26	2.04	1 894.69	1 874.44
	2020	16	846.17	840.39	2.14	1 554.35	1 543.73
	2021	17	921.11	929.33	2.04	1 940.90	1 958.21
安徽 9	2005	1					
	2006	2	64.20	64.39	0.67	185.95	186.50
	2007	3	87.70	85.19	0.71	213.01	206.91
	2008	4	90.38	86.88	0.71	253.65	243.83
	2009	5	98.24	100.71	0.71	247.11	253.33
	2010	6	117.92	116.21	1.03	330.45	325.65
	2011	7	143.86	138.95	0.80	401.19	387.49
	2012	8	161.09	159.83	0.67	343.65	340.97
	2013	9	183.93	182.50	0.66	432.02	428.65
	2014	10	187.45	187.08	0.66	568.39	567.28
	2015	11	175.74	176.43	0.65	455.10	456.90
	2016	12	198.43	198.04	0.64	371.21	370.48
	2017	13	222.38	222.82		6 159.00	6 171.12
	2018	14	204.05	203.45		6 379.00	6 360.26
	2019	15	276.91	273.95	0.85	651.03	644.07
	2020	16	291.00	289.01	0.85	588.04	584.02
	2021	17	342.06	345.11	0.87	776.59	783.52

续表

省份	年份	时期 t	资本 $\bar{X}_1$（亿元）各年名义价格（资产合计）	以 2005 年为基期的不变价格折算后的资本 X_1（亿元）	劳动力投入 X_2（万人）	工业总产值 Y_t（亿元）	以 2005 年不变价格折算后的工业总产值 Y_t（亿元）
山东 10	2005	1	618.36	618.36	7.37	1 310.75	1 310.75
	2006	2	773.60	775.89	7.57	1 812.57	1 817.93
	2007	3	1 082.20	1 051.23	8.95	2 310.06	2 243.93
	2008	4	1 389.28	1 335.49	9.37	3 020.36	2 903.42
	2009	5	1 534.74	1 573.38	9.20	2 987.45	3 062.66
	2010	6	2 036.80	2 007.23	9.58	4 054.84	3 995.96
	2011	7	2 293.38	2 215.04	11.20	5 543.54	5 354.20
	2012	8	2 915.98	2 893.25	11.84	6 290.00	6 240.96
	2013	9	3 515.08	3 487.67	12.44	7 088.53	7 033.26
	2014	10	4 174.34	4 166.16	12.60	7 929.68	7 914.13
	2015	11	4 235.83	4 252.54	12.17	7 415.25	7 444.50
	2016	12	4 632.10	4 623.02	11.67	8 495.41	8 478.75
	2017	13	5 663.53	5 674.67	12.22	10 337.45	10 357.80
	2018	14	6 368.60	6 349.89		10 531.40	10 500.46
	2019	15	6 574.43	6 504.15	11.08	10 835.40	10 719.57
	2020	16	6 583.62	6 538.66	10.52	9 355.76	9 291.87
	2021	17	7 035.31	7 098.06	10.25	11 979.54	12 086.39
湖北 11	2005	1					
	2006	2	97.08	97.37	1.04	369.73	370.82
	2007	3	110.44	107.28	1.02	393.88	382.60
	2008	4	131.31	126.23	1.07	450.28	432.85
	2009	5	141.73	145.30	1.11	465.98	477.71
	2010	6	183.99	181.32	1.18	609.27	600.42
	2011	7	281.64	272.02	1.14	752.87	727.16
	2012	8	382.92	379.93	1.19	723.20	717.56
	2013	9	220.55	218.83	1.18	836.98	830.45

续表

省份	年份	时期 t	资本 $\bar{X}_1$（亿元）各年名义价格（资产合计）	以2005年为基期的不变价格折算后的资本 X_1（亿元）	劳动力投入 X_2（万人）	工业总产值 Y_t（亿元）	以2005年不变价格折算后的工业总产值 Y_t（亿元）
湖北11	2014	10	229.13	228.68	1.12	896.76	895.00
	2015	11	228.11	229.01	1.05	765.49	768.51
	2016	12	290.99	290.42	0.97	870.16	868.45
	2017	13	289.26	289.83	0.99	1 079.32	1 081.44
	2018	14	301.18	300.30	1.05	1 037.64	1 034.59
	2019	15	206.19	203.99	0.71	684.01	676.70
	2020	16	222.04	220.52	0.70	564.16	560.31
	2021	17	299.23	301.90	0.83	858.01	865.66
广东12	2005	1					
	2006	2	479.25	480.67	2.46	1 327.61	1 331.53
	2007	3	510.38	495.77	2.57	1 621.33	1 574.92
	2008	4	549.45	528.18	2.66	1 898.00	1 824.52
	2009	5	995.04	1 020.09	2.38	1 899.53	1 947.35
	2010	6	1 014.30	999.57	2.56	2 758.97	2 718.91
	2011	7	1 145.30	1 106.18	2.79	3 248.62	3 137.66
	2012	8	1 162.14	1 153.08	2.72	3 405.98	3 379.42
	2013	9	1 289.39	1 279.34	2.61	3 626.49	3 598.21
	2014	10	1 161.43	1 159.15	2.65	3 230.95	3 224.61
	2015	11	1 185.06	1 189.73	2.71	2 321.45	2 330.61
	2016	12	1 291.40	1 288.87	2.55	2 175.94	2 171.67
	2017	13	1 460.63	1 463.51	2.43	2 556.87	2 561.90
	2018	14	1 465.70	1 461.39	2.63	3 481.41	3 471.18
	2019	15	1 539.28	1 522.83	2.49	3 220.80	3 186.37
	2020	16	1 923.14	1 910.01	2.44	2 883.41	2 863.72
	2021	17	1 994.85	2 012.64	2.22	4 064.07	4 100.32

续表

省份	年份	时期 t	资本 $\bar{X}_1$（亿元）各年名义价格（资产合计）	以 2005 年为基期的不变价格折算后的资本 X_1（亿元）	劳动力投入 X_2（万人）	工业总产值 Y_t（亿元）	以 2005 年不变价格折算后的工业总产值 Y_t（亿元）
重庆 13	2005	1	10.42	10.42	0.36	10.66	10.66
	2006	2	11.55	11.58	0.37	15.63	15.68
	2007	3	16.62	16.15	0.66	22.19	21.56
	2008	4	18.38	17.67	0.61	29.49	28.35
	2009	5	28.47	29.19	0.67	38.84	39.82
	2010	6	23.78	23.44	0.60	40.61	40.02
	2011	7	23.46	22.66	0.60	46.97	45.37
	2012	8	35.14	34.86	0.65	55.16	54.73
	2013	9	26.70	26.49	0.50	51.31	50.91
	2014	10	47.61	47.51	0.45	65.56	65.43
	2015	11	28.23	28.34	0.38	66.29	66.55
	2016	12	31.47	31.41	0.34	68.59	68.46
	2017	13	51.59	51.69	0.21	55.95	56.06
	2018	14	48.00	47.86	0.17	75.68	75.46
	2019	15	46.26	45.77	0.18	32.74	32.39
	2020	16	48.80	48.47	0.19	39.92	39.65
	2021	17	59.14	59.67	0.20	62.58	63.14
四川 14	2005	1	82.15	82.15		80.06	80.06
	2006	2	79.65	79.89	1.59	115.56	115.90
	2007	3	95.39	92.66	1.71	171.81	166.89
	2008	4	373.10	358.66	3.67	325.21	312.62
	2009	5	206.60	211.80	2.10	283.63	290.77
	2010	6	264.20	260.36	2.77	427.03	420.83
	2011	7	202.76	195.83	2.00	497.65	480.65
	2012	8	213.96	212.29	2.17	498.82	494.93
	2013	9	623.23	618.37	1.98	561.23	556.85

省份	年份	时期 t	资本 $\bar{X}_1$（亿元）各年名义价格（资产合计）	以 2005 年为基期的不变价格折算后的资本 X_1（亿元）	劳动力投入 X_2（万人）	工业总产值 Y_t（亿元）	以 2005 年不变价格折算后的工业总产值 Y_t（亿元）
四川 14	2014	10	612.43	611.23	1.71	811.80	810.21
	2015	11	583.82	586.12	1.72	768.29	771.32
	2016	12	537.42	536.37	1.45	795.68	794.12
	2017	13	557.43	558.53			
	2018	14	638.36	636.48	1.57	795.05	792.71
	2019	15	651.45	644.49	1.64	967.78	957.43
	2020	16	671.99	667.40	1.67	826.31	820.67
	2021	17	699.78	706.02	1.63	1 078.29	1 087.91
陕西 15	2005	1	189.25	189.25	2.09	335.39	335.39
	2006	2	335.51	336.50	3.10	615.86	617.68
	2007	3	536.69	521.32	2.66	699.80	679.77
	2008	4	634.09	609.54	2.84	904.17	869.17
	2009	5	998.76	1 023.91	2.75	930.71	954.14
	2010	6	1 290.84	1 272.09	3.69	1 267.62	1 249.21
	2011	7	1 671.09	1 614.01	4.48	1 658.38	1 601.73
	2012	8	2 081.52	2 065.29	5.09	1 926.24	1 911.22
	2013	9	2 446.74	2 427.66	5.71	2 159.58	2 142.74
	2014	10	2 750.16	2 744.77	6.03	2 132.54	2 128.36
	2015	11	2 923.82	2 935.36	5.84	1 875.05	1 882.45
	2016	12	3 354.49	3 347.91	5.72	1 541.78	1 538.76
	2017	13	3 651.19	3 658.38	5.96	1 696.36	1 699.69
	2018	14	3 917.31	3 905.80	5.70	1 938.60	1 932.91
	2019	15	4 265.05	4 219.46	6.25	2 145.33	2 122.40
	2020	16	4 613.88	4 582.37	6.99	1 833.09	1 820.57
	2021	17	4 783.91	4 826.59	6.13	2 508.31	2 530.68

续表

省份	年份	时期 t	资本 $\overline{X}_1$（亿元）各年名义价格（资产合计）	以2005年为基期的不变价格折算后的资本 X_1（亿元）	劳动力投入 X_2（万人）	工业总产值 Y_t（亿元）	以2005年不变价格折算后的工业总产值 Y_t（亿元）
甘肃16	2005	1	381.73	381.73	4.25	486.26	486.26
	2006	2	455.32	456.67	4.39	602.27	604.05
	2007	3	425.90	413.71	3.52	740.54	719.34
	2008	4	477.28	458.80	3.49	828.66	796.57
	2009	5	393.29	403.19	3.23	761.76	780.94
	2010	6	461.18	454.48	3.46	898.94	885.88
	2011	7	547.83	529.11	3.22	1 198.09	1 157.17
	2012	8	643.25	638.24	3.13	1 171.45	1 162.31
	2013	9	685.23	679.88	3.02	1 124.94	1 116.17
	2014	10	655.19	653.90	3.17	1 052.37	1 050.31
	2015	11	567.50	569.74	3.02	803.79	806.96
	2016	12	558.22	557.13	3.09	677.19	675.86
	2017	13	532.34	533.39	3.23	857.94	859.62
	2018	14	438.11	436.82	2.72	857.94	855.41
	2019	15	389.31	385.15	2.79	890.32	880.80
	2020	16	455.01	451.91	2.81	770.79	765.53
	2021	17	460.99	465.10	2.71	985.23	994.01
青海17	2005	1	0.25	0.25			
	2006	2	0.27	0.27	0.01	0.60	0.60
	2007	3	11.79	11.45	0.07	1.09	1.06
	2008	4	21.45	20.62	0.13	9.52	9.15
	2009	5	24.66	25.28	0.15	20.02	20.53
	2010	6	33.82	33.33	0.13	20.68	20.38
	2011	7	55.58	53.68	0.18	56.70	54.76
	2012	8	54.95	54.52	0.31	69.64	69.10
	2013	9	57.12	56.68	0.30	23.36	23.18

续表

省份	年份	时期 t	资本 $\overline{X}_1$（亿元）各年名义价格（资产合计）	以2005年为基期的不变价格折算后的资本 X_1（亿元）	劳动力投入 X_2（万人）	工业总产值 Y_t（亿元）	以2005年不变价格折算后的工业总产值 Y_t（亿元）
青海17	2014	10	47.21	47.12	0.18	16.87	16.84
	2015	11	17.90	17.97	0.17	5.49	5.51
	2016	12	40.41	40.33	0.17	14.96	14.93
	2017	13	42.24	42.32		18.29	18.32
	2018	14				18.29	18.23
	2019	15	31.13	30.79	0.14	27.76	27.46
	2020	16	30.78	30.57	0.13	28.08	27.88
	2021	17	28.87	29.12	0.19	38.90	39.25
宁夏18	2005	1					
	2006	2	46.58	46.72	0.85	83.28	83.52
	2007	3	42.90	41.67	0.77	85.36	82.92
	2008	4	84.57	81.30	0.93	120.08	115.43
	2009	5	210.28	215.57	1.85	168.10	172.34
	2010	6	292.88	288.63	1.94	217.90	214.74
	2011	7	408.06	394.12	1.95	195.13	188.47
	2012	8	580.59	576.07	2.30	431.23	427.87
	2013	9	671.34	666.11	2.43	494.95	491.09
	2014	10	759.72	758.23	2.60	489.75	488.79
	2015	11	750.16	753.12	2.26	495.17	497.12
	2016	12	798.55	796.98	2.21	515.96	514.95
	2017	13	905.75	907.53	2.19	649.56	650.84
	2018	14	997.42	994.49	2.29	669.63	667.66
	2019	15	690.08	682.70	2.55	638.77	631.94
	2020	16	388.74	386.09	1.29	446.70	443.65
	2021	17	439.64	443.56	1.57	749.07	755.75

续表

省份	年份	时期 t	资本 $\bar{X}_1$（亿元）各年名义价格（资产合计）	以 2005 年为基期的不变价格折算后的资本 X_1（亿元）	劳动力投入 X_2（万人）	工业总产值 Y_t（亿元）	以 2005 年不变价格折算后的工业总产值 Y_t（亿元）
新疆 19	2005	1	295.77	295.77	2.21	498.30	498.30
	2006	2	369.87	370.97	2.18	639.39	641.28
	2007	3	488.00	474.03	3.21	724.55	703.81
	2008	4	649.05	623.92	3.26	904.34	869.33
	2009	5	697.83	715.40	3.82	859.80	881.45
	2010	6	760.32	749.28	4.14	1 245.08	1 227.00
	2011	7	882.53	852.39	4.31	1 572.00	1 518.31
	2012	8	886.40	879.48	4.65	1 673.13	1 660.08
	2013	9	1 002.67	994.86	4.46	1 753.57	1 739.90
	2014	10	968.10	966.20	4.84	1 777.29	1 773.81
	2015	11	1 025.34	1 029.38	4.60	1 225.92	1 230.76
	2016	12	998.00	996.05	4.26	1 174.80	1 172.50
	2017	13	1 009.25	1 011.23			
	2018	14	1 260.36	1 256.66		1 600.38	1 595.68
	2019	15	1 274.94	1 261.31	4.53	1 535.45	1 519.04
	2020	16	1 203.55	1 195.33	4.24	1 265.38	1 256.74
	2021	17	1 351.94	1 364.00	4.40	1 854.11	1 870.65

注：西藏未纳入统计。

附表 3　煤炭开采和洗选业效率测度相关数据

表 A3 - 1　　　2010～2019 年煤炭开采和洗选业年度生产规模弹性

年份	河北			山西			内蒙古		
	ε_K	ε_L	ε_i	ε_K	ε_L	ε_i	ε_K	ε_L	ε_i
2010	0.8884	0.2520	1.1404	1.0114	0.1042	1.1156	0.9727	0.2048	1.1775
2011	0.8465	0.2522	1.0987	1.0224	0.0705	1.0928	0.9981	0.1610	1.1591
2012	0.8278	0.2438	1.0716	1.0401	0.0354	1.0755	1.0625	0.0921	1.1546
2013	—	—	—	1.0575	-0.0010	1.0566	1.0902	0.0407	1.1309
2014	0.8995	0.1482	1.0477	1.0928	-0.0486	1.0443	1.1310	-0.0159	1.1151
2015	0.8923	0.1296	1.0219	1.0906	-0.0714	1.0193	1.1226	-0.0403	1.0823
2016	0.9110	0.0952	1.0062	1.0927	-0.0972	0.9955	1.1211	-0.0637	1.0574
2017	—	—	—	1.0828	-0.1157	0.9671	1.1443	-0.1050	1.0392
2018	—	—	—	1.0823	-0.1387	0.9436	1.1125	-0.1055	1.0070
2019	—	—	—	1.0858	-0.1627	0.9231			

年份	辽宁			吉林			黑龙江		
	ε_K	ε_L	ε_i	ε_K	ε_L	ε_i	ε_K	ε_L	ε_i
2010	0.8143	0.3125	1.1268	0.6674	0.4568	1.1242	0.7727	0.3222	1.0949
2011	0.8029	0.2978	1.1007	0.6191	0.4560	1.0751	0.7165	0.3305	1.0470
2012	0.7971	0.2798	1.0769	0.6229	0.4285	1.0513	0.6528	0.3443	0.9971
2013	0.8011	0.2526	1.0537	0.6207	0.4049	1.0257	0.6835	0.3101	0.9936
2014	0.8230	0.2130	1.0360	0.6879	0.3393	1.0272	0.6556	0.3179	0.9735
2015	0.7832	0.2179	1.0011	0.6016	0.3701	0.9717	0.6288	0.3071	0.9359
2016	0.7839	0.1949	0.9789	0.5708	0.3665	0.9373	0.6030	0.3024	0.9054
2017	0.8043	0.1577	0.9620	0.5811	0.3347	0.9158	0.6028	0.2812	0.8840

续表

年份	辽宁			吉林			黑龙江		
	ε_K	ε_L	ε_i	ε_K	ε_L	ε_i	ε_K	ε_L	ε_i
2018	0.7493	0.1690	0.9183	0.5472	0.3368	0.8840	0.6262	0.2408	0.8670
2019	0.6469	0.2220	0.8689	0.5681	0.3047	0.8728	—	—	—

年份	江苏			安徽			山东		
	ε_K	ε_L	ε_i	ε_K	ε_L	ε_i	ε_K	ε_L	ε_i
2010	0.8206	0.3249	1.1456	0.8793	0.2455	1.1249	1.0074	0.1321	1.1395
2011	0.7925	0.3214	1.1139	0.9059	0.2021	1.1080	0.9880	0.1189	1.1069
2012	0.7880	0.3035	1.0915	0.9350	0.1599	1.0949	0.9797	0.1037	1.0834
2013	0.7728	0.2927	1.0656	0.9056	0.1526	1.0582	0.9557	0.0954	1.0512
2014	0.7952	0.2557	1.0509	0.9224	0.1158	1.0382	0.9758	0.0577	1.0335
2015	0.7863	0.2397	1.0260	0.9678	0.0612	1.0290	0.9647	0.0418	1.0065
2016	0.7740	0.2257	0.9997	0.9438	0.0585	1.0022	1.0076	−0.0043	1.0033
2017	0.7583	0.2144	0.9726	0.9242	0.0453	0.9695	0.9728	−0.0132	0.9596
2018	0.7418	0.2016	0.9434	0.9154	0.0300	0.9454	0.9681	−0.0341	0.9341
2019	0.7489	0.1772	0.9261	—	—	—	0.9715	−0.0558	0.9157

年份	湖北			河南			四川		
	ε_K	ε_L	ε_i	ε_K	ε_L	ε_i	ε_K	ε_L	ε_i
2010	0.4119	0.6832	1.0951	0.8587	0.2332	1.0919	—	—	—
2011	0.3725	0.6914	1.0639	0.8744	0.1959	1.0703	0.5827	0.4402	1.0229
2012	0.4043	0.6399	1.0442	0.8822	0.1642	1.0464	0.5933	0.4050	0.9984
2013	0.3850	0.6199	1.0049	0.9133	0.1229	1.0361	0.5993	0.3716	0.9709
2014	0.4169	0.5678	0.9846	0.9450	0.0732	1.0182	0.6620	0.3037	0.9657
2015	0.3779	0.5695	0.9474	0.8851	0.0961	0.9812	0.6254	0.3040	0.9294
2016	0.3127	0.6107	0.9234	0.8706	0.0830	0.9536	0.5982	0.2966	0.8948
2017	0.3663	0.5449	0.9112	0.8708	0.0610	0.9318	0.6139	0.2633	0.8772
2018	0.3698	0.5081	0.8779	0.8434	0.0578	0.9012	0.6441	0.2271	0.8712
2019	0.3719	0.4840	0.8559	—	—	—	—	—	—

年份	贵州			云南			新疆		
	ε_K	ε_L	ε_i	ε_K	ε_L	ε_i	ε_K	ε_L	ε_i
2010	0.7666	0.3607	1.1272	0.6648	0.4685	1.1333	0.7261	0.4327	1.1588
2011	0.7722	0.3224	1.0946	0.6486	0.4516	1.1002	0.7201	0.4119	1.1320
2012	0.7417	0.3189	1.0606	0.6470	0.4188	1.0658	0.7225	0.3818	1.1043
2013	0.7486	0.2774	1.0261	—	—	—	0.7480	0.3396	1.0876
2014	0.7487	0.2533	1.0019	0.6572	0.3449	1.0021	0.8219	0.2583	1.0802
2015	0.7626	0.2128	0.9753	0.6271	0.3337	0.9608	0.8239	0.2283	1.0522
2016	0.7784	0.1760	0.9544	0.6570	0.2924	0.9494	0.8417	0.1939	1.0357
2017	0.8774	0.1013	0.9787	0.6831	0.2469	0.9299	0.8689	0.1517	1.0206
2018	0.9195	0.0478	0.9672	0.6670	0.2353	0.9022	0.8825	0.1198	1.0024
2019	—	—	—	0.7032	0.1996	0.9028	0.8773	0.0968	0.9741

年份	陕西			甘肃			宁夏		
	ε_K	ε_L	ε_i	ε_K	ε_L	ε_i	ε_K	ε_L	ε_i
2010	0.9214	0.2515	1.1730	0.7435	0.3927	1.1362	0.8939	0.2986	1.1925
2011	0.9123	0.2301	1.1424	0.7311	0.3821	1.1132	0.9186	0.2552	1.1738
2012	0.9460	0.1825	1.1285	0.7053	0.3758	1.0811	0.9231	0.2291	1.1522
2013	0.9740	0.1375	1.1114	0.7060	0.3534	1.0594	0.9640	0.1753	1.1393
2014	1.0340	0.0637	1.0977	0.7213	0.3151	1.0364	1.0001	0.1266	1.1268
2015	1.0312	0.0394	1.0706	0.6933	0.3108	1.0041	0.9671	0.1264	1.0935
2016	1.0151	0.0223	1.0373	0.7506	0.2577	1.0083	0.9559	0.1117	1.0676
2017	1.0396	−0.0191	1.0205	0.7156	0.2500	0.9656	0.9365	0.0969	1.0334
2018	1.0392	−0.0350	1.0042	0.7790	0.1971	0.9762	0.9466	0.0657	1.0123
2019	1.0111	−0.0455	0.9656	—	—	—	—	—	—

年份	青海								
	ε_K	ε_L	ε_i						
2010	0.7412	0.5070	1.2482						
2011	0.7137	0.4892	1.2029						
2012	0.7843	0.4138	1.1981						
2013	0.8594	0.3351	1.1945						
2014	0.8982	0.2740	1.1722						
2015	0.9074	0.2322	1.1396						

续表

年份	青海					
	ε_K	ε_L	ε_i			
2016	0.9656	0.1716	1.1372			
2017	0.9567	0.1547	1.1114			
2018	—	—	—			
2019	—	—	—			

表 A3－2　　　　　煤炭开采和洗选业逐年三重效率分解结果

年份	河北				山西			
	TFPC	*TEC*	*TC*	*SEC*	*TFPC*	*TEC*	*TC*	*SEC*
2010～2011	1.3872	0.9782	1.1694	1.2127	1.2059	0.9618	1.1060	1.1336
2011～2012	1.0906	0.9765	1.1464	0.9742	1.0432	0.9590	1.0782	1.0089
2012～2013	—	—	—	—	1.0477	0.9558	1.0513	1.0427
2013～2014	—	—	—	—	0.9874	0.9523	1.0236	1.0130
2014～2015	1.0440	0.9707	1.0630	1.0118	0.9671	0.9487	0.9980	1.0214
2015～2016	1.0020	0.9683	1.0386	0.9963	0.9259	0.9447	0.9749	1.0053
2016～2017	—	—	—	—	0.8772	0.9404	0.9525	0.9793
2017～2018	—	—	—	—	0.8586	0.9359	0.9311	0.9853
2018～2019	—	—	—	—	0.8669	0.9308	0.9103	1.0231

年份	内蒙古				辽宁			
	TFPC	*TEC*	*TC*	*SEC*	*TFPC*	*TEC*	*TC*	*SEC*
2010～2011	1.3373	0.9759	1.1594	1.1819	1.1397	0.9571	1.1871	1.0031
2011～2012	1.2076	0.9739	1.1251	1.1021	1.0994	0.9545	1.1623	0.9910
2012～2013	1.5369	0.9719	1.0897	1.4512	1.1145	0.9497	1.1362	1.0329
2013～2014	1.2685	0.9696	1.0560	1.2389	1.0736	0.9464	1.1079	1.0239
2014～2015	1.2354	0.9675	1.0263	1.2442	1.0219	0.9423	1.0840	1.0004
2015～2016	1.0104	0.9648	1.0014	1.0458	0.9967	0.9379	1.0628	0.9999
2016～2017	0.9843	0.9621	0.9765	1.0477	0.9623	0.9333	1.0376	0.9937
2017～2018	0.9153	0.9592	0.9547	0.9995	0.8788	0.9280	1.0156	0.9324
2018～2019	—	—	—	—	1.0645	0.9227	1.0037	1.1494

续表

年份	吉林				黑龙江			
	TFPC	TEC	TC	SEC	TFPC	TEC	TC	SEC
2010~2011	1.5265	0.9858	1.2400	1.2488	1.3196	0.9569	1.1814	1.1673
2011~2012	1.2308	0.9847	1.2112	1.0320	1.1594	0.9533	1.1592	1.0492
2012~2013	1.1869	0.9835	1.1825	1.0206	1.0940	0.9499	1.1366	1.0133
2013~2014	1.1115	0.9823	1.1516	0.9826	1.1122	0.9459	1.1179	1.0518
2014~2015	1.1024	0.9807	1.1266	0.9978	0.9470	0.9419	1.0985	0.9153
2015~2016	1.0583	0.9794	1.1075	0.9757	1.0092	0.9374	1.0758	1.0007
2016~2017	1.0202	0.9777	1.0830	0.9635	1.0248	0.9325	1.0542	1.0425
2017~2018	1.0650	0.9759	1.0604	1.0291	0.9023	0.9274	1.0291	0.9454
2018~2019	1.1639	0.9741	1.0396	1.1493	—	—	—	—

年份	江苏				安徽			
	TFPC	TEC	TC	SEC	TFPC	TEC	TC	SEC
2010~2011	1.1715	0.9627	1.1989	1.0150	1.1944	0.9484	1.1581	1.0875
2011~2012	1.0933	0.9595	1.1753	0.9695	1.0565	0.9445	1.1276	0.9920
2012~2013	1.0792	0.9566	1.1517	0.9796	1.1559	0.9402	1.1011	1.1165
2013~2014	1.0635	0.9532	1.1264	0.9905	1.0459	0.9354	1.0752	1.0399
2014~2015	1.0438	0.9495	1.1009	0.9986	0.9817	0.9307	1.0460	1.0084
2015~2016	1.0199	0.9456	1.0782	1.0003	0.9320	0.9253	1.0221	0.9855
2016~2017	0.9953	0.9416	1.0564	1.0006	0.9044	0.9196	1.0021	0.9814
2017~2018	0.9528	0.9369	1.0348	0.9828	0.9085	0.9135	0.9809	1.0139
2018~2019	0.9859	0.9321	1.0129	1.0443	—	—	—	—

年份	山东				河南			
	TFPC	TEC	TC	SEC	TFPC	TEC	TC	SEC
2010~2011	1.2746	0.9704	1.1250	1.1675	1.2463	0.9892	1.1439	1.1014
2011~2012	1.0172	0.9681	1.1014	0.9540	1.1802	0.9884	1.1143	1.0716
2012~2013	1.0959	0.9657	1.0791	1.0516	1.0346	0.9875	1.0864	0.9644
2013~2014	1.0348	0.9630	1.0543	1.0192	1.0924	0.9865	1.0571	1.0475
2014~2015	0.9957	0.9601	1.0296	1.0073	1.0206	0.9854	1.0353	1.0004
2015~2016	0.9537	0.9570	1.0062	0.9904	0.9964	0.9844	1.0184	0.9939

续表

年份	山东				河南			
	TFPC	TEC	TC	SEC	TFPC	TEC	TC	SEC
2016～2017	0.8745	0.9536	0.9821	0.9338	0.9919	0.9830	0.9968	1.0123
2017～2018	0.8842	0.9500	0.9595	0.9700	0.9707	0.9818	0.9768	1.0122
2018～2019	0.9643	0.9462	0.9388	1.0856	—	—	—	—

年份	湖北				四川			
	TFPC	TEC	TC	SEC	TFPC	TEC	TC	SEC
2010～2011	1.2593	0.9814	1.3257	0.9679	—	—	—	—
2011～2012	1.3293	0.9798	1.2957	1.0471	1.1986	0.9959	1.1869	1.0140
2012～2013	1.2741	0.9782	1.2594	1.0342	1.1176	0.9956	1.1552	0.9717
2013～2014	1.1880	0.9767	1.2239	0.9938	1.0999	0.9952	1.1216	0.9854
2014～2015	1.1474	0.9747	1.1938	0.9861	1.0462	0.9949	1.0934	0.9617
2015～2016	1.3562	0.9728	1.1810	1.1805	0.9680	0.9944	1.0719	0.9082
2016～2017	1.0508	0.9706	1.1599	0.9334	1.0526	0.9941	1.0479	1.0104
2017～2018	0.9014	0.9685	1.1240	0.8280	1.3611	0.9936	1.0237	1.3382
2018～2019	1.0554	0.9659	1.0949	0.9980	—	—	—	—

年份	贵州				云南			
	TFPC	TEC	TC	SEC	TFPC	TEC	TC	SEC
2010～2011	1.5780	0.9726	1.1998	1.3523	1.3592	0.9686	1.2471	1.1252
2011～2012	1.1825	0.9706	1.1704	1.0409	1.4041	0.9661	1.2149	1.1963
2012～2013	1.2888	0.9683	1.1409	1.1666	—	—	—	—
2013～2014	1.0785	0.9657	1.1100	1.0061	—	—	—	—
2014～2015	1.0131	0.9632	1.0813	0.9727	1.0221	0.9577	1.1157	0.9566
2015～2016	0.9763	0.9603	1.0517	0.9667	1.0619	0.9543	1.0886	1.0222
2016～2017	1.1485	0.9571	1.0244	1.1714	0.9322	0.9509	1.0596	0.9252
2017～2018	0.9342	0.9539	0.9965	0.9828	0.9738	0.9470	1.0339	0.9946
2018～2019	—	—	—	—	1.2896	0.9432	1.0131	1.3496

年份	陕西				甘肃			
	TFPC	TEC	TC	SEC	TFPC	TEC	TC	SEC
2010～2011	1.3970	0.9769	1.1772	1.2148	1.0876	0.9646	1.2216	0.9230
2011～2012	1.1995	0.9751	1.1469	1.0726	1.1905	0.9618	1.1982	1.0330

续表

年份	陕西				甘肃			
	TFPC	*TEC*	*TC*	*SEC*	*TFPC*	*TEC*	*TC*	*SEC*
2012～2013	1.2027	0.9732	1.1153	1.1081	1.1172	0.9589	1.1733	0.9930
2013～2014	1.3778	0.9710	1.0802	1.3136	1.1543	0.9556	1.1446	1.0553
2014～2015	1.1093	0.9688	1.0481	1.0925	1.0706	0.9524	1.1181	1.0054
2015～2016	1.0790	0.9665	1.0234	1.0909	1.0260	0.9485	1.0937	0.9890
2016～2017	0.9797	0.9637	0.9979	1.0187	0.9807	0.9446	1.0678	0.9723
2017～2018	0.9174	0.9610	0.9755	0.9786	1.0649	0.9405	1.0434	1.0852
2018～2019	0.8847	0.9581	0.9554	0.9665	—	—	—	—

年份	青海				宁夏			
	TFPC	*TEC*	*TC*	*SEC*	*TFPC*	*TEC*	*TC*	*SEC*
2010～2011	1.6528	0.9743	1.2994	1.3055	1.3282	0.9501	1.1988	1.1661
2011～2012	1.4075	0.9722	1.2602	1.1488	1.1374	0.9462	1.1685	1.0287
2012～2013	1.3776	0.9701	1.2174	1.1665	1.2015	0.9421	1.1380	1.1202
2013～2014	1.5126	0.9676	1.1759	1.3294	1.0944	0.9377	1.1057	1.0555
2014～2015	1.4442	0.9653	1.1380	1.3147	1.0222	0.9328	1.0805	1.0142
2015～2016	1.0725	0.9626	1.1044	1.0088	0.9875	0.9277	1.0595	1.0047
2016～2017	1.0569	0.9596	1.0769	1.0227	1.0195	0.9221	1.0365	1.0667
2017～2018	—	—	—	—	0.9380	0.9164	1.0120	1.0114
2018～2019	—	—	—	—	—	—	—	—

年份	新疆							
	TFPC	*TEC*	*TC*	*SEC*				
2010～2011	1.2585	0.9478	1.2419	1.0692				
2011～2012	1.2990	0.9439	1.2118	1.1357				
2012～2013	1.1589	0.9395	1.1800	1.0454				
2013～2014	1.2260	0.9351	1.1430	1.1471				
2014～2015	1.1217	0.9299	1.1076	1.0891				
2015～2016	0.9984	0.9246	1.0799	0.9999				
2016～2017	0.9760	0.9187	1.0526	1.0093				
2017～2018	0.9377	0.9128	1.0263	1.0010				
2018～2019	0.8971	0.9062	1.0018	0.9882				

表 A3 – 3   煤炭开采和洗选业全要素生产率历年累计处理结果

年份	山西				内蒙古			
	TFPC	*TEC*	*TC*	*SEC*	*TFPC*	*TEC*	*TC*	*SEC*
2011	1.2059	0.9618	1.1060	1.1336	1.3373	0.9759	1.1594	1.1819
2012	1.2580	0.9224	1.1925	1.1437	1.6149	0.9504	1.3044	1.3026
2013	1.3180	0.8816	1.2537	1.1925	2.4820	0.9237	1.4214	1.8903
2014	1.3015	0.8395	1.2833	1.2080	3.1484	0.8956	1.5011	2.3419
2015	1.2586	0.7965	1.2807	1.2339	3.8896	0.8665	1.5405	2.9138
2016	1.1653	0.7524	1.2485	1.2404	3.9301	0.8360	1.5427	3.0472
2017	1.0222	0.7076	1.1892	1.2147	3.8684	0.8043	1.5064	3.1926
2018	0.8777	0.6622	1.1073	1.1969	3.5407	0.7715	1.4382	3.1910
2019	0.7608	0.6164	1.0080	1.2245	—	—	—	—

年份	辽宁				吉林			
	TFPC	*TEC*	*TC*	*SEC*	*TFPC*	*TEC*	*TC*	*SEC*
2011	1.1397	0.9571	1.1871	1.0031	1.5265	0.9858	1.24	1.2488
2012	1.2530	0.9136	1.3798	0.9941	1.8789	0.9707	1.5019	1.2888
2013	1.3965	0.8676	1.5677	1.0268	2.2301	0.9547	1.7760	1.3153
2014	1.4993	0.8211	1.7368	1.0513	2.4789	0.9378	2.0452	1.2924
2015	1.5321	0.7737	1.8827	1.0517	2.7328	0.9197	2.3041	1.2896
2016	1.5270	0.7257	2.0010	1.0516	2.8922	0.9008	2.5518	1.2582
2017	1.4694	0.6773	2.0762	1.0450	2.9506	0.8807	2.7636	1.2123
2018	1.2913	0.6285	2.1086	0.9744	3.1423	0.8594	2.9306	1.2476
2019	1.3746	0.5799	2.1164	1.1199	3.6572	0.8372	3.0466	1.4339

年份	黑龙江				江苏			
	TFPC	*TEC*	*TC*	*SEC*	*TFPC*	*TEC*	*TC*	*SEC*
2011	1.3196	0.9569	1.1814	1.1673	1.1715	0.9627	1.1989	1.015
2012	1.5300	0.9122	1.3695	1.2247	1.2808	0.9237	1.4091	0.9840
2013	1.6738	0.8665	1.5565	1.2410	1.3823	0.8836	1.6228	0.9640
2014	1.8616	0.8196	1.7401	1.3053	1.4700	0.8423	1.8279	0.9548
2015	1.7631	0.7720	1.9115	1.1947	1.5345	0.7997	2.0124	0.9535
2016	1.7792	0.7237	2.0564	1.1956	1.5650	0.7562	2.1698	0.9538

续表

年份	黑龙江				江苏			
	TFPC	TEC	TC	SEC	TFPC	TEC	TC	SEC
2017	1.8234	0.6748	2.1678	1.2464	1.5576	0.7121	2.2921	0.9543
2018	1.6452	0.6258	2.2309	1.1783	1.4841	0.6671	2.3719	0.9379
2019	—	—	—	—	1.4633	0.6218	2.4025	0.9795

年份	安徽				山东			
	TFPC	TEC	TC	SEC	TFPC	TEC	TC	SEC
2011	1.1944	0.9484	1.1581	1.0875	1.2746	0.9704	1.125	1.1675
2012	1.2619	0.8958	1.3059	1.0788	1.2965	0.9394	1.2391	1.1138
2013	1.4586	0.8422	1.4379	1.2045	1.4208	0.9072	1.3371	1.1713
2014	1.5255	0.7878	1.5460	1.2525	1.4702	0.8737	1.4097	1.1938
2015	1.4976	0.7332	1.6171	1.2631	1.4639	0.8388	1.4514	1.2025
2016	1.3958	0.6784	1.6529	1.2447	1.3961	0.8027	1.4604	1.1909
2017	1.2624	0.6239	1.6564	1.2216	1.2210	0.7655	1.4343	1.1121
2018	1.1469	0.5699	1.6247	1.2386	1.0796	0.7272	1.3762	1.0787
2019	—	—	—	—	1.0410	0.6881	1.2920	1.1711

年份	河南				湖北			
	TFPC	TEC	TC	SEC	TFPC	TEC	TC	SEC
2011	1.2463	0.9892	1.1439	1.1014	1.2593	0.9814	1.3257	0.9679
2012	1.4709	0.9777	1.2746	1.1803	1.6740	0.9616	1.7177	1.0135
2013	1.5218	0.9655	1.3848	1.1382	2.1328	0.9406	2.1633	1.0481
2014	1.6624	0.9525	1.4638	1.1923	2.5337	0.9187	2.6476	1.0417
2015	1.6966	0.9386	1.5155	1.1928	2.9072	0.8955	3.1608	1.0272
2016	1.6905	0.9239	1.5434	1.1855	3.9429	0.8711	3.7329	1.2126
2017	1.6768	0.9082	1.5385	1.2001	4.1433	0.8455	4.3297	1.1318
2018	1.6277	0.8917	1.5028	1.2147	3.7346	0.8189	4.8666	0.9371
2019	—	—	—	—	3.9417	0.7909	5.3285	0.9353

续表

年份	贵州				陕西			
	TFPC	TEC	TC	SEC	TFPC	TEC	TC	SEC
2011	1.5780	0.9726	1.1998	1.3523	1.3970	0.9769	1.1772	1.2148
2012	1.8659	0.9440	1.4042	1.4076	1.6758	0.9526	1.3501	1.3030
2013	2.4048	0.9141	1.6021	1.6421	2.0155	0.9270	1.5058	1.4438
2014	2.5935	0.8827	1.7783	1.6521	2.7770	0.9002	1.6266	1.8966
2015	2.6274	0.8502	1.9229	1.6070	3.0806	0.8721	1.7048	2.0721
2016	2.5652	0.8165	2.0223	1.5535	3.3240	0.8429	1.7447	2.2604
2017	2.9461	0.7815	2.0717	1.8198	3.2564	0.8123	1.7410	2.3027
2018	2.7523	0.7454	2.0644	1.7885	2.9874	0.7806	1.6984	2.2534
2019	—	—	—	—	2.6430	0.7479	1.6226	2.1779

年份	甘肃				青海			
	TFPC	TEC	TC	SEC	TFPC	TEC	TC	SEC
2011	1.0876	0.9646	1.2216	0.923	1.6528	0.9743	1.2994	1.3055
2012	1.2948	0.9278	1.4637	0.9535	2.3262	0.9472	1.6375	1.4998
2013	1.4465	0.8896	1.7174	0.9468	3.2047	0.9189	1.9935	1.7495
2014	1.6697	0.8501	1.9657	0.9991	4.8474	0.8891	2.3442	2.3257
2015	1.7876	0.8097	2.1979	1.0045	7.0007	0.8583	2.6676	3.0577
2016	1.8340	0.7680	2.4038	0.9935	7.5079	0.8262	2.9461	3.0846
2017	1.7986	0.7254	2.5668	0.9660	7.9347	0.7928	3.1727	3.1546
2018	1.9154	0.6823	2.6782	1.0483	—	—	—	—
2019	—	—	—	—	—	—	—	—

年份	宁夏				新疆			
	TFPC	TEC	TC	SEC	TFPC	TEC	TC	SEC
2011	1.3282	0.9501	1.1988	1.1661	1.2585	0.9478	1.2419	1.0692
2012	1.5106	0.8990	1.4008	1.1996	1.6349	0.8946	1.5049	1.2143
2013	1.8142	0.8469	1.5941	1.3438	1.8947	0.8405	1.7758	1.2694
2014	1.9854	0.7942	1.7626	1.4183	2.3230	0.7860	2.0298	1.4562
2015	2.0295	0.7408	1.9045	1.4385	2.6058	0.7309	2.2482	1.5859
2016	2.0041	0.6872	2.0178	1.4452	2.6015	0.6758	2.4278	1.5857

续表

年份	宁夏				新疆			
	TFPC	*TEC*	*TC*	*SEC*	*TFPC*	*TEC*	*TC*	*SEC*
2017	2. 0432	0. 6337	2. 0915	1. 5416	2. 5391	0. 6208	2. 5555	1. 6005
2018	1. 9165	0. 5807	2. 1166	1. 5592	2. 3811	0. 5667	2. 6227	1. 6021
2019	—	—	—	—	2. 1361	0. 5135	2. 6274	1. 5832

附表4 石油和天然气开采业效率测度相关数据

表 A4－1 2010～2019 年石油和天然气开采业年度生产规模弹性

年份	天津			河北			新疆		
	ε_K	ε_L	ε_i	ε_K	ε_L	ε_i	ε_K	ε_L	ε_i
2010	1.0269	−0.0219	1.0051	0.9988	0.1210	1.1198	0.8994	−0.0582	0.8413
2011	0.9521	0.0132	0.9653	0.8950	0.1655	1.0605	0.7811	0.0264	0.8075
2012	0.8776	0.0371	0.9146	0.8469	0.1315	0.9785	0.7327	0.0213	0.7539
2013	0.7822	0.0313	0.8135	—	—	—	0.6379	0.0861	0.7240
2014	0.7082	0.0066	0.7148	0.9308	−0.0411	0.8897	0.6087	0.0662	0.6749
2015	0.6440	0.0644	0.7084	0.8843	−0.0066	0.8776	0.5511	0.0944	0.6456
2016	0.5835	0.1188	0.7023	0.6480	0.2683	0.9164	0.5770	0.0568	0.6337
2017	0.8500	−0.1622	0.6878	—	—	—	0.4976	0.0959	0.5935
2018	0.7708	−0.1246	0.6462	—	—	—	0.4568	0.0885	0.5453
2019	0.7026	−0.1047	0.5979	—	—	—	0.3854	0.1237	0.5091

年份	内蒙古			辽宁			青海		
	ε_K	ε_L	ε_i	ε_K	ε_L	ε_i	ε_K	ε_L	ε_i
2010	1.6851	−0.3314	1.3537	0.8908	0.1310	1.0217	1.3316	−0.1240	1.2076
2011	1.5453	−0.2707	1.2745	0.8268	0.1539	0.9806	1.2442	−0.0624	1.1818
2012	1.4681	−0.2549	1.2132	0.7630	0.1793	0.9423	1.1755	0.0019	1.1774
2013	1.3828	−0.1600	1.2228	0.6228	0.2564	0.8792	1.0335	0.1113	1.1448
2014	1.3096	−0.1132	1.1965	0.5243	0.3091	0.8333	1.0518	0.0382	1.0900
2015	1.1416	−0.0012	1.1404	0.4636	0.4255	0.8892	0.9066	0.1718	1.0784
2016	1.1516	−0.0597	1.0919	0.4594	0.4788	0.9382	0.9241	0.1060	1.0301
2017	1.0758	−0.0630	1.0128	0.6193	0.2552	0.8746	0.7420	0.2712	1.0131

年份	内蒙古			辽宁			青海		
	ε_K	ε_L	ε_i	ε_K	ε_L	ε_i	ε_K	ε_L	ε_i
2018	1.0397	−0.0751	0.9646	0.5571	0.3037	0.8608	—	—	—
2019	—	—	—	0.4873	0.3505	0.8378	—	—	—

年份	吉林			黑龙江			甘肃		
	ε_K	ε_L	ε_i	ε_K	ε_L	ε_i	ε_K	ε_L	ε_i
2010	1.0195	0.0782	1.0977	0.8413	0.0233	0.8647	1.5058	−0.2340	1.2718
2011	0.8949	0.1431	1.0380	0.7657	0.0604	0.8261	1.4319	−0.1726	1.2593
2012	0.8790	0.0977	0.9767	0.6927	0.0886	0.7812	1.3472	−0.1115	1.2356
2013	0.8108	0.1485	0.9593	0.5470	0.2145	0.7615	1.2267	−0.0156	1.2112
2014	0.6529	0.2262	0.8791	0.5792	0.0748	0.6540	1.0632	−0.0127	1.0505
2015	0.6380	0.2275	0.8655	0.5109	0.1054	0.6163	0.9216	0.1077	1.0293
2016	0.7310	0.1119	0.8428	0.4445	0.1497	0.5942	0.8933	0.0788	0.9720
2017	0.6548	0.1370	0.7919	0.3953	0.1884	0.5836	0.7528	0.1594	0.9121
2018	0.6025	0.1588	0.7613	0.3371	0.2102	0.5473	0.6849	0.1908	0.8757
2019	0.5262	0.2148	0.7410	—	—	—	—	—	—

年份	江苏			山东			陕西		
	ε_K	ε_L	ε_i	ε_K	ε_L	ε_i	ε_K	ε_L	ε_i
2010	1.2575	0.1714	1.4289	0.9743	−0.0101	0.9642	0.9462	−0.0960	0.8502
2011	1.1858	0.1705	1.3564	0.9112	0.0093	0.9204	0.8642	−0.0691	0.7951
2012	1.1338	0.1674	1.3011	0.8444	0.0374	0.8817	0.7801	−0.0345	0.7456
2013	1.0711	0.2000	1.2711	0.6010	0.2772	0.8781	0.7259	−0.0293	0.6965
2014	0.9987	0.2106	1.2093	0.6940	0.0891	0.7831	0.6166	0.0051	0.6217
2015	0.9172	0.2504	1.1676	0.5275	0.2474	0.7749	0.5382	0.0517	0.5899
2016	0.8661	0.2586	1.1246	0.4699	0.2512	0.7211	0.4754	0.1027	0.5780
2017	0.7609	0.3364	1.0974	0.3939	0.2996	0.6935	0.4050	0.1137	0.5187
2018	—	—	—	0.3027	0.3624	0.6651	0.3383	0.1465	0.4848
2019	—	—	—	0.2823	0.3539	0.6362	0.2715	0.1738	0.4454

年份	河南			广东			四川		
	ε_K	ε_L	ε_i	ε_K	ε_L	ε_i	ε_K	ε_L	ε_i
2010	0.8908	0.1783	1.0691	1.9125	−0.8067	1.1058	—	—	—
2011	0.8663	0.1781	1.0444	1.8037	−0.7399	1.0638	0.8291	0.2171	1.0462
2012	0.7894	0.1797	0.9691	1.6693	−0.6605	1.0089	0.8406	0.1157	0.9562
2013	0.7235	0.2193	0.9428	1.5077	−0.5875	0.9201	0.7447	0.1242	0.8689
2014	0.6416	0.2443	0.8860	1.4129	−0.5502	0.8627	0.6429	0.1638	0.8067
2015	0.5503	0.4195	0.9699	1.2989	−0.4593	0.8395	0.5949	0.1222	0.7171
2016	0.4553	0.5197	0.9750	1.5225	−0.7570	0.7655	0.7436	−0.0263	0.7173
2017	0.4948	0.5164	1.0112	1.2921	−0.5387	0.7534	0.6944	−0.0066	0.6878
2018	0.4696	0.5104	0.9800	1.1404	−0.4141	0.7263	0.6261	−0.0027	0.6234
2019	—	—	—				—		

表 A4 – 2 石油和天然气开采业逐年三重效率分解结果

年份	天津				河北			
	TFPC	*TEC*	*TC*	*SEC*	*TFPC*	*TEC*	*TC*	*SEC*
2010～2011	0.9335	0.9942	0.9404	0.9985	0.9274	0.9362	0.9726	1.0185
2011～2012	0.9503	0.9934	0.9650	0.9913	0.9233	0.9273	0.9916	1.0041
2012～2013	0.9282	0.9923	0.9837	0.9509	—	—	—	—
2013～2014	0.9102	0.9914	0.9965	0.9213	—	—	—	—
2014～2015	1.0224	0.9900	1.0198	1.0127	0.9251	0.8925	1.0324	1.0040
2015～2016	1.0575	0.9886	1.0554	1.0135	0.9556	0.8779	1.0862	1.0021
2016～2017	1.1238	0.9871	1.0657	1.0683	—	—	—	—
2017～2018	1.0134	0.9853	1.0725	0.9590	—	—	—	—
2018～2019	1.0201	0.9832	1.1005	0.9428	—	—	—	—

年份	内蒙古				辽宁			
	TFPC	*TEC*	*TC*	*SEC*	*TFPC*	*TEC*	*TC*	*SEC*
2010～2011	1.0248	0.9878	0.9380	1.1060	0.9099	0.9456	0.9621	1.0001
2011～2012	1.0010	0.9860	0.9608	1.0566	0.9233	0.9379	0.9872	0.9972
2012～2013	0.9494	0.9840	0.9920	0.9726	0.9213	0.9291	1.0156	0.9764

续表

年份	内蒙古				辽宁			
	TFPC	*TEC*	*TC*	*SEC*	*TFPC*	*TEC*	*TC*	*SEC*
2013~2014	1.0197	0.9818	1.0285	1.0098	0.9416	0.9190	1.0462	0.9793
2014~2015	1.0829	0.9792	1.0635	1.0399	1.0158	0.9077	1.0887	1.0279
2015~2016	1.0748	0.9763	1.0900	1.0100	1.0458	0.8949	1.1394	1.0256
2016~2017	1.0928	0.9730	1.1065	1.0150	1.0467	0.8804	1.1556	1.0288
2017~2018	1.0907	0.9693	1.1269	0.9985	1.0105	0.8642	1.1671	1.0019
2018~2019	—	—	—	—	1.0151	0.8459	1.2047	0.9961

年份	吉林				黑龙江			
	TFPC	*TEC*	*TC*	*SEC*	*TFPC*	*TEC*	*TC*	*SEC*
2010~2011	0.9307	0.9492	0.9655	1.0156	0.9123	0.9948	0.9308	0.9852
2011~2012	0.9294	0.9418	0.9862	1.0006	0.9289	0.9941	0.9560	0.9774
2012~2013	0.9417	0.9336	1.0089	0.9998	0.9555	0.9933	0.9892	0.9724
2013~2014	0.9345	0.9243	1.0400	0.9722	0.9463	0.9922	1.0076	0.9465
2014~2015	0.9875	0.9136	1.0685	1.0116	0.9804	0.9912	1.0183	0.9713
2015~2016	1.0080	0.9014	1.0866	1.0291	1.0297	0.9899	1.0481	0.9925
2016~2017	0.9565	0.8880	1.1044	0.9753	1.0893	0.9885	1.0812	1.0192
2017~2018	0.9823	0.8728	1.1329	0.9934	1.0781	0.9868	1.1125	0.9820
2018~2019	0.9912	0.8554	1.1669	0.9930	—	—	—	—

年份	江苏				山东			
	TFPC	*TEC*	*TC*	*SEC*	*TFPC*	*TEC*	*TC*	*SEC*
2010~2011	1.0426	0.9457	1.0128	1.0885	0.9164	0.9853	0.9361	0.9936
2011~2012	1.0101	0.9381	1.0324	1.0430	0.9357	0.9832	0.9602	0.9911
2012~2013	0.9955	0.9293	1.0575	1.0130	0.9615	0.9807	1.0031	0.9774
2013~2014	1.0382	0.9195	1.0839	1.0417	0.9954	0.9779	1.0283	0.9899
2014~2015	1.0296	0.9082	1.1107	1.0207	0.9950	0.9747	1.0478	0.9743
2015~2016	1.0300	0.8953	1.1393	1.0098	1.0293	0.9713	1.0850	0.9767
2016~2017	1.0449	0.8814	1.1728	1.0108	1.0611	0.9672	1.1135	0.9853
2017~2018	—	—	—	—	1.0758	0.9627	1.1493	0.9723
2018~2019	—	—	—	—	1.1665	0.9574	1.1814	1.0313

续表

年份	河南				广东			
	TFPC	*TEC*	*TC*	*SEC*	*TFPC*	*TEC*	*TC*	*SEC*
2010~2011	0.9262	0.9526	0.9736	0.9986	0.8375	0.9730	0.8529	1.0092
2011~2012	0.9418	0.9457	0.9944	1.0015	0.8581	0.9690	0.8804	1.0058
2012~2013	0.9539	0.9381	1.0184	0.9985	0.8635	0.9646	0.9066	0.9874
2013~2014	0.9593	0.9293	1.0460	0.9869	0.8705	0.9595	0.9306	0.9749
2014~2015	1.0230	0.9195	1.0920	1.0188	0.9183	0.9539	0.9602	1.0026
2015~2016	1.0440	0.9080	1.1504	0.9995	0.7556	0.9473	0.9665	0.8253
2016~2017	1.0713	0.8955	1.1932	1.0026	1.0099	0.9399	0.9823	1.0938
2017~2018	1.0802	0.8812	1.2255	1.0003	0.9734	0.9317	1.0319	1.0125
2018~2019	—	—	—	—	—	—	—	—

年份	四川				陕西			
	TFPC	*TEC*	*TC*	*SEC*	*TFPC*	*TEC*	*TC*	*SEC*
2010~2011	—	—	—	—	0.8619	0.9764	0.9119	0.9680
2011~2012	0.9000	0.9081	0.9919	0.9992	0.8777	0.9730	0.9351	0.9647
2012~2013	0.8740	0.8954	1.0017	0.9744	0.8939	0.9690	0.9578	0.9631
2013~2014	0.8716	0.8808	1.0235	0.9668	0.8590	0.9646	0.9796	0.9091
2014~2015	0.8525	0.8647	1.0419	0.9462	0.9381	0.9596	1.0058	0.9720
2015~2016	0.9605	0.8463	1.0504	1.0805	0.9990	0.9538	1.0379	1.0091
2016~2017	0.8706	0.8261	1.0675	0.9872	0.9427	0.9473	1.0666	0.9330
2017~2018	0.8172	0.8027	1.0925	0.9319	0.9990	0.9401	1.0931	0.9721
2018~2019	—	—	—	—	1.0090	0.9316	1.1230	0.9645

年份	甘肃				青海			
	TFPC	*TEC*	*TC*	*SEC*	*TFPC*	*TEC*	*TC*	*SEC*
2010~2011	0.9282	0.9868	0.9456	0.9947	0.9306	0.9676	0.9523	1.0099
2011~2012	0.9724	0.9850	0.9779	1.0095	0.9401	0.9630	0.9855	0.9906
2012~2013	1.0102	0.9828	1.0132	1.0145	1.0006	0.9577	1.0229	1.0214
2013~2014	1.1118	0.9803	1.0367	1.0940	1.0056	0.9517	1.0482	1.0080
2014~2015	1.0425	0.9776	1.0629	1.0033	1.0234	0.9449	1.0774	1.0053
2015~2016	1.0661	0.9745	1.0940	1.0000	1.0398	0.9374	1.1083	1.0008

续表

年份	甘肃				青海			
	TFPC	*TEC*	*TC*	*SEC*	*TFPC*	*TEC*	*TC*	*SEC*
2016～2017	1.0720	0.9708	1.1203	0.9857	1.0639	0.9285	1.1423	1.0031
2017～2018	1.1071	0.9670	1.1535	0.9925	—	—	—	—
2018～2019	—	—	—	—	—	—	—	—

年份	新疆							
	TFPC	*TEC*	*TC*	*SEC*				
2010～2011	0.8842	0.9788	0.9208	0.9810				
2011～2012	0.8962	0.9758	0.9464	0.9704				
2012～2013	0.9252	0.9723	0.9717	0.9793				
2013～2014	0.9414	0.9684	0.9968	0.9752				
2014～2015	0.9706	0.9637	1.0200	0.9874				
2015～2016	1.0465	0.9588	1.0447	1.0448				
2016～2017	0.9796	0.9528	1.0701	0.9608				
2017～2018	1.0015	0.9463	1.0962	0.9655				
2018～2019	1.0175	0.9389	1.1228	0.9652				

表 A4 – 3　　石油和天然气开采业全要素生产率历年累计处理结果

年份	天津				内蒙古			
	TFPC	*TEC*	*TC*	*SEC*	*TFPC*	*TEC*	*TC*	*SEC*
2011	0.9335	0.9942	0.9404	0.9985	1.0248	0.9878	0.938	1.106
2012	0.8871	0.9876	0.9075	0.9898	1.0258	0.9740	0.9012	1.1686
2013	0.8234	0.9800	0.8927	0.9412	0.9738	0.9584	0.8940	1.1366
2014	0.7495	0.9716	0.8896	0.8671	0.9930	0.9409	0.9195	1.1477
2015	0.7663	0.9619	0.9072	0.8782	1.0754	0.9214	0.9779	1.1935
2016	0.8103	0.9509	0.9574	0.8900	1.1558	0.8995	1.0659	1.2054
2017	0.9106	0.9387	1.0203	0.9508	1.2630	0.8752	1.1794	1.2235
2018	0.9228	0.9249	1.0943	0.9118	1.3775	0.8484	1.3291	1.2217
2019	0.9414	0.9093	1.2043	0.8597	—	—	—	—

续表

年份	辽宁				吉林			
	TFPC	*TEC*	*TC*	*SEC*	*TFPC*	*TEC*	*TC*	*SEC*
2011	0.9099	0.9456	0.9621	1.0001	0.9307	0.9492	0.9655	1.0156
2012	0.8401	0.8869	0.9498	0.9973	0.8650	0.8940	0.9522	1.0162
2013	0.7740	0.8240	0.9646	0.9738	0.8146	0.8346	0.9607	1.0160
2014	0.7287	0.7573	1.0092	0.9536	0.7613	0.7714	0.9991	0.9878
2015	0.7402	0.6874	1.0987	0.9802	0.7518	0.7048	1.0675	0.9992
2016	0.7741	0.6151	1.2518	1.0053	0.7577	0.6353	1.1600	1.0283
2017	0.8103	0.5416	1.4466	1.0343	0.7248	0.5641	1.2811	1.0029
2018	0.8188	0.4680	1.6884	1.0362	0.7119	0.4924	1.4513	0.9963
2019	0.8311	0.3959	2.0340	1.0322	0.7056	0.4212	1.6935	0.9893

年份	黑龙江				江苏			
	TFPC	*TEC*	*TC*	*SEC*	*TFPC*	*TEC*	*TC*	*SEC*
2011	0.9123	0.9948	0.9308	0.9852	1.0426	0.9457	1.0128	1.0885
2012	0.8474	0.9889	0.8898	0.9629	1.0531	0.8872	1.0456	1.1353
2013	0.8096	0.9823	0.8802	0.9364	1.0484	0.8244	1.1057	1.1501
2014	0.7661	0.9746	0.8869	0.8863	1.0885	0.7581	1.1985	1.1980
2015	0.7511	0.9661	0.9032	0.8608	1.1207	0.6885	1.3312	1.2228
2016	0.7734	0.9563	0.9466	0.8544	1.1543	0.6164	1.5166	1.2348
2017	0.8425	0.9453	1.0235	0.8708	1.2061	0.5433	1.7787	1.2481
2018	0.9082	0.9328	1.1386	0.8551	—	—	—	—
2019	—	—	—	—	—	—	—	—

年份	山东				河南			
	TFPC	*TEC*	*TC*	*SEC*	*TFPC*	*TEC*	*TC*	*SEC*
2011	0.9164	0.9853	0.9361	0.9936	0.9262	0.9526	0.9736	0.9986
2012	0.8575	0.9687	0.8988	0.9848	0.8723	0.9009	0.9681	1.0001
2013	0.8245	0.9501	0.9016	0.9625	0.8321	0.8451	0.9860	0.9986
2014	0.8207	0.9291	0.9271	0.9528	0.7982	0.7854	1.0313	0.9855
2015	0.8166	0.9055	0.9715	0.9283	0.8166	0.7221	1.1262	1.0040
2016	0.8406	0.8796	1.0540	0.9067	0.8525	0.6557	1.2956	1.0035

年份	山东				河南			
	TFPC	*TEC*	*TC*	*SEC*	*TFPC*	*TEC*	*TC*	*SEC*
2017	0.8920	0.8507	1.1737	0.8933	0.9133	0.5872	1.5459	1.0062
2018	0.9596	0.8190	1.3489	0.8686	0.9866	0.5174	1.8945	1.0065
2019	1.1193	0.7841	1.5936	0.8958	—	—	—	—

年份	广东				四川			
	TFPC	*TEC*	*TC*	*SEC*	*TFPC*	*TEC*	*TC*	*SEC*
2011	0.8375	0.973	0.8529	1.0092	—	—	—	—
2012	0.7186	0.9428	0.7509	1.0151	0.9000	0.9081	0.9919	0.9992
2013	0.6205	0.9095	0.6808	1.0023	0.7866	0.8131	0.9936	0.9736
2014	0.5402	0.8726	0.6335	0.9771	0.6856	0.7162	1.0169	0.9413
2015	0.4960	0.8324	0.6083	0.9796	0.5844	0.6193	1.0595	0.8907
2016	0.3748	0.7885	0.5879	0.8085	0.5613	0.5241	1.1129	0.9624
2017	0.3785	0.7411	0.5775	0.8843	0.4887	0.4330	1.1881	0.9500
2018	0.3685	0.6905	0.5959	0.8954	0.3994	0.3475	1.2980	0.8853
2019	—	—	—	—	—	—	—	—

年份	陕西				甘肃			
	TFPC	*TEC*	*TC*	*SEC*	*TFPC*	*TEC*	*TC*	*SEC*
2011	0.8619	0.9764	0.9119	0.968	0.9282	0.9868	0.9456	0.9947
2012	0.7565	0.9500	0.8527	0.9338	0.9025	0.9720	0.9247	1.0041
2013	0.6762	0.9206	0.8167	0.8994	0.9118	0.9553	0.9369	1.0187
2014	0.5809	0.8880	0.8001	0.8176	1.0137	0.9365	0.9713	1.1145
2015	0.5450	0.8521	0.8047	0.7947	1.0568	0.9155	1.0324	1.1181
2016	0.5444	0.8128	0.8352	0.8020	1.1267	0.8921	1.1294	1.1181
2017	0.5132	0.7699	0.8908	0.7482	1.2078	0.8661	1.2653	1.1022
2018	0.5127	0.7238	0.9738	0.7274	1.3371	0.8375	1.4595	1.0939
2019	0.5173	0.6743	1.0935	0.7015	—	—	—	—

年份	青海				新疆			
	TFPC	*TEC*	*TC*	*SEC*	*TFPC*	*TEC*	*TC*	*SEC*
2011	0.9306	0.9676	0.9523	1.0099	0.8842	0.9788	0.9208	0.981
2012	0.8748	0.9318	0.9385	1.0004	0.7923	0.9551	0.8714	0.9520

续表

年份	青海				新疆			
	TFPC	*TEC*	*TC*	*SEC*	*TFPC*	*TEC*	*TC*	*SEC*
2013	0.8754	0.8924	0.9600	1.0218	0.7331	0.9287	0.8468	0.9323
2014	0.8802	0.8493	1.0063	1.0300	0.6901	0.8993	0.8441	0.9091
2015	0.9008	0.8025	1.0841	1.0354	0.6698	0.8667	0.8610	0.8977
2016	0.9367	0.7523	1.2016	1.0363	0.7010	0.8310	0.8994	0.9379
2017	0.9965	0.6985	1.3725	1.0395	0.6867	0.7917	0.9625	0.9011
2018	—	—	—	—	0.6878	0.7492	1.0551	0.8700
2019	—	—	—	—	0.6998	0.7034	1.1846	0.8398

附表5 电力、热力的生产和供应业

表 A5-1 2010~2019 年电力、热力的生产和供应业年度生产规模弹性

年份	北京			天津			新疆		
	ε_K	ε_L	ε_i	ε_K	ε_L	ε_i	ε_K	ε_L	ε_i
2010	0.1789	0.2251	0.4040	0.4582	0.2269	0.6851	0.4850	0.2094	0.6944
2011	0.2094	0.2091	0.4185	0.4848	0.2108	0.6956	0.5054	0.1927	0.6980
2012	0.2358	0.1869	0.4228	0.5033	0.1945	0.6978	0.5189	0.1748	0.6937
2013	0.2878	0.1687	0.4564	0.5283	0.1770	0.7053	0.5198	0.1587	0.6785
2014	0.2944	0.1560	0.4503	0.5250	0.1594	0.6844	0.5248	0.1431	0.6679
2015	0.3185	0.1390	0.4574	0.5447	0.1408	0.6855	0.5491	0.1264	0.6755
2016	0.3532	0.1146	0.4678	0.5780	0.1228	0.7008	0.5738	0.1097	0.6835
2017	0.3716	0.0982	0.4698	0.5969	0.1069	0.7038	0.5721	0.0920	0.6641
2018	0.3945	0.0827	0.4772	0.6166	0.0900	0.7066	0.5725	0.0761	0.6486
2019	0.4191	0.0681	0.4872	0.6314	0.0739	0.7053	0.5728	0.0545	0.6273

年份	河北			山西			宁夏		
	ε_K	ε_L	ε_i	ε_K	ε_L	ε_i	ε_K	ε_L	ε_i
2010	0.3518	0.1846	0.5364	0.3773	0.1986	0.5759	0.5149	0.2199	0.7348
2011	0.3722	0.1713	0.5435	0.3990	0.1766	0.5756	0.5442	0.2078	0.7520
2012	0.3904	0.1549	0.5452	0.4138	0.1677	0.5815	0.5503	0.1913	0.7416
2013	0.4196	0.1369	0.5565	0.4429	0.1507	0.5937	0.5752	0.1718	0.7470
2014	0.4318	0.1210	0.5528	0.4595	0.1363	0.5958	0.5706	0.1564	0.7270
2015	0.4601	0.1047	0.5648	0.4933	0.1182	0.6114	0.5916	0.1376	0.7292
2016	0.4918	0.0860	0.5779	0.5309	0.1016	0.6325	0.5986	0.1229	0.7215
2017	0.5066	0.0717	0.5782	0.5413	0.0845	0.6257	0.6135	0.1032	0.7168
2018	0.5275	0.0615	0.5890	0.5589	0.0693	0.6282	0.6346	0.0902	0.7248
2019	—	—	—	0.5794	0.0517	0.6311	—	—	—

年份	内蒙古			辽宁			青海		
	ε_K	ε_L	ε_i	ε_K	ε_L	ε_i	ε_K	ε_L	ε_i
2010	0.3162	0.2060	0.5222	0.3345	0.1926	0.5271	0.4525	0.2409	0.6934
2011	0.3531	0.1878	0.5410	0.3649	0.1759	0.5408	0.4743	0.2243	0.6986
2012	0.3559	0.1710	0.5269	0.3929	0.1580	0.5509	0.5064	0.2075	0.7139
2013	0.3691	0.1522	0.5213	0.4298	0.1412	0.5710	0.5342	0.1906	0.7248
2014	0.4027	0.1320	0.5346	0.4350	0.1266	0.5616	0.5459	0.1714	0.7173
2015	0.4307	0.1115	0.5422	0.4613	0.1092	0.5705	0.5707	0.1549	0.7256
2016	0.4480	0.0958	0.5438	0.5018	0.0914	0.5932	0.6123	0.1519	0.7642
2017	0.4698	0.0775	0.5473	0.5223	0.0762	0.5985	0.6247	0.1239	0.7487
2018	0.4887	0.0594	0.5481	0.5298	0.0615	0.5913	0.6375	0.1020	0.7396
2019	—	—	—	0.5556	0.0451	0.6006	0.6467	0.0853	0.7320

年份	吉林			黑龙江			甘肃		
	ε_K	ε_L	ε_i	ε_K	ε_L	ε_i	ε_K	ε_L	ε_i
2010	0.4304	0.2054	0.6358	0.3972	0.1814	0.5786	0.4508	0.2014	0.6517
2011	0.4521	0.1808	0.6329	0.4254	0.1665	0.5919	0.4803	0.1848	0.6652
2012	0.4924	0.1644	0.6569	0.4397	0.1601	0.5999	0.4932	0.1689	0.6621
2013	0.5190	0.1479	0.6669	0.4837	0.1356	0.6192	0.5135	0.1492	0.6627
2014	0.5091	0.1322	0.6414	0.4748	0.1063	0.5811	0.5107	0.1340	0.6447
2015	0.5358	0.1107	0.6466	0.5137	0.0964	0.6100	0.5219	0.1183	0.6402
2016	0.5654	0.0941	0.6595	0.5357	0.0935	0.6292	0.5485	0.1080	0.6565
2017	0.5826	0.0768	0.6594	0.5572	0.0696	0.6268	0.5677	0.0908	0.6585
2018	0.6099	0.0596	0.6695	0.5779	0.0539	0.6318	0.5825	0.0743	0.6568
2019	0.6357	0.0429	0.6786	—	—	—	—	—	—

年份	上海			江苏			陕西		
	ε_K	ε_L	ε_i	ε_K	ε_L	ε_i	ε_K	ε_L	ε_i
2010	0.3519	0.2343	0.5862	0.2901	0.1997	0.4898	0.4132	0.1975	0.6107
2011	0.3769	0.2195	0.5964	0.3139	0.1832	0.4971	0.4309	0.1809	0.6118
2012	0.4037	0.2030	0.6068	0.3308	0.1680	0.4988	0.4525	0.1632	0.6158
2013	0.4215	0.1868	0.6083	0.3574	0.1499	0.5073	0.4796	0.1474	0.6270

续表

年份	上海			江苏			陕西		
	ε_K	ε_L	ε_i	ε_K	ε_L	ε_i	ε_K	ε_L	ε_i
2014	0.4346	0.1706	0.6052	0.3695	0.1327	0.5022	0.5100	0.1342	0.6442
2015	0.4720	0.1532	0.6252	0.3997	0.1148	0.5145	0.4997	0.1160	0.6157
2016	0.5133	0.1349	0.6481	0.4326	0.0982	0.5308	0.5339	0.1018	0.6357
2017	0.5409	0.1182	0.6592	0.4552	0.0818	0.5370	0.5474	0.0824	0.6298
2018	0.5678	0.1022	0.6699	0.4800	0.0582	0.5383	0.5766	0.0648	0.6414
2019	—	—	—	0.4977	0.0495	0.5471	0.5977	0.0478	0.6454

年份	浙江			安徽			云南		
	ε_K	ε_L	ε_i	ε_K	ε_L	ε_i	ε_K	ε_L	ε_i
2010	0.2939	0.2045	0.4984	0.4468	0.2040	0.6508	0.4143	0.2056	0.6198
2011	0.3147	0.1863	0.5010	0.4671	0.1885	0.6556	0.4118	0.1887	0.6005
2012	0.3462	0.1690	0.5152	0.4716	0.1728	0.6445	0.4242	0.1721	0.5963
2013	0.3742	0.1514	0.5256	0.4450	0.1530	0.5980	—	—	—
2014	0.3896	0.1343	0.5240	0.4625	0.1375	0.6000	0.4531	0.1373	0.5904
2015	0.4272	0.1166	0.5438	0.4937	0.1199	0.6137	0.4520	0.1209	0.5729
2016	0.4606	0.1002	0.5607	0.5216	0.1003	0.6219	0.4826	0.1039	0.5865
2017	0.4803	0.0836	0.5640	0.5396	0.0828	0.6224	0.4928	0.0866	0.5795
2018	0.5022	0.0651	0.5673	0.5602	0.0651	0.6253	0.4845	0.0709	0.5554
2019	0.5135	0.0483	0.5618	—	—	—	0.5043	0.0546	0.5589

年份	福建			江西			贵州		
	ε_K	ε_L	ε_i	ε_K	ε_L	ε_i	ε_K	ε_L	ε_i
2010	0.3625	0.2018	0.5643	0.4381	0.1997	0.6377	0.3840	0.2066	0.5906
2011	0.3822	0.1848	0.5670	0.4680	0.1830	0.6510	0.3872	0.1902	0.5774
2012	0.4052	0.1690	0.5742	0.4902	0.1636	0.6538	0.4248	0.1755	0.6003
2013	0.4340	0.1470	0.5811	0.5193	0.1473	0.6667	0.4387	0.1596	0.5983
2014	0.4487	0.1304	0.5791	0.5369	0.1327	0.6696	0.4545	0.1433	0.5978
2015	0.4808	0.1144	0.5952	0.5787	0.1163	0.6950	0.4902	0.1257	0.6159
2016	0.5180	0.0962	0.6143	0.6002	0.1016	0.7018	0.5228	0.0927	0.6154
2017	0.5406	0.0798	0.6203	0.6263	0.0865	0.7128	0.5462	0.0825	0.6287

续表

年份	福建			江西			贵州		
	ε_K	ε_L	ε_i	ε_K	ε_L	ε_i	ε_K	ε_L	ε_i
2018	0.5414	0.0660	0.6074	0.6455	0.0749	0.7205	0.5662	0.0636	0.6298
2019	0.5513	0.0494	0.6007	0.6469	0.0536	0.7004	—	—	—

年份	山东			河南			四川		
	ε_K	ε_L	ε_i	ε_K	ε_L	ε_i	ε_K	ε_L	ε_i
2010	0.2988	0.1810	0.4798	0.3172	0.1854	0.5027	0.3188	0.1970	0.5158
2011	0.3170	0.1659	0.4829	0.3441	0.1690	0.5131	0.3454	0.1748	0.5202
2012	0.3494	0.1481	0.4976	0.3645	0.1544	0.5189	0.3630	0.1530	0.5161
2013	0.3797	0.1302	0.5099	0.3988	0.1325	0.5312	0.3758	0.1406	0.5164
2014	0.3926	0.1149	0.5075	0.4171	0.1175	0.5346	0.3865	0.1248	0.5113
2015	0.4183	0.0950	0.5133	0.4365	0.0978	0.5343	0.4107	0.1090	0.5196
2016	0.4522	0.0836	0.5357	0.4631	0.0818	0.5449	0.4407	0.0909	0.5316
2017	0.4742	0.0656	0.5397	0.5047	0.0664	0.5711	0.4546	0.0633	0.5179
2018	0.4929	0.0484	0.5413	0.5373	0.0489	0.5862	0.4597	0.0482	0.5080
2019	0.5158	0.0341	0.5499	—	—	—	—	—	—

年份	湖北			湖南			重庆		
	ε_K	ε_L	ε_i	ε_K	ε_L	ε_i	ε_K	ε_L	ε_i
2010	0.2762	0.2014	0.4771	0.3647	0.1947	0.5593	0.4427	0.2150	0.6577
2011	0.3038	0.1840	0.4877	0.3805	0.1781	0.5586	0.4644	0.1982	0.6626
2012	0.3196	0.1678	0.4873	0.3996	0.1625	0.5621	0.4847	0.1814	0.6661
2013	0.3450	0.1506	0.4956	0.4266	0.1458	0.5724	0.5010	0.1656	0.6665
2014	0.3619	0.1278	0.4897	—	—	—	0.5151	0.1426	0.6577
2015	0.4265	0.1182	0.5448	0.4859	0.1095	0.5954	0.5493	0.1317	0.6810
2016	0.4678	0.0941	0.5619	0.5182	0.0909	0.6091	0.5749	0.1119	0.6868
2017	0.4960	0.0754	0.5714	0.5429	0.0735	0.6163	0.5936	0.0946	0.6883
2018	0.5250	0.0604	0.5854	0.5670	0.0544	0.6214	0.6150	0.0780	0.6929
2019	0.5521	0.0418	0.5939	—	—	—	0.6288	0.0636	0.6924

年份	广东			广西			海南		
	ε_K	ε_L	ε_i	ε_K	ε_L	ε_i	ε_K	ε_L	ε_i
2010	0.2427	0.1937	0.4364	0.4030	0.2023	0.6053	0.5623	0.2358	0.7981
2011	0.2380	0.1743	0.4122	0.4435	0.1848	0.6283	0.6037	0.2185	0.8222
2012	0.2654	0.1591	0.4244	0.4284	0.1700	0.5985	0.6346	0.2017	0.8358
2013	0.3009	0.1370	0.4379	0.4540	0.1511	0.6051	0.6674	0.1849	0.8523
2014	0.3182	0.1181	0.4363	0.4615	0.1239	0.5854	0.6810	0.1731	0.8541
2015	0.3474	0.0994	0.4468	0.5001	0.1055	0.6057	0.7105	0.1555	0.8659
2016	0.3822	0.0822	0.4644	0.5379	0.0911	0.6289	0.7437	0.1351	0.8788
2017	0.4090	0.0658	0.4747	0.5543	0.0737	0.6279	0.7544	0.1232	0.8776
2018	0.4356	0.0488	0.4843	0.5792	0.0569	0.6361	—	—	—
2019	0.4546	0.0334	0.4880	—	—	—	0.8043	0.0882	0.8925

表 A5 – 2　　　电力、热力的生产和供应业逐年三重效率分解结果

年份	北京 1				天津 2			
	TFPC	*TEC*	*TC*	*SEC*	*TFPC*	*TEC*	*TC*	*SEC*
2010 ~ 2011	1.2016	1.0350	1.1521	1.0077	1.1037	1.0403	1.0692	0.9923
2011 ~ 2012	1.0931	1.0335	1.1414	0.9266	1.0737	1.0384	1.0628	0.9729
2012 ~ 2013	1.2350	1.0327	1.1267	1.0614	1.0768	1.0376	1.0562	0.9826
2013 ~ 2014	1.0878	1.0314	1.1184	0.9430	1.0017	1.0359	1.0524	0.9188
2014 ~ 2015	1.1142	1.0302	1.1148	0.9702	1.0480	1.0350	1.0491	0.9652
2015 ~ 2016	1.0942	1.0293	1.1030	0.9638	1.0757	1.0335	1.0404	1.0004
2016 ~ 2017	1.0652	1.0282	1.0925	0.9483	1.0349	1.0327	1.0326	0.9705
2017 ~ 2018	1.0812	1.0273	1.0867	0.9685	1.0276	1.0314	1.0272	0.9699
2018 ~ 2019	1.0845	1.0265	1.0806	0.9777	1.0097	1.0302	1.0224	0.9586
年份	河北 3				山西 4			
	TFPC	*TEC*	*TC*	*SEC*	*TFPC*	*TEC*	*TC*	*SEC*
2010 ~ 2011	1.0783	1.0168	1.0750	0.9865	1.0456	1.0345	1.0736	0.9414
2011 ~ 2012	1.0430	1.0164	1.0704	0.9587	1.0947	1.0331	1.0689	0.9913
2012 ~ 2013	1.0640	1.0158	1.0630	0.9854	1.0893	1.0320	1.0647	0.9914

年份	河北 3				山西 4			
	TFPC	*TEC*	*TC*	*SEC*	*TFPC*	*TEC*	*TC*	*SEC*
2013~2014	1.0072	1.0152	1.0567	0.9389	1.0518	1.0310	1.0586	0.9637
2014~2015	1.0554	1.0147	1.0511	0.9895	1.0838	1.0298	1.0514	1.0010
2015~2016	1.0495	1.0143	1.0419	0.9931	1.0908	1.0290	1.0407	1.0186
2016~2017	0.9940	1.0137	1.0353	0.9471	0.9927	1.0279	1.0336	0.9344
2017~2018	1.0230	1.0134	1.0328	0.9774	1.0143	1.0269	1.0299	0.9591
2018~2019	—	—	—	—	1.0110	1.0260	1.0245	0.9618

年份	内蒙古 5				辽宁 6			
	TFPC	*TEC*	*TC*	*SEC*	*TFPC*	*TEC*	*TC*	*SEC*
2010~2011	1.1497	1.0421	1.0955	1.0071	1.1497	1.0287	1.0827	0.9967
2011~2012	1.0315	1.0404	1.0888	0.9106	1.1860	1.0279	1.0736	0.9821
2012~2013	1.0457	1.0388	1.0856	0.9273	1.2402	1.0269	1.0635	1.0170
2013~2014	1.1032	1.0377	1.0767	0.9874	1.3682	1.0260	1.0579	0.9242
2014~2015	1.0706	1.0366	1.0652	0.9696	1.4648	1.0252	1.0536	0.9787
2015~2016	1.0421	1.0350	1.0576	0.9520	1.5265	1.0243	1.0434	1.0266
2016~2017	1.0414	1.0341	1.0516	0.9576	1.5896	1.0234	1.0347	0.9660
2017~2018	1.0221	1.0327	1.0447	0.9474	1.6247	1.0228	1.0317	0.9230
2018~2019	—	—	—	—	—	1.0219	1.0275	0.9788

年份	吉林 7				黑龙江 8			
	TFPC	*TEC*	*TC*	*SEC*	*TFPC*	*TEC*	*TC*	*SEC*
2010~2011	1.0438	1.0478	1.0616	0.9384	1.1011	1.0408	1.0581	0.9998
2011~2012	1.1258	1.0460	1.0501	1.0249	1.0956	1.0395	1.0557	0.9984
2012~2013	1.0731	1.0444	1.0406	0.9874	1.0914	1.0380	1.0479	1.0034
2013~2014	0.9707	1.0432	1.0384	0.8961	0.9008	1.0366	1.0364	0.8385
2014~2015	1.0465	1.0418	1.0347	0.9708	1.1170	1.0356	1.0302	1.0470
2015~2016	1.0597	1.0401	1.0252	0.9938	1.0723	1.0341	1.0279	1.0088
2016~2017	1.0123	1.0388	1.0184	0.9569	1.0054	1.0332	1.0237	0.9506
2017~2018	1.0345	1.0374	1.0117	0.9857	1.0126	1.0319	1.0157	0.9661
2018~2019	1.0217	1.0360	1.0041	0.9822	—	—	—	—

续表

年份	上海 9				江苏 10			
	TFPC	*TEC*	*TC*	*SEC*	*TFPC*	*TEC*	*TC*	*SEC*
2010~2011	1.1252	1.0218	1.1063	0.9954	1.0844	1.0075	1.1017	0.9770
2011~2012	1.1101	1.0210	1.0990	0.9893	1.0623	1.0072	1.0959	0.9624
2012~2013	1.0758	1.0202	1.0924	0.9653	1.0684	1.0070	1.0893	0.9740
2013~2014	1.0547	1.0196	1.0880	0.9508	1.0120	1.0067	1.0828	0.9284
2014~2015	1.1162	1.0189	1.0803	1.0141	1.0703	1.0066	1.0758	0.9884
2015~2016	1.1102	1.0182	1.0678	1.0211	1.0781	1.0063	1.0661	1.0049
2016~2017	1.0642	1.0177	1.0572	0.9891	1.0291	1.0061	1.0580	0.9668
2017~2018	1.0544	1.0170	1.0494	0.9880	1.0045	1.0058	1.0490	0.9521
2018~2019	—	—	—	—	1.0110	1.0057	1.0431	0.9637

年份	浙江 11				安徽 12			
	TFPC	*TEC*	*TC*	*SEC*	*TFPC*	*TEC*	*TC*	*SEC*
2010~2011	1.0559	1.0025	1.1035	0.9545	1.0606	1.0244	1.0591	0.9776
2011~2012	1.0933	1.0025	1.0948	0.9961	1.0122	1.0234	1.0561	0.9365
2012~2013	1.0691	1.0024	1.0853	0.9827	0.9048	1.0229	1.0584	0.8357
2013~2014	1.0187	1.0022	1.0784	0.9426	1.0417	1.0220	1.0589	0.9626
2014~2015	1.0897	1.0021	1.0700	1.0163	1.0693	1.0212	1.0519	0.9954
2015~2016	1.0690	1.0021	1.0593	1.0070	1.0407	1.0205	1.0421	0.9786
2016~2017	1.0094	1.0020	1.0516	0.9580	1.0072	1.0199	1.0342	0.9549
2017~2018	1.0036	1.0020	1.0449	0.9586	1.0081	1.0192	1.0281	0.9621
2018~2019	0.9626	1.0019	1.0395	0.9243	—	—	—	—

年份	福建 13				江西 14			
	TFPC	*TEC*	*TC*	*SEC*	*TFPC*	*TEC*	*TC*	*SEC*
2010~2011	1.0739	1.0302	1.0819	0.9635	1.0934	1.0383	1.0571	0.9962
2011~2012	1.0845	1.0293	1.0756	0.9796	1.0500	1.0372	1.0486	0.9654
2012~2013	1.0586	1.0283	1.0665	0.9653	1.0719	1.0356	1.0404	0.9949
2013~2014	1.0301	1.0275	1.0584	0.9472	1.0381	1.0346	1.0344	0.9700
2014~2015	1.0836	1.0263	1.0517	1.0039	1.0896	1.0332	1.0267	1.0272
2015~2016	1.0816	1.0254	1.0414	1.0129	1.0289	1.0321	1.0184	0.9789

续表

年份	福建 13				江西 14			
	TFPC	*TEC*	*TC*	*SEC*	*TFPC*	*TEC*	*TC*	*SEC*
2016~2017	1.0274	1.0248	1.0324	0.9711	1.0326	1.0311	1.0127	0.9889
2017~2018	0.9580	1.0238	1.0300	0.9085	1.0160	1.0302	1.0083	0.9781
2018~2019	0.9754	1.0230	1.0292	0.9264	0.9499	1.0288	1.0055	0.9183

年份	山东 15				河南 16			
	TFPC	*TEC*	*TC*	*SEC*	*TFPC*	*TEC*	*TC*	*SEC*
2010~2011	1.0659	1.0126	1.0881	0.9674	1.0882	1.0173	1.0838	0.9870
2011~2012	1.0893	1.0122	1.0806	0.9959	1.0690	1.0167	1.0774	0.9759
2012~2013	1.0704	1.0118	1.0705	0.9882	1.0637	1.0161	1.0683	0.9799
2013~2014	1.0100	1.0114	1.0641	0.9385	1.0342	1.0155	1.0593	0.9614
2014~2015	1.0296	1.0109	1.0578	0.9628	1.0082	1.0150	1.0533	0.9430
2015~2016	1.0916	1.0107	1.0497	1.0289	1.0430	1.0146	1.0459	0.9829
2016~2017	1.0095	1.0103	1.0428	0.9582	1.0943	1.0139	1.0366	1.0412
2017~2018	0.9916	1.0099	1.0363	0.9475	1.0409	1.0136	1.0262	1.0007
2018~2019	1.0083	1.0096	1.0309	0.9688	—	—	—	—

年份	湖北 17				湖南 18			
	TFPC	*TEC*	*TC*	*SEC*	*TFPC*	*TEC*	*TC*	*SEC*
2010~2011	1.1325	1.0385	1.1059	0.9861	1.0730	1.0437	1.0774	0.9542
2011~2012	1.0852	1.0377	1.0993	0.9513	1.0813	1.0422	1.0725	0.9674
2012~2013	1.1045	1.0360	1.0930	0.9754	1.0932	1.0408	1.0659	0.9854
2013~2014	1.0233	1.0350	1.0844	0.9117	—	—	—	—
2014~2015	1.3000	1.0336	1.0726	1.1726	—	—	—	—
2015~2016	1.0962	1.0325	1.0569	1.0045	1.0710	1.0366	1.0375	0.9958
2016~2017	1.0557	1.0315	1.0438	0.9805	1.0383	1.0356	1.0285	0.9748
2017~2018	1.0608	1.0305	1.0355	0.9941	1.0231	1.0341	1.0206	0.9694
2018~2019	1.0351	1.0294	1.0274	0.9787	—	—	—	—

年份	广东 19				广西 20			
	TFPC	*TEC*	*TC*	*SEC*	*TFPC*	*TEC*	*TC*	*SEC*
2010~2011	0.9567	1.0026	1.1153	0.8556	1.1379	1.0446	1.0671	1.0208
2011~2012	1.1143	1.0025	1.1113	1.0002	0.9817	1.0430	1.0636	0.8849

续表

年份	广东 19				广西 20			
	TFPC	*TEC*	*TC*	*SEC*	*TFPC*	*TEC*	*TC*	*SEC*
2012~2013	1.0723	1.0024	1.1004	0.9721	1.0746	1.0412	1.0618	0.9720
2013~2014	1.0148	1.0022	1.0898	0.9291	0.9717	1.0403	1.0529	0.8871
2014~2015	1.0592	1.0022	1.0814	0.9773	1.1001	1.0384	1.0423	1.0164
2015~2016	1.0854	1.0021	1.0710	1.0113	1.0979	1.0376	1.0315	1.0258
2016~2017	1.0417	1.0020	1.0619	0.9790	1.0088	1.0359	1.0243	0.9507
2017~2018	1.0304	1.0020	1.0540	0.9757	1.0302	1.0350	1.0181	0.9777
2018~2019	0.9931	1.0019	1.0476	0.9462	—	—	—	—

年份	海南 21				重庆 22			
	TFPC	*TEC*	*TC*	*SEC*	*TFPC*	*TEC*	*TC*	*SEC*
2010~2011	1.1203	1.0615	1.0424	1.0125	1.0997	1.0564	1.0667	0.9759
2011~2012	1.0904	1.0591	1.0316	0.9980	1.0865	1.0539	1.0603	0.9723
2012~2013	1.0834	1.0573	1.0225	1.0021	1.0724	1.0525	1.0551	0.9657
2013~2014	1.0585	1.0552	1.0175	0.9859	1.0292	1.0503	1.0489	0.9342
2014~2015	1.0630	1.0537	1.0126	0.9963	1.1197	1.0487	1.0417	1.0250
2015~2016	1.0516	1.0515	1.0024	0.9977	1.0568	1.0472	1.0339	0.9761
2016~2017	1.0283	1.0498	0.9966	0.9829	1.0359	1.0455	1.0264	0.9653
2017~2018	—	—	—	—	1.0360	1.0439	1.0205	0.9725
2018~2019	—	—	—	—	1.0133	1.0424	1.0162	0.9566

年份	四川 23				贵州 24			
	TFPC	*TEC*	*TC*	*SEC*	*TFPC*	*TEC*	*TC*	*SEC*
2010~2011	1.0740	1.0424	1.0890	0.9461	1.0379	1.0393	1.0813	0.9236
2011~2012	1.0365	1.0410	1.0789	0.9229	1.1501	1.0382	1.0759	1.0296
2012~2013	1.0719	1.0397	1.0740	0.9599	1.0560	1.0368	1.0691	0.9527
2013~2014	1.0361	1.0382	1.0721	0.9309	1.0533	1.0357	1.0650	0.9549
2014~2015	1.0802	1.0368	1.0674	0.9761	1.1034	1.0345	1.0572	1.0089
2015~2016	1.0836	1.0355	1.0592	0.9880	1.0234	1.0331	1.0418	0.9509
2016~2017	0.9727	1.0345	1.0488	0.8965	1.0538	1.0320	1.0307	0.9907
2017~2018	0.9666	1.0331	1.0430	0.8971	1.0131	1.0310	1.0258	0.9579
2018~2019	—	—	—	—	—	—	—	—

年份	云南 25				陕西 26			
	TFPC	TEC	TC	SEC	TFPC	TEC	TC	SEC
2010～2011	1.0263	1.0517	1.0724	0.9100	1.0748	1.0483	1.0647	0.9630
2011～2012	1.0643	1.0496	1.0708	0.9470	1.0720	1.0465	1.0586	0.9677
2012～2013	—	—	—	—	1.0882	1.0448	1.0514	0.9906
2013～2014	—	—	—	—	1.1002	1.0436	1.0444	1.0094
2014～2015	0.9957	1.0449	1.0595	0.8994	0.9536	1.0418	1.0420	0.8784
2015～2016	1.0957	1.0434	1.0551	0.9953	1.0973	1.0404	1.0387	1.0154
2016～2017	1.0128	1.0422	1.0488	0.9266	1.0060	1.0391	1.0318	0.9383
2017～2018	0.9446	1.0405	1.0485	0.8658	1.0521	1.0377	1.0245	0.9896
2018～2019	1.0398	1.0389	1.0471	0.9558	1.0181	1.0366	1.0170	0.9657

年份	甘肃 27				青海 28			
	TFPC	TEC	TC	SEC	TFPC	TEC	TC	SEC
2010～2011	1.1077	1.0528	1.0544	0.9979	1.1395	1.0758	1.0805	0.9803
2011～2012	1.0550	1.0514	1.0486	0.9569	1.1516	1.0730	1.0724	1.0008
2012～2013	1.0514	1.0493	1.0431	0.9606	1.1286	1.0703	1.0634	0.9916
2013～2014	0.9970	1.0478	1.0400	0.9149	1.0740	1.0685	1.0566	0.9513
2014～2015	1.0287	1.0460	1.0394	0.9462	1.1038	1.0661	1.0505	0.9856
2015～2016	1.0867	1.0447	1.0362	1.0039	1.1723	1.0633	1.0452	1.0548
2016～2017	1.0364	1.0432	1.0314	0.9632	1.0358	1.0613	1.0382	0.9401
2017～2018	1.0173	1.0414	1.0264	0.9517	1.0367	1.0594	1.0293	0.9507
2018～2019	—	—	—	—	1.0288	1.0571	1.0245	0.9500

年份	宁夏 29				新疆 30			
	TFPC	TEC	TC	SEC	TFPC	TEC	TC	SEC
2010～2011	1.1174	1.0537	1.0493	1.0106	1.0915	1.0646	1.0511	0.9754
2011～2012	1.0488	1.0519	1.0456	0.9536	1.0621	1.0625	1.0457	0.9559
2012～2013	1.0698	1.0502	1.0402	0.9793	1.0289	1.0599	1.0433	0.9305
2013～2014	1.0125	1.0486	1.0367	0.9314	1.0349	1.0582	1.0428	0.9378
2014～2015	1.0515	1.0463	1.0340	0.9719	1.0759	1.0560	1.0389	0.9807
2015～2016	1.0234	1.0454	1.0299	0.9505	1.0680	1.0545	1.0318	0.9816

年份	宁夏29				新疆30			
	TFPC	*TEC*	*TC*	*SEC*	*TFPC*	*TEC*	*TC*	*SEC*
2016～2017	1.0230	1.0434	1.0263	0.9553	0.9846	1.0521	1.0281	0.9103
2017～2018	1.0446	1.0420	1.0213	0.9816	0.9870	1.0508	1.0281	0.9136
2018～2019	—	—	—	—	0.9646	1.0488	1.0266	0.8959

表A5－3　　电力、热力的生产和供应业全要素生产率历年累计处理结果

年份	北京				天津			
	TFPC	*TEC*	*TC*	*SEC*	*TFPC*	*TEC*	*TC*	*SEC*
2011	1.2016	1.0350	1.1521	1.0077	1.1037	1.0403	1.0692	0.9923
2012	1.3134	1.0697	1.3150	0.9337	1.1851	1.0802	1.1363	0.9654
2013	1.6220	1.1047	1.4816	0.9911	1.2761	1.1209	1.2002	0.9486
2014	1.7644	1.1393	1.6570	0.9346	1.2783	1.1611	1.2631	0.8716
2015	1.9660	1.1737	1.8473	0.9067	1.3397	1.2017	1.3251	0.8413
2016	2.1512	1.2081	2.0375	0.8739	1.4410	1.2420	1.3787	0.8416
2017	2.2915	1.2422	2.2260	0.8287	1.4913	1.2826	1.4236	0.8168
2018	2.4776	1.2761	2.4190	0.8026	1.5325	1.3229	1.4623	0.7922
2019	2.6870	1.3099	2.6140	0.7847	1.5473	1.3628	1.4951	0.7594

年份	河北				山西			
	TFPC	*TEC*	*TC*	*SEC*	*TFPC*	*TEC*	*TC*	*SEC*
2011	1.0783	1.0168	1.075	0.9865	1.0456	1.0345	1.0736	0.9414
2012	1.1247	1.0335	1.1507	0.9458	1.1445	1.0687	1.1476	0.9332
2013	1.1967	1.0498	1.2232	0.9319	1.2468	1.1029	1.2218	0.9252
2014	1.2053	1.0658	1.2925	0.8750	1.3114	1.1371	1.2934	0.8916
2015	1.2721	1.0814	1.3586	0.8658	1.4213	1.1710	1.3599	0.8925
2016	1.3350	1.0969	1.4155	0.8598	1.5503	1.2050	1.4152	0.9091
2017	1.3270	1.1119	1.4655	0.8144	1.5391	1.2386	1.4628	0.8495
2018	1.3575	1.1268	1.5135	0.7960	1.5611	1.2719	1.5065	0.8147
2019	—	—	—	—	1.5783	1.3050	1.5434	0.7836

年份	内蒙古				辽宁			
	TFPC	*TEC*	*TC*	*SEC*	*TFPC*	*TEC*	*TC*	*SEC*
2011	1.1497	1.0421	1.0955	1.0071	1.1101	1.0287	1.0827	0.9967
2012	1.1860	1.0842	1.1928	0.9171	1.2031	1.0574	1.1624	0.9789
2013	1.2402	1.1263	1.2949	0.8504	1.3363	1.0858	1.2362	0.9955
2014	1.3682	1.1687	1.3942	0.8397	1.3405	1.1141	1.3078	0.9200
2015	1.4648	1.2115	1.4851	0.8142	1.4171	1.1422	1.3779	0.9004
2016	1.5265	1.2539	1.5706	0.7751	1.5548	1.1699	1.4377	0.9244
2017	1.5896	1.2967	1.6517	0.7422	1.5904	1.1973	1.4876	0.8930
2018	1.6247	1.3391	1.7255	0.7032	1.5490	1.2246	1.5347	0.8242
2019	—	—	—	—	1.5920	1.2514	1.5769	0.8067

年份	吉林				黑龙江			
	TFPC	*TEC*	*TC*	*SEC*	*TFPC*	*TEC*	*TC*	*SEC*
2011	1.0438	1.0478	1.0616	0.9384	1.1011	1.0408	1.0581	0.9998
2012	1.1751	1.0960	1.1148	0.9618	1.2064	1.0819	1.1170	0.9982
2013	1.2610	1.1447	1.1600	0.9496	1.3166	1.1230	1.1705	1.0016
2014	1.2241	1.1941	1.2046	0.8510	1.1861	1.1641	1.2131	0.8398
2015	1.2810	1.2440	1.2464	0.8261	1.3249	1.2056	1.2498	0.8793
2016	1.3574	1.2939	1.2778	0.8210	1.4207	1.2467	1.2847	0.8870
2017	1.3741	1.3441	1.3013	0.7856	1.4284	1.2881	1.3151	0.8432
2018	1.4216	1.3944	1.3165	0.7744	1.4463	1.3292	1.3357	0.8146
2019	1.4525	1.4446	1.3219	0.7606	—	—	—	—

年份	上海				江苏			
	TFPC	*TEC*	*TC*	*SEC*	*TFPC*	*TEC*	*TC*	*SEC*
2011	1.1252	1.0218	1.1063	0.9954	1.0844	1.0075	1.1017	0.977
2012	1.2491	1.0433	1.2158	0.9847	1.1520	1.0148	1.2074	0.9403
2013	1.3437	1.0643	1.3282	0.9506	1.2308	1.0219	1.3152	0.9158
2014	1.4173	1.0852	1.4450	0.9038	1.2456	1.0287	1.4241	0.8502
2015	1.5821	1.1057	1.5611	0.9166	1.3332	1.0355	1.5320	0.8404
2016	1.7564	1.1258	1.6669	0.9359	1.4373	1.0420	1.6333	0.8445

续表

年份	上海				江苏			
	TFPC	TEC	TC	SEC	TFPC	TEC	TC	SEC
2017	1.8691	1.1458	1.7623	0.9257	1.4791	1.0484	1.7280	0.8165
2018	1.9708	1.1652	1.8493	0.9146	1.4858	1.0545	1.8127	0.7774
2019	—	—	—	—	1.5021	1.0605	1.8908	0.7491

年份	浙江				安徽			
	TFPC	TEC	TC	SEC	TFPC	TEC	TC	SEC
2011	1.0559	1.0025	1.1035	0.9545	1.0606	1.0244	1.0591	0.9776
2012	1.1544	1.0050	1.2081	0.9508	1.0736	1.0484	1.1185	0.9155
2013	1.2341	1.0074	1.3112	0.9343	0.9713	1.0724	1.1838	0.7651
2014	1.2573	1.0096	1.4140	0.8807	1.0118	1.0960	1.2536	0.7365
2015	1.3701	1.0118	1.5129	0.8951	1.0819	1.1192	1.3186	0.7331
2016	1.4646	1.0139	1.6027	0.9013	1.1260	1.1421	1.3741	0.7174
2017	1.4784	1.0159	1.6854	0.8635	1.1341	1.1649	1.4211	0.6851
2018	1.4838	1.0179	1.7610	0.8277	1.1433	1.1872	1.4611	0.6591
2019	1.4283	1.0199	1.8306	0.7651	—	—	—	—

年份	福建				江西			
	TFPC	TEC	TC	SEC	TFPC	TEC	TC	SEC
2011	1.0739	1.0302	1.0819	0.9635	1.0934	1.0383	1.0571	0.9962
2012	1.1647	1.0604	1.1637	0.9438	1.1481	1.0769	1.1085	0.9617
2013	1.2329	1.0904	1.2411	0.9111	1.2307	1.1153	1.1533	0.9568
2014	1.2700	1.1204	1.3136	0.8630	1.2775	1.1539	1.1929	0.9281
2015	1.3762	1.1498	1.3815	0.8664	1.3920	1.1922	1.2248	0.9534
2016	1.4885	1.1791	1.4387	0.8775	1.4323	1.2304	1.2473	0.9333
2017	1.5293	1.2083	1.4853	0.8522	1.4790	1.2687	1.2632	0.9229
2018	1.4651	1.2370	1.5298	0.7742	1.5027	1.3070	1.2736	0.9027
2019	1.4291	1.2655	1.5745	0.7172	1.4274	1.3447	1.2806	0.8289

年份	山东				河南			
	TFPC	TEC	TC	SEC	TFPC	TEC	TC	SEC
2011	1.0659	1.0126	1.0881	0.9674	1.0882	1.0173	1.0838	0.987
2012	1.1611	1.0250	1.1758	0.9634	1.1633	1.0343	1.1677	0.9632

续表

年份	山东				河南			
	TFPC	*TEC*	*TC*	*SEC*	*TFPC*	*TEC*	*TC*	*SEC*
2013	1.2428	1.0370	1.2587	0.9521	1.2374	1.0509	1.2474	0.9439
2014	1.2552	1.0489	1.3394	0.8935	1.2797	1.0672	1.3214	0.9074
2015	1.2923	1.0603	1.4168	0.8603	1.2901	1.0832	1.3918	0.8557
2016	1.4107	1.0716	1.4872	0.8851	1.3456	1.0991	1.4557	0.8411
2017	1.4241	1.0827	1.5509	0.8481	1.4725	1.1143	1.5090	0.8757
2018	1.4122	1.0934	1.6072	0.8036	1.5328	1.1295	1.5485	0.8763
2019	1.4239	1.1039	1.6568	0.7785	—	—	—	—

年份	湖北				湖南			
	TFPC	*TEC*	*TC*	*SEC*	*TFPC*	*TEC*	*TC*	*SEC*
2011	1.1325	1.0385	1.1059	0.9861	1.0730	1.0437	1.0774	0.9542
2012	1.2290	1.0777	1.2157	0.9381	1.1602	1.0877	1.1555	0.9231
2013	1.3574	1.1164	1.3288	0.9150	1.2684	1.1321	1.2317	0.9096
2014	1.3890	1.1555	1.4409	0.8342	—	—	—	—
2015	1.8056	1.1943	1.5455	0.9782	—	—	—	—
2016	1.9793	1.2332	1.6335	0.9826	1.0710	1.0366	1.0375	0.9958
2017	2.0895	1.2720	1.7050	0.9634	1.1119	1.0735	1.0671	0.9707
2018	2.2165	1.3108	1.7656	0.9577	1.1376	1.1101	1.0891	0.9410
2019	2.2943	1.3493	1.8139	0.9373	—	—	—	—

年份	广东				广西			
	TFPC	*TEC*	*TC*	*SEC*	*TFPC*	*TEC*	*TC*	*SEC*
2011	0.9567	1.0026	1.1153	0.8556	1.1379	1.0446	1.0671	1.0208
2012	1.0661	1.0051	1.2394	0.8558	1.1170	1.0895	1.1350	0.9033
2013	1.1431	1.0075	1.3639	0.8319	1.2003	1.1344	1.2051	0.8780
2014	1.1600	1.0097	1.4863	0.7729	1.1663	1.1801	1.2689	0.7789
2015	1.2286	1.0120	1.6073	0.7554	1.2830	1.2254	1.3225	0.7917
2016	1.3335	1.0141	1.7215	0.7639	1.4086	1.2715	1.3642	0.8121
2017	1.3891	1.0161	1.8280	0.7479	1.4210	1.3172	1.3973	0.7720
2018	1.4314	1.0181	1.9267	0.7297	1.4639	1.3633	1.4226	0.7548
2019	1.4216	1.0201	2.0184	0.6904	—	—	—	—

续表

年份	海南				重庆			
	TFPC	*TEC*	*TC*	*SEC*	*TFPC*	*TEC*	*TC*	*SEC*
2011	1.1203	1.0615	1.0424	1.0125	1.0997	1.0564	1.0667	0.9759
2012	1.2216	1.1242	1.0753	1.0105	1.1948	1.1133	1.1310	0.9489
2013	1.3234	1.1887	1.0995	1.0126	1.2813	1.1718	1.1933	0.9163
2014	1.4009	1.2543	1.1188	0.9983	1.3187	1.2307	1.2517	0.8560
2015	1.4892	1.3216	1.1329	0.9946	1.4766	1.2907	1.3039	0.8774
2016	1.5660	1.3897	1.1356	0.9923	1.5605	1.3516	1.3481	0.8565
2017	1.6104	1.4589	1.1317	0.9754	1.6165	1.4131	1.3837	0.8267
2018	—	—	—	—	1.6747	1.4751	1.4120	0.8040
2019	—	—	—	—	1.6970	1.5377	1.4349	0.7691

年份	四川				贵州			
	TFPC	*TEC*	*TC*	*SEC*	*TFPC*	*TEC*	*TC*	*SEC*
2011	1.0740	1.0424	1.089	0.9461	1.0379	1.0393	1.0813	0.9236
2012	1.1132	1.0851	1.1749	0.8732	1.1937	1.0790	1.1634	0.9509
2013	1.1932	1.1282	1.2619	0.8381	1.2606	1.1187	1.2438	0.9060
2014	1.2364	1.1713	1.3528	0.7802	1.3277	1.1586	1.3246	0.8651
2015	1.3355	1.2144	1.4440	0.7616	1.4650	1.1986	1.4004	0.8728
2016	1.4473	1.2575	1.5295	0.7524	1.4993	1.2383	1.4589	0.8299
2017	1.4077	1.3009	1.6042	0.6746	1.5800	1.2779	1.5037	0.8222
2018	1.3608	1.3440	1.6731	0.6052	1.6007	1.3175	1.5425	0.7876
2019	—	—	—	—	—	—	—	—

年份	云南				陕西			
	TFPC	*TEC*	*TC*	*SEC*	*TFPC*	*TEC*	*TC*	*SEC*
2011	1.0263	1.0517	1.0724	0.91	1.0748	1.0483	1.0647	0.963
2012	1.0924	1.1039	1.1483	0.8618	1.1523	1.0970	1.1271	0.9319
2013	—	—	—	—	1.2539	1.1462	1.1850	0.9231
2014	—	—	—	—	1.3795	1.1962	1.2376	0.9318
2015	0.9957	1.0449	1.0595	0.8994	1.3154	1.2462	1.2896	0.8185
2016	1.0910	1.0902	1.1179	0.8952	1.4434	1.2965	1.3395	0.8311

续表

年份	云南				陕西			
	TFPC	*TEC*	*TC*	*SEC*	*TFPC*	*TEC*	*TC*	*SEC*
2017	1.1050	1.1363	1.1724	0.8295	1.4520	1.3472	1.3821	0.7798
2018	1.0437	1.1823	1.2293	0.7182	1.5277	1.3980	1.4160	0.7717
2019	1.0852	1.2283	1.2872	0.6864	1.5552	1.4492	1.4401	0.7452

年份	甘肃				青海			
	TFPC	*TEC*	*TC*	*SEC*	*TFPC*	*TEC*	*TC*	*SEC*
2011	1.1077	1.0528	1.0544	0.9979	1.1395	1.0758	1.0805	0.9803
2012	1.1686	1.1069	1.1056	0.9549	1.3123	1.1543	1.1587	0.9811
2013	1.2287	1.1615	1.1533	0.9173	1.4810	1.2355	1.2322	0.9728
2014	1.2250	1.2170	1.1994	0.8392	1.5906	1.3201	1.3019	0.9255
2015	1.2602	1.2730	1.2467	0.7941	1.7557	1.4074	1.3677	0.9121
2016	1.3695	1.3299	1.2918	0.7972	2.0582	1.4965	1.4295	0.9621
2017	1.4193	1.3873	1.3324	0.7678	2.1319	1.5882	1.4841	0.9045
2018	1.4438	1.4448	1.3676	0.7307	2.2101	1.6825	1.5276	0.8599
2019	—	—	—	—	2.2739	1.7786	1.5650	0.8169

年份	宁夏				新疆			
	TFPC	*TEC*	*TC*	*SEC*	*TFPC*	*TEC*	*TC*	*SEC*
2011	1.1174	1.0537	1.0493	1.0106	1.0915	1.0646	1.0511	0.9754
2012	1.1719	1.1084	1.0971	0.9637	1.1592	1.1311	1.0991	0.9324
2013	1.2537	1.1640	1.1413	0.9438	1.1928	1.1989	1.1467	0.8676
2014	1.2694	1.2206	1.1831	0.8790	1.2343	1.2687	1.1958	0.8136
2015	1.3348	1.2771	1.2234	0.8543	1.3280	1.3397	1.2423	0.7979
2016	1.3659	1.3351	1.2599	0.8120	1.4183	1.4127	1.2818	0.7832
2017	1.3973	1.3930	1.2931	0.7757	1.3966	1.4863	1.3179	0.7130
2018	1.4597	1.4515	1.3206	0.7615	1.3784	1.5618	1.3549	0.6514
2019	—	—	—	—	1.3296	1.6381	1.3909	0.5836

附表6 石油加工、炼焦及核燃料加工业

表 A6-1　2010~2017 年石油加工、炼焦及核燃料加工业年度生产规模弹性

年份	北京			天津			新疆		
	ε_K	ε_L	ε_i	ε_K	ε_L	ε_i	ε_K	ε_L	ε_i
2010	—	—	—	—	—	—	0.0370	0.6365	0.6735
2011	—	—	—	0.1383	0.5369	0.6752	0.1436	0.5287	0.6723
2012	0.2013	0.4522	0.6530	0.2196	0.4422	0.6618	0.2267	0.4320	0.6587
2013	0.2783	0.3625	0.6407	0.3272	0.3334	0.6606	0.3332	0.3240	0.6572
2014	0.3725	0.2625	0.6350	0.4272	0.2293	0.6565	0.4152	0.2299	0.6451
2015	0.4483	0.1739	0.6222	0.5056	0.1389	0.6445	0.4996	0.1349	0.6345
2016	0.5282	0.0824	0.6106	0.5876	0.0458	0.6333	0.5910	0.0360	0.6270
2017	0.6206	-0.0172	0.6034	0.6723	-0.0489	0.6234	0.6678	-0.0543	0.6135

年份	河北			山西			宁夏		
	ε_K	ε_L	ε_i	ε_K	ε_L	ε_i	ε_K	ε_L	ε_i
2010	—	—	—	0.0175	0.6317	0.6492	—	—	—
2011	—	—	—	0.1210	0.5255	0.6465	-0.0114	0.6316	0.6202
2012	—	—	—	0.2199	0.4220	0.6419	0.0655	0.5428	0.6082
2013	—	—	—	0.3210	0.3175	0.6385	0.2018	0.4150	0.6168
2014	0.3795	0.2491	0.6286	0.4137	0.2185	0.6322	0.3369	0.2839	0.6208
2015	0.4765	0.1458	0.6223	0.5113	0.1162	0.6274	0.4488	0.1723	0.6211
2016	0.5918	0.0326	0.6244	0.6106	0.0134	0.6240	0.5616	0.0606	0.6221
2017	—	—	—	0.6992	-0.0820	0.6172	0.6689	-0.0492	0.6197

续表

年份	内蒙古			辽宁			青海		
	ε_K	ε_L	ε_i	ε_K	ε_L	ε_i	ε_K	ε_L	ε_i
2010	−0.0915	0.7170	0.6255	—	—	—	—	—	—
2011	−0.0622	0.6582	0.5961	0.1427	0.5190	0.6617	−0.2416	0.8123	0.5707
2012	0.1376	0.4931	0.6307	0.2280	0.4244	0.6523	0.0854	0.5502	0.6357
2013	0.2482	0.3819	0.6301	0.3370	0.3148	0.6519	0.1836	0.4421	0.6257
2014	0.3483	0.2787	0.6269	0.4152	0.2249	0.6402	0.2725	0.3437	0.6162
2015	0.4740	0.1553	0.6293	0.5129	0.1225	0.6353	0.3970	0.2262	0.6232
2016	0.5894	0.0410	0.6304	0.6353	0.0045	0.6398	0.5069	0.1137	0.6206
2017	0.6811	−0.0582	0.6229	0.7071	−0.0837	0.6234	0.5515	0.0393	0.5908

年份	吉林			黑龙江			甘肃		
	ε_K	ε_L	ε_i	ε_K	ε_L	ε_i	ε_K	ε_L	ε_i
2010	—	—	—	0.0266	0.6362	0.6628	0.0218	0.6405	0.6623
2011	−0.0196	0.6397	0.6201	0.0992	0.5492	0.6484	0.1204	0.5372	0.6576
2012	0.1041	0.5185	0.6226	0.1833	0.4554	0.6387	0.2066	0.4436	0.6502
2013	0.1801	0.4268	0.6069	0.2824	0.3516	0.6340	0.2970	0.3457	0.6427
2014	0.2778	0.3312	0.6090	0.3484	0.2678	0.6161	0.3663	0.2613	0.6276
2015	0.3079	0.2646	0.5725	0.4414	0.1671	0.6085	0.4590	0.1613	0.6203
2016	0.4219	0.1537	0.5755	0.5298	0.0690	0.5988	0.5599	0.0574	0.6174
2017	0.5030	0.0607	0.5637	0.6128	−0.0238	0.5890	0.6598	−0.0461	0.6137

年份	上海			江苏			陕西		
	ε_K	ε_L	ε_i	ε_K	ε_L	ε_i	ε_K	ε_L	ε_i
2010	0.0668	0.6171	0.6839	—	—	—	−0.0058	0.6633	0.6574
2011	0.1552	0.5206	0.6758	0.1049	0.5520	0.6569	0.1110	0.5459	0.6568
2012	0.2519	0.4191	0.6710	0.2034	0.4494	0.6528	0.2485	0.4202	0.6687
2013	0.3277	0.3300	0.6577	0.2808	0.3580	0.6389	0.3396	0.3212	0.6608
2014	0.4153	0.2338	0.6491	0.3775	0.2567	0.6342	0.4735	0.1968	0.6703
2015	0.4990	0.1400	0.6390	0.4845	0.1483	0.6328	0.5619	0.0976	0.6595
2016	0.5843	0.0450	0.6293	0.5812	0.0455	0.6267	0.6549	−0.0035	0.6513
2017	0.6752	−0.0523	0.6229	0.6703	−0.0526	0.6177	0.7508	−0.1060	0.6448

续表

年份	浙江			安徽			云南		
	ε_K	ε_L	ε_i	ε_K	ε_L	ε_i	ε_K	ε_L	ε_i
2010	—	—	—	—	—	—	—	—	—
2011	—	—	—	0.0372	0.6037	0.6409	−0.0148	0.6325	0.6177
2012	—	—	—	0.1442	0.4950	0.6392	0.1780	0.4672	0.6452
2013	—	—	—	0.2256	0.4025	0.6282	—	—	—
2014	0.4604	0.2132	0.6736	0.3189	0.3028	0.6217	0.3298	0.2895	0.6193
2015	0.5437	0.1192	0.6629	0.3946	0.2108	0.6054	0.4361	0.1814	0.6175
2016	0.6363	0.0199	0.6563	0.5101	0.0995	0.6095	0.5298	0.0809	0.6107
2017	0.7168	−0.0717	0.6451	0.6142	−0.0055	0.6087	0.6229	−0.0186	0.6043

年份	江西			山东			贵州		
	ε_K	ε_L	ε_i	ε_K	ε_L	ε_i	ε_K	ε_L	ε_i
2010	—	—	—	0.0369	0.6268	0.6636	−0.2049	0.7931	0.5883
2011	—	—	—	0.1407	0.5203	0.6610	−0.0952	0.6850	0.5898
2012	0.1332	0.4995	0.6327	0.2440	0.4130	0.6570	−0.0106	0.5919	0.5813
2013	0.2242	0.4013	0.6256	0.3450	0.3082	0.6531	0.1505	0.4446	0.5951
2014	0.3144	0.3021	0.6165	0.4411	0.2068	0.6479	0.2598	0.3352	0.5950
2015	0.4113	0.1994	0.6108	0.5484	0.0981	0.6465	0.3557	0.2361	0.5919
2016	0.5184	0.0905	0.6089	0.6293	0.0047	0.6339	0.3872	0.1735	0.5607
2017	0.5916	−0.0009	0.5907	0.7319	−0.1013	0.6306	—	—	—

年份	河南			湖北			四川		
	ε_K	ε_L	ε_i	ε_K	ε_L	ε_i	ε_K	ε_L	ε_i
2010	—	—	—	—	—	—	—	—	—
2011	—	—	—	0.0517	0.5911	0.6429	0.0041	0.6169	0.6210
2012	—	—	—	0.1454	0.4913	0.6367	0.0972	0.5167	0.6139
2013	0.2288	0.3900	0.6188	0.2383	0.3914	0.6297	0.2681	0.3630	0.6311
2014	0.3413	0.2780	0.6192	0.3285	0.2932	0.6217	0.3270	0.2889	0.6159
2015	0.4149	0.1883	0.6031	0.4323	0.1865	0.6188	0.4154	0.1899	0.6053
2016	0.5110	0.0857	0.5968	0.5571	0.0677	0.6248	0.4871	0.1060	0.5932
2017	0.6135	−0.0198	0.5937	0.6675	−0.0430	0.6246	0.5688	0.0128	0.5815

续表

年份	湖南			广东			重庆		
	ε_K	ε_L	ε_i	ε_K	ε_L	ε_i	ε_K	ε_L	ε_i
2010	—	—	—	—	—	—	-0.1948	0.7937	0.5989
2011	—	—	—	0.1627	0.5160	0.6787	-0.1035	0.6949	0.5914
2012	—	—	—	0.2455	0.4223	0.6678	-0.0236	0.5986	0.5751
2013	—	—	—	0.3289	0.3283	0.6572	0.0699	0.4994	0.5693
2014	—	—	—	0.4823	0.1925	0.6749	0.1940	0.3800	0.5739
2015	0.4086	0.1958	0.6044	0.5602	0.1016	0.6618	0.2628	0.2961	0.5589
2016	0.4950	0.0998	0.5948	0.6458	0.0059	0.6517	0.3399	0.2063	0.5462
2017	—	—	—	0.7302	-0.0882	0.6420	0.4580	0.0907	0.5486

年份	广西			海南					
	ε_K	ε_L	ε_i	ε_K	ε_L	ε_i			
2010	—	—	—	—	—	—			
2011	0.1956	0.5152	0.7109	0.2500	0.4918	0.7418			
2012	0.2876	0.4167	0.7042	0.3427	0.3925	0.7352			
2013	—	—	—	—	—	—			
2014	0.4659	0.2220	0.6879	0.4861	0.2198	0.7059			
2015	0.5062	0.1519	0.6581	0.5809	0.1181	0.6990			
2016	0.6507	0.0214	0.6721	0.6473	0.0334	0.6808			
2017	0.7297	-0.0737	0.6560	0.6959	-0.0443	0.6516			

表 A6 – 2　　　石油加工、炼焦及核燃料加工业逐年三重效率分解结果

年份	北京				天津			
	TFPC	TEC	TC	SEC	TFPC	TEC	TC	SEC
2010 ~ 2011	—	—	—	—	—	—	—	—
2011 ~ 2012	—	—	—	—	1.0806	1.0934	1.0726	0.9214
2012 ~ 2013	1.1075	1.0586	1.0250	1.0207	1.1033	1.0838	1.0602	0.9602
2013 ~ 2014	1.0643	1.0528	1.0148	0.9962	1.0999	1.0753	1.0617	0.9634
2014 ~ 2015	1.0856	1.0474	1.0041	1.0322	1.1461	1.0677	1.0520	1.0204
2015 ~ 2016	1.0424	1.0428	0.9869	1.0129	1.0940	1.0607	1.0346	0.9969
2016 ~ 2017	0.9725	1.0384	0.9747	0.9608	1.0684	1.0546	1.0192	0.9940

续表

年份	河北				山西			
	TFPC	TEC	TC	SEC	TFPC	TEC	TC	SEC
2010~2011	—	—	—	—	1.1843	1.2017	0.9558	0.9855
2011~2012	—	—	—	—	1.1508	1.1795	0.9551	0.9757
2012~2013	—	—	—	—	1.1360	1.1607	0.9542	0.9787
2013~2014	—	—	—	—	1.1373	1.1435	0.9525	0.9946
2014~2015	0.9416	1.0509	0.9671	0.9265	1.0923	1.1286	0.9494	0.9678
2015~2016	0.9230	1.0459	0.9685	0.9112	1.0825	1.1151	0.9496	0.9708
2016~2017	—	—	—	—	1.1299	1.1032	0.9500	1.0242

年份	内蒙古				辽宁			
	TFPC	TEC	TC	SEC	TFPC	TEC	TC	SEC
2010~2011	1.2684	1.2705	0.9391	1.0631	—	—	—	—
2011~2012	1.1612	1.2403	0.9541	0.9813	1.0234	1.0129	1.0030	1.0073
2012~2013	1.1380	1.2151	0.9952	0.9411	0.9729	1.0118	1.0005	0.9611
2013~2014	1.1872	1.1911	0.9987	0.9980	1.0390	1.0106	0.9962	1.0320
2014~2015	0.9363	1.1713	1.0007	0.7988	0.9614	1.0096	0.9875	0.9643
2015~2016	1.0257	1.1529	1.0049	0.8853	0.8817	1.0086	0.9942	0.8793
2016~2017	1.0949	1.1367	1.0037	0.9597	0.9963	1.0078	0.9865	1.0021

年份	吉林				黑龙江			
	TFPC	TEC	TC	SEC	TFPC	TEC	TC	SEC
2010~2011	—	—	—	—	1.1074	1.0982	1.0028	1.0056
2011~2012	1.0539	1.2191	0.9891	0.8740	1.0883	1.0883	0.9860	1.0142
2012~2013	1.0510	1.1955	0.9749	0.9018	1.0163	1.0792	0.9785	0.9624
2013~2014	1.4893	1.1747	0.9750	1.3003	1.0302	1.0711	0.9609	1.0010
2014~2015	0.9736	1.1561	0.9497	0.8867	0.9431	1.0640	0.9400	0.9429
2015~2016	1.0254	1.1395	0.9182	0.9800	0.9237	1.0573	0.9268	0.9426
2016~2017	1.0184	1.1247	0.9179	0.9865	0.9844	1.0516	0.9140	1.0242

年份	上海				江苏			
	TFPC	TEC	TC	SEC	TFPC	TEC	TC	SEC
2010~2011	1.1296	1.0431	1.0737	1.0086	—	—	—	—
2011~2012	1.1084	1.0389	1.0684	0.9986	1.0645	1.0329	1.0295	1.0011

续表

年份	上海				江苏			
	TFPC	*TEC*	*TC*	*SEC*	*TFPC*	*TEC*	*TC*	*SEC*
2012～2013	1.1053	1.0351	1.0568	1.0104	1.0046	1.0297	1.0164	0.9599
2013～2014	1.0698	1.0315	1.0410	0.9963	1.0240	1.0267	1.0031	0.9943
2014～2015	1.0585	1.0284	1.0288	1.0005	0.9670	1.0241	1.0048	0.9397
2015～2016	1.0348	1.0256	1.0153	0.9938	0.9588	1.0218	1.0029	0.9356
2016～2017	1.0331	1.0231	1.0075	1.0023	0.9680	1.0196	0.9920	0.9570

年份	浙江				安徽			
	TFPC	*TEC*	*TC*	*SEC*	*TFPC*	*TEC*	*TC*	*SEC*
2010～2011	—	—	—	—	—	—	—	—
2011～2012	—	—	—	—	1.1172	1.1247	1.0285	0.9658
2012～2013	—	—	—	—	1.1413	1.1121	1.0219	1.0043
2013～2014	—	—	—	—	1.0961	1.1002	1.0111	0.9853
2014～2015	1.1178	1.0191	1.1055	0.9922	0.9825	1.0901	0.9901	0.9103
2015～2016	1.0866	1.0172	1.0936	0.9768	1.0451	1.0807	0.9836	0.9832
2016～2017	1.1193	1.0156	1.0822	1.0184	1.0450	1.0727	1.0001	0.9741

年份	江西				山东			
	TFPC	*TEC*	*TC*	*SEC*	*TFPC*	*TEC*	*TC*	*SEC*
2010～2011	—	—	—	—	1.0152	1.0263	1.0067	0.9826
2011～2012	—	—	—	—	0.9603	1.0239	1.0049	0.9333
2012～2013	1.1369	1.1296	1.0055	1.0010	0.9844	1.0214	1.0016	0.9622
2013～2014	1.0412	1.1163	0.9943	0.9381	0.9985	1.0195	0.9993	0.9801
2014～2015	1.0306	1.1044	0.9834	0.9489	0.9475	1.0175	0.9997	0.9315
2015～2016	0.9808	1.0933	0.9811	0.9144	0.9797	1.0157	0.9903	0.9740
2016～2017	0.9542	1.0840	0.9610	0.9160	0.9134	1.0143	0.9788	0.9200

年份	河南				湖北			
	TFPC	*TEC*	*TC*	*SEC*	*TFPC*	*TEC*	*TC*	*SEC*
2010～2011	—	—	—	—	—	—	—	—
2011～2012	—	—	—	—	1.0964	1.0760	1.0176	1.0013
2012～2013	—	—	—	—	1.0534	1.0684	1.0110	0.9752

续表

年份	河南				湖北			
	TFPC	TEC	TC	SEC	TFPC	TEC	TC	SEC
2013~2014	0.9528	1.0561	0.9658	0.9341	1.0404	1.0613	1.0018	0.9785
2014~2015	0.9530	1.0505	0.9535	0.9514	0.9886	1.0554	0.9968	0.9397
2015~2016	0.9095	1.0454	0.9340	0.9315	0.9477	1.0497	1.0073	0.8963
2016~2017	0.8997	1.0409	0.9302	0.9292	0.9615	1.0447	1.0211	0.9013

年份	湖南				广东			
	TFPC	TEC	TC	SEC	TFPC	TEC	TC	SEC
2010~2011	—	—	—	—	—	—	—	—
2011~2012	—	—	—	—	1.0614	1.0064	1.0669	0.9885
2012~2013	—	—	—	—	1.0469	1.0058	1.0502	0.9911
2013~2014	—	—	—	—	0.9642	1.0053	1.0671	0.8988
2014~2015	—	—	—	—	1.0841	1.0047	1.0810	0.9982
2015~2016	0.9896	1.0705	0.9449	0.9783	1.0402	1.0043	1.0611	0.9761
2016~2017	—	—	—	—	1.0542	1.0038	1.0464	1.0036

年份	广西				海南			
	TFPC	TEC	TC	SEC	TFPC	TEC	TC	SEC
2010~2011	—	—	—	—	—	—	—	—
2011~2012	1.4511	1.1857	1.2191	1.0039	1.3589	1.0188	1.3408	0.9948
2012~2013	—	—	—	—	—	—	—	—
2013~2014	—	—	—	—	—	—	—	—
2014~2015	1.3293	1.1335	1.1551	1.0153	1.2273	1.0138	1.2718	0.9519
2015~2016	1.1004	1.1193	1.1410	0.8616	1.2740	1.0126	1.2436	1.0117
2016~2017	1.1619	1.1069	1.1413	0.9197	1.1695	1.0112	1.1799	0.9802

年份	重庆				四川			
	TFPC	TEC	TC	SEC	TFPC	TEC	TC	SEC
2010~2011	1.3554	1.4426	0.9443	0.9950	—	—	—	—
2011~2012	0.9977	1.3949	0.9210	0.7766	1.1160	1.1981	0.9596	0.9707
2012~2013	1.2538	1.3483	0.9011	1.0320	0.8042	1.1773	0.9669	0.7065
2013~2014	1.1009	1.3082	0.9068	0.9280	1.3981	1.1581	0.9739	1.2396

续表

年份	重庆				四川			
	TFPC	*TEC*	*TC*	*SEC*	*TFPC*	*TEC*	*TC*	*SEC*
2014~2015	1.2309	1.2748	0.9041	1.0680	0.9976	1.1419	0.9586	0.9114
2015~2016	1.1209	1.2446	0.8862	1.0163	1.2087	1.1269	0.9438	1.1365
2016~2017	0.9388	1.2169	0.8825	0.8742	1.0219	1.1135	0.9305	0.9863

年份	贵州				云南			
	TFPC	*TEC*	*TC*	*SEC*	*TFPC*	*TEC*	*TC*	*SEC*
2010~2011	1.4671	1.4250	0.9157	1.1243	—	—	—	—
2011~2012	1.3572	1.3758	0.9202	1.0720	1.0199	1.2990	0.9944	0.7896
2012~2013	0.8975	1.3327	0.9258	0.7274	—	—	—	—
2013~2014	1.1859	1.2960	0.9382	0.9753	—	—	—	—
2014~2015	1.2767	1.2621	0.9458	1.0695	1.1215	1.2115	0.9842	0.9406
2015~2016	1.2659	1.2344	0.9216	1.1128	1.1143	1.1882	0.9816	0.9554
2016~2017	—	—	—	—	1.1063	1.1680	0.9749	0.9716

年份	陕西				甘肃			
	TFPC	*TEC*	*TC*	*SEC*	*TFPC*	*TEC*	*TC*	*SEC*
2010~2011	0.9972	1.1199	1.0234	0.8701	1.1151	1.1155	1.0157	0.9842
2011~2012	1.1511	1.1076	1.0402	0.9991	1.1955	1.1036	1.0130	1.0694
2012~2013	1.1230	1.0964	1.0538	0.9720	1.0954	1.0929	1.0079	0.9944
2013~2014	1.0560	1.0866	1.0632	0.9141	1.1295	1.0834	0.9930	1.0499
2014~2015	1.0604	1.0777	1.0663	0.9228	1.0093	1.0749	0.9775	0.9606
2015~2016	1.0434	1.0696	1.0468	0.9319	1.0065	1.0672	0.9746	0.9677
2016~2017	1.0250	1.0628	1.0346	0.9322	0.9837	1.0604	0.9765	0.9500

年份	青海				宁夏			
	TFPC	*TEC*	*TC*	*SEC*	*TFPC*	*TEC*	*TC*	*SEC*
2010~2011	—	—	—	—	—	—	—	—
2011~2012	0.6942	1.5059	1.0395	0.4435	1.2755	1.2638	0.9706	1.0398
2012~2013	1.2229	1.4459	1.0687	0.7914	1.0771	1.2348	0.9734	0.8961
2013~2014	1.3732	1.3943	1.0443	0.9431	0.8794	1.2093	0.9828	0.7399
2014~2015	1.3773	1.3484	1.0498	0.9730	1.0816	1.1871	0.9855	0.9245

年份	青海				宁夏			
	TFPC	*TEC*	*TC*	*SEC*	*TFPC*	*TEC*	*TC*	*SEC*
2015～2016	1.1905	1.3100	1.0608	0.8567	1.0639	1.1667	0.9938	0.9176
2016～2017	1.2846	1.2749	1.0219	0.9860	1.0137	1.1494	0.9978	0.8839

年份	新疆							
	TFPC	*TEC*	*TC*	*SEC*				
2010～2011	1.1500	1.0931	1.0617	0.9909				
2011～2012	1.0134	1.0840	1.0485	0.8916				
2012～2013	1.0726	1.0752	1.0347	0.9641				
2013～2014	1.0523	1.0674	1.0255	0.9613				
2014～2015	1.0442	1.0608	1.0061	0.9784				
2015～2016	1.0137	1.0546	0.9933	0.9677				
2016～2017	1.0346	1.0490	0.9777	1.0088				

表 A6 - 3　　石油加工、炼焦及核燃料加工业全要素生产率历年累计处理结果

年份	天津				山西			
	TFPC	*TEC*	*TC*	*SEC*	*TFPC*	*TEC*	*TC*	*SEC*
2011	0.0000	0.0000	0.0000	0.0000	0.0000	0.0000	0.0000	0.0000
2012	1.0806	1.0934	1.0726	0.9214	1.1508	1.1795	0.9551	0.9757
2013	1.1922	1.1850	1.1372	0.8847	1.3073	1.3690	0.9114	0.9549
2014	1.3113	1.2743	1.2073	0.8523	1.4868	1.5655	0.8681	0.9498
2015	1.5029	1.3605	1.2701	0.8697	1.6240	1.7668	0.8241	0.9192
2016	1.6442	1.4431	1.3141	0.8670	1.7580	1.9702	0.7826	0.8923
2017	1.7567	1.5219	1.3393	0.8618	1.9864	2.1735	0.7435	0.9139
年份	内蒙古				辽宁			
	TFPC	*TEC*	*TC*	*SEC*	*TFPC*	*TEC*	*TC*	*SEC*
2011	0.0000	0.0000	0.0000	0.0000	0.0000	0.0000	0.0000	0.0000
2012	1.1612	1.2403	0.9541	0.9813	1.0234	1.0129	1.0030	1.0073
2013	1.3214	1.5071	0.9495	0.9235	0.9957	1.0249	1.0035	0.9681
2014	1.5688	1.7951	0.9483	0.9217	1.0345	1.0357	0.9997	0.9991

年份	内蒙古				辽宁			
	TFPC	TEC	TC	SEC	TFPC	TEC	TC	SEC
2015	1.4689	2.1026	0.9489	0.7362	0.9946	1.0457	0.9872	0.9634
2016	1.5066	2.4241	0.9536	0.6518	0.8769	1.0547	0.9815	0.8471
2017	1.6496	2.7555	0.9571	0.6255	0.8737	1.0629	0.9682	0.8489

年份	吉林				黑龙江			
	TFPC	TEC	TC	SEC	TFPC	TEC	TC	SEC
2011	0.0000	0.0000	0.0000	0.0000	0.0000	0.0000	0.0000	0.0000
2012	1.0539	1.2191	0.9891	0.8740	1.0883	1.0883	0.9860	1.0142
2013	1.1076	1.4574	0.9643	0.7882	1.1060	1.1745	0.9648	0.9761
2014	1.6496	1.7120	0.9402	1.0249	1.1394	1.2580	0.9271	0.9770
2015	1.6061	1.9793	0.8929	0.9087	1.0746	1.3385	0.8715	0.9213
2016	1.6469	2.2554	0.8198	0.8906	0.9926	1.4152	0.8077	0.8684
2017	1.6772	2.5367	0.7525	0.8785	0.9771	1.4882	0.7382	0.8894

年份	上海				江苏			
	TFPC	TEC	TC	SEC	TFPC	TEC	TC	SEC
2011	0.0000	0.0000	0.0000	0.0000	0.0000	0.0000	0.0000	0.0000
2012	1.1084	1.0389	1.0684	0.9986	1.0645	1.0329	1.0295	1.0011
2013	1.2251	1.0754	1.1291	1.0090	1.0694	1.0636	1.0464	0.9610
2014	1.3106	1.1092	1.1754	1.0053	1.0951	1.0920	1.0496	0.9555
2015	1.3873	1.1407	1.2092	1.0058	1.0589	1.1183	1.0547	0.8979
2016	1.4356	1.1699	1.2277	0.9995	1.0153	1.1427	1.0577	0.8400
2017	1.4831	1.1970	1.2369	1.0018	0.9828	1.1651	1.0493	0.8039

年份	安徽				山东			
	TFPC	TEC	TC	SEC	TFPC	TEC	TC	SEC
2011	0.0000	0.0000	0.0000	0.0000	0.0000	0.0000	0.0000	0.0000
2012	1.1172	1.1247	1.0285	0.9658	0.9603	1.0239	1.0049	0.9333
2013	1.2751	1.2508	1.0510	0.9700	0.9453	1.0458	1.0065	0.8980
2014	1.3976	1.3761	1.0627	0.9557	0.9439	1.0662	1.0058	0.8802
2015	1.3731	1.5001	1.0522	0.8700	0.8943	1.0849	1.0055	0.8199

续表

年份	安徽				山东			
	TFPC	TEC	TC	SEC	TFPC	TEC	TC	SEC
2016	1.4351	1.6212	1.0349	0.8554	0.8762	1.1019	0.9957	0.7985
2017	1.4996	1.7390	1.0350	0.8332	0.8003	1.1177	0.9746	0.7347

年份	湖北				广东			
	TFPC	TEC	TC	SEC	TFPC	TEC	TC	SEC
2011	0.0000	0.0000	0.0000	0.0000	0.0000	0.0000	0.0000	0.0000
2012	1.0964	1.0760	1.0176	1.0013	1.0614	1.0064	1.0669	0.9885
2013	1.1549	1.1496	1.0288	0.9765	1.1112	1.0122	1.1205	0.9797
2014	1.2016	1.2201	1.0306	0.9555	1.0714	1.0176	1.1956	0.8806
2015	1.1879	1.2877	1.0273	0.8979	1.1615	1.0224	1.2925	0.8790
2016	1.1258	1.3517	1.0348	0.8048	1.2082	1.0268	1.3715	0.8580
2017	1.0824	1.4121	1.0567	0.7253	1.2737	1.0307	1.4351	0.8611

年份	重庆				四川			
	TFPC	TEC	TC	SEC	TFPC	TEC	TC	SEC
2011	0.0000	0.0000	0.0000	0.0000	0.0000	0.0000	0.0000	0.0000
2012	0.9977	1.3949	0.9210	0.7766	1.1160	1.1981	0.9596	0.9707
2013	1.2509	1.8807	0.8299	0.8015	0.8975	1.4105	0.9278	0.6858
2014	1.3771	2.4604	0.7526	0.7437	1.2548	1.6335	0.9036	0.8501
2015	1.6951	3.1365	0.6804	0.7943	1.2518	1.8653	0.8662	0.7748
2016	1.9001	3.9037	0.6030	0.8073	1.5130	2.1020	0.8175	0.8806
2017	1.7838	4.7504	0.5321	0.7057	1.5461	2.3406	0.7607	0.8685

年份	贵州				陕西			
	TFPC	TEC	TC	SEC	TFPC	TEC	TC	SEC
2011	0.0000	0.0000	0.0000	0.0000	0.0000	0.0000	0.0000	0.0000
2012	1.3572	1.3758	0.9202	1.0720	1.1511	1.1076	1.0402	0.9991
2013	1.2181	1.8335	0.8519	0.7798	1.2927	1.2144	1.0962	0.9711
2014	1.4445	2.3763	0.7993	0.7605	1.3651	1.3195	1.1654	0.8877
2015	1.8442	2.9991	0.7560	0.8134	1.4475	1.4221	1.2427	0.8192
2016	2.3346	3.7021	0.6967	0.9051	1.5103	1.5210	1.3009	0.7634
2017	—	—	—	—	1.5481	1.6166	1.3459	0.7116

年份	甘肃				青海			
	TFPC	*TEC*	*TC*	*SEC*	*TFPC*	*TEC*	*TC*	*SEC*
2011	0.0000	0.0000	0.0000	0.0000	0.0000	0.0000	0.0000	0.0000
2012	1.1955	1.1036	1.0130	1.0694	0.6942	1.5059	1.0395	0.4435
2013	1.3096	1.2061	1.0210	1.0634	0.8489	2.1774	1.1109	0.3510
2014	1.4791	1.3067	1.0139	1.1165	1.1658	3.0359	1.1601	0.3310
2015	1.4929	1.4046	0.9910	1.0725	1.6056	4.0936	1.2179	0.3221
2016	1.5026	1.4990	0.9659	1.0378	1.9115	5.3627	1.2919	0.2759
2017	1.4781	1.5895	0.9432	0.9860	2.4555	6.8369	1.3202	0.2721

年份	宁夏				新疆			
	TFPC	*TEC*	*TC*	*SEC*	*TFPC*	*TEC*	*TC*	*SEC*
2011	0.0000	0.0000	0.0000	0.0000	0.0000	0.0000	0.0000	0.0000
2012	1.2755	1.2638	0.9706	1.0398	1.0134	1.0840	1.0485	0.8916
2013	1.3738	1.5605	0.9448	0.9318	1.0870	1.1655	1.0849	0.8596
2014	1.2082	1.8872	0.9285	0.6894	1.1438	1.2441	1.1125	0.8263
2015	1.3067	2.2402	0.9151	0.6374	1.1944	1.3197	1.1193	0.8085
2016	1.3902	2.6137	0.9094	0.5848	1.2107	1.3918	1.1118	0.7824
2017	1.4093	3.0042	0.9074	0.5169	1.2526	1.4600	1.0870	0.7892